教育部人文社科青年基金项目（项目编号：09YJC790072）
湖北金融发展与金融安全研究中心项目（项目编号：2012JR009）

美国货币政策冲击与中美股票市场协动性研究

杨雪莱　著

中国金融出版社

责任编辑：张　超　左文静
责任校对：张志文
责任印制：程　颖

图书在版编目（CIP）数据

美国货币政策冲击与中美股票市场协动性研究（Meiguo Huobi Zhengce Chongji yu Zhongmei Gupiao Shichang Xiedongxing Yanjiu）/杨雪莱著 . —北京：中国金融出版社，2012.12
ISBN 978 - 7 - 5049 - 6658 - 2

I.①美… Ⅱ.①杨… Ⅲ.①货币政策—研究—美国②股票市场—国际经济关系—研究—中国、美国　Ⅳ.①F827.120②F832.51③F837.125

中国版本图书馆 CIP 数据核字（2012）第 261173 号

出版
发行　　**中国金融出版社**

社址　北京市丰台区益泽路 2 号
市场开发部　　（010）63266347，63805472，63439533（传真）
网 上 书 店　http：//www. chinafph. com
　　　　　　　（010）63286832，63365686（传真）
读者服务部　　（010）66070833，62568380
邮编　100071
经销　新华书店
印刷　北京松源印刷有限公司
尺寸　169 毫米×239 毫米
印张　12.25
字数　215 千
版次　2012 年 12 月第 1 版
印次　2012 年 12 月第 1 次印刷
定价　33.00 元
ISBN 978 - 7 - 5049 - 6658 - 2/F. 6218
如出现印装错误本社负责调换　联系电话（010）63263947
编辑部邮箱：jiaocaibu@ yahoo. com. cn

序　言

　　摆在面前的这本书稿，是青年学者杨雪莱的一部新作。美国货币政策冲击与中美股票市场协动性研究，这是她三年前申领的教育部青年基金项目，现在该项任务圆满地完成了，值得祝贺。

　　从这本书来看，该课题涉及的问题多，领域广，要求的技术手段比较复杂，工作量很大。完成这项工作，可以想象她有一段艰苦奋斗的历程。假如没有不畏艰难、锲而不舍的精神，那是难以想象的。这个项目显著地拓宽了作者的学术视野，提高了研究水平。能取得这样的成绩，我非常高兴。我真正意识到眼前学术新军的实力值得刮目相看。

　　当今世界正被欧洲债务危机所困扰，没有人知道深陷危机的几个欧元区国家何时能够走出困境。与此同时，美国经济在 2008 年次贷危机与 2009 年经济危机之后，元气大伤，经济复苏的步伐趔趄蹒跚，次贷危机的后果远未消除；加之美国政府受到债务上限的制约一再面临财政悬崖，一些政府机关几乎陷于关门停摆的境地。至于应对危机，政府全无财力，只能望洋兴叹。发达经济体多半病体羸弱，导致全球经济增长预期一再下调，即使曾经明星一般耀眼的金砖国家也差不多风光不再。而处于世界经济底层的广大发展中国家，此时能够获取的资源更加少得可怜。总之，发达世界的金融危机带给世界各国人民的灾难性后果难以估量，迄今这一切远未结束。

　　说到金融危机的发生，其原因是多种多样的，但是关键在于货币政策冲击。诚如金融危机史专家金德尔伯格所说，金融危机往往肇始于货币当局实施了廉价货币政策。五年前美国爆发的次贷危机，其实也是时任联储主席的格林斯潘推行宽松货币政策的结果，而且他还疏于监管。在较长时间的经济繁荣期内，他的货币政策为他带来极大的荣誉，在次贷危机爆发后却饱受批评。可以说，抓住货币政策来探讨金融危机的传播机理就是抓住了牛鼻子。鉴于美国作为世界头号经济体并且持有全球金融霸权，因此美国就理所应当地成为全球金融动荡的震中。美国的金融冲击波通过各种渠道传播到其他地区金融中心，又从货币信贷市场进而传播到外汇市场乃至股票市场。全球化的结果，就是面对这类金融风暴，任何国家几乎无所逃遁。

　　眼前的这场金融危机为那些对该课题有兴趣的观察家与研究者提供了一个

不可多得的机会。我们从中可以看到金融危机同周期性的经济危机是如何发生的，以及它们又是如何时而共生并行时而分道扬镳的，它们的确呈现出夹缠纠葛的复杂情况。经济学与金融学研究了有关的理论问题，世界经济学还应该研究此次危机具有什么样的新特点，提出什么样的新问题，以及在不同的区域和国家表现出来的显著差异等，这些研究将丰富大家的认知。许多问题还需要更多的理论工作者去钻研、去开发。我相信，这本书的出版会有助于推进该类课题的研究。

希望看到作者在理论工作的道路上继续前进，取得更大的成就。

高玉芳

2012 年 8 月写于武汉珞珈山

目 录

图目录

表目录

导　论

　　1987 年的股灾激发了大量国际股票市场协动性的研究，但迄今为止，造成这种协动性的原因仍然是金融领域中一个悬而未决的问题。货币政策是资产价格波动的重要驱动力，但货币政策的跨国传导对国际资产价格协动性的影响研究尚未引起应有的重视。2008 年金融危机爆发后，美国货币政策冲击在引发危机方面的讨论此起彼伏，与此相伴的是全球股票市场表现出了显著的联动，中国股票市场也概莫能外，与美国股票市场表现出了更为显著的协变。在中国经济金融日益国际化的背景下，研究美国货币政策冲击对中美股票市场协动性的影响，不仅为理解中美股市联动提供了新的视角，也为金融危机跨国传染的动因研究给出了新的证据。

第一节　问题的提出

　　从 1984 年 7 月，北京天桥股份有限公司和上海飞乐音响股份有限公司经中国人民银行批准向社会公开发行股票至今，中国股票市场已经经历了近 30 年的发展历史。中国资本市场从无到有，其发展速度令世界瞩目。截至 2012 年 5 月底，沪深两市挂牌上市公司家数接近 2 400 家，股票总市值超过 21 万亿元，位居全球第三。中国股市不断发展壮大，已经成为中国经济领域一个不可或缺的要素，不仅是企业融资的重要场所，也是中国经济发展的"晴雨表"，更为重要的是，股市也是中国金融市场的重要构成部分，成为除银行和外汇市场外，对中国金融风险影响最大的子市场，对整体金融脆弱性的影响明显增大（伍志文，2003）。与此同时，中国经济不断融入世界经济，人民币汇率弹性不断扩大，QFII 与 QDII 的实施也使得中国股市与世界股市的联系不断增强。

美国作为在世界经济中占据主导地位的国家，其经济发展对中国经济已经产生了重大的影响，而且中美股市间也表现出了越来越明显的联动，这种联动在2008年金融危机期间显著增强。因而，无论从中美两国的经济联系还是金融联系来看，中美股市联动及其动因都已成为各方关注的焦点。美国货币政策作为资产价格波动的重要驱动因素，也成为这一研究领域中不可回避的重要一环。

首先，美国货币政策和中美资产价格的联系是最直接、最快速衡量美国货币政策对中国经济影响的方式，也是美国货币政策跨国传导的金融渠道的重要体现。对于美国国内而言，货币政策能实质性地影响股票市场估值，股票市场也是货币政策传导的重要渠道。货币政策冲击通过其对托宾 q 的影响改变公司投资，而托宾 q 能通过股票价格对冲击响应。同时，股票价格波动可以通过财富效应反馈到消费者行为上，因而美国货币政策对美国经济存在影响。股票市场作为金融市场的重要构成部分，其价格波动也反映了金融风险的积累，从这个角度说，美国货币政策也是美国金融风险的一个因素。将这种分析扩展到跨国联系上，美国货币政策还可以通过跨国传导影响其他国家的经济发展和金融稳定。伴随中国经济、金融的不断开放，美国货币政策冲击通过各种渠道对中国的经济基础和金融稳定产生影响。美国股市可以反映美国未来的经济发展，代表美国未来的出口需求，这对于依赖出口发展经济的中国而言有着一定的指示作用。同样的，中国股市的经济"晴雨表"作用也使得中国股市的变动趋势可以预示中国未来的经济发展。这样，中美股市联动就预示了中美经济间的相互影响，美国货币政策在此扮演的角色也就可以快速显示美国货币政策跨国传导的方向、效应和影响强度。既然美国货币政策能同时对中美股市产生同向影响，股票市场间的联系也成为美国货币政策跨国传导的金融渠道。与贸易渠道相比，由于金融市场对各种经济信息的响应更为敏感，对经济发展的未来趋势有更强的警示作用，因而金融渠道已经成为各种外部冲击跨国传导的重要渠道，其重要性已经远远超过传统的贸易渠道。

其次，资产价格是在国内和国际市场上同时决定的，通过分析中国股票市场对外国货币政策的响应，也能在理论上为中国资本资产定价提供新的影响因素。资产定价问题是金融领域最重要的主题之一，许多研究都试图解释不确定条件下未来支付的资产价格或者价值。一般来说，资产价格等于未来收益的预期折现，或者以无风险收益率去折现未来的收益，再加上一个代表风险溢价的误差因子。为此，资产定价理论中最重要的问题是如何将表示整个市场的变动情况或系统风险总体变动的随机变量暴露出来。随着金融市场的全球化，投资者能同时投资于不同国家的不同金融资产，资本的跨国流动也越来越频繁，因而一国的资产价格越来越不局限于本国市场的各种影响因素，而是同时受到来自国际市场的各种冲击的影响。同样的，中国资产价格的决定也因为开放度的提高而受到来自国际市场的影响。美国货币政策通过影响中国的经济基础及全球流动性影响中国股票市场定价，同时，美国货币政策消息也对全球股市产生冲击。这样，中国股市对美国货币政策的即时和中长期响应，就能够反映中国资产价格定价中美国货币政策的作用，美国货币政策也就成为中国资产价格波动的重要影响因素，其对中国股市的影响方向、强度和持续性能对中国资产价格变动的趋势起到预测作用。

最后，既然股票市场波动是金融风险的一个重要指针，美国货币政策冲击对中美股票市场协动性的影响也能成为衡量中国金融风险的一个考虑因素，对政策制定者以及投资者来说，定量估计美国货币政策和中国资产价格的联系也能成为金融风险预警的重要参考指标，也是衡量危机跨国传染的重要方面。2005 年以来，中国的资产价格出现了大幅度的波动，表明了不确定性的增加，金融风险的扩大。2008 年全球金融危机的爆发更是触发了人们对资产价格大幅波动的讨论，美国作为世界经济中心国，其货币政策通过跨国传导影响了别国的资产定价。2005 年汇改后，人民币汇率弹性扩大，中国资产价格的定价更多受到了来自外部的影响，美国货币政策冲击已经成为影响中国资产价格波动的重要因素。正是美国货币政策通过降低世界真实利率，刺激了全球总需求，驱动了全球经济失衡、流动性过剩及资产价格的大幅度上涨（Bems、Dedola 和 Smets，2007；Bracke 和 Fidora，2008）。2006 年至 2008 年，中国资产价格波动表现出了明显的膨胀和回落周期，在振幅和长度上都明显大于往年，这与全球经济失衡导致的全球流动性扩张和收缩一致。2007 年以前的流动性过剩导致了资产价格的不断攀升，2007 年至 2008 年的全球金融危机又导致流动性收缩，这种影响通过各种渠道反映到了中国资产价格的运行周期上。作为金融风险的重要表征，资产价格波动的影响因素无疑包括了美国货币政策冲击，因此，在中国金融市场风险的预警体系中必须包含美国货币政策指标及其相关指标。对于政策制定者来说，防止资产价格的过度波动，维护金融市场稳定，必须关注中美货币政策的协调，同时密切关注国际资本流动的走向。对于投资者而言，关注美国货币政策的走向，也成为影响投资者投资行为的重要因素。

尽管有许多研究涉及了中美股市联动问题，但从美国货币政策冲击跨国传导的角度分析中美股市联动的研究尚不多见。从新的视角入手分析中美股市联动的动因，可以进一步推进中美股市联动的研究，也能在中国金融风险研究中纳入新的影响因素，并给出风险跨国传染的新的引致原因。这实际上给美国货币政策冲击与中美股市联动性研究提出了三个相互关联的问题：

首先，美国货币政策冲击是否是引起中美股票市场协动的原因？虽然国际股市存在明显的跨市场联系，但这些联系并不相同而且随时间变化（Bekaert和 Harvey，1995）。对这种联动的解释包括经济基础说（Economic Fundamentals）和市场传染假说（Market Contagion Hypothesis）。Solnik（1974a，1974b），Stulz（1981）和 Adler、Dumas（1983）等人的研究表明，存在一些共同的宏观经济基础变量，它们在影响一个国家股市的同时，也对另一个国家的股市产生影响。Colnolly 和 Wang（1998）的研究发现，美国、英国、日本三个国家股票市场的联系，可以通过三国的宏观经济新闻公告得到解释，这些公告包括货币供应、工业生产、通胀率、失业率以及贸易赤字等。在讨论宏观经济信息公告对各个股票市场影响时，还要区分全球性（Global）冲击和竞争性（Competitive）冲击。全球性冲击以相同的方向影响一国股市，提高了股市之间的联动性；而竞争性冲击则在提升一国股市价值的同时，降低了另一国股市的价值，因此它降低了股市间的联动性。King 和 Wadhwani（1990）的研究表明，不同国家股票市场收益率相关性随着每个市场波动性的提高而增强。一个国家股票市场的收益率，将作用于其他国家股票市场的收益率，即使这个国家的交易是纯粹的噪声交易时也是如此。他们将这种传导机制称为市场传染。Hamao、Masulis 和 Ng（1990）的研究表明，美国市场的交易情况会显著地影响随后的日本股市的交易，英国股市也会影响日本，但是反向传导效应很弱。Karolyi 和 Stulz（1996）的研究表明，无法观测到美国宏观经济新闻公告、日元对美元汇率剧烈波动、美国国债收益率以及工业生产等信息对美国和日本股市的联动性的影响，由此他们支持市场传染假说。Connolly 和 Wang（2002）在 Connolly 和 Wang（1998）研究的基础上，发现美国、英国和日本股票市场日内和隔日收益率相关性中的很大部分，不能够归因于宏观经济信息公告的影响，而且，国外股市收益对本国股市收益施加了主导性的影响；产业结构差异也可以作为一种解释，由此越相似的产业构成，越能看到紧密的协动性（如，Roll，1992）。但这一因素的重要性受到争议，例如，Heston 和 Rouwenhorst（1994）、Griffin 和 Karolyi（1998）认为产业结构只能解释极少的跨国市场波动性。相反的，Campbell 等（2001）、Griffin 和 Stulz（2001）发现特定产业因素在理解国际股票市场协动性方面很重要。总之，影响股市跨国联动的因素很多，而且争议不断。美国货币政策冲击作为一种共同冲击，与中美股市联动是否存在稳定的联系，需要实证研究给出答案。

其次，美国货币政策是通过何种渠道影响中国股票市场波动的，各渠道的影响强度如何？隔离或监控美国货币政策冲击带来的金融风险应该重点关注哪个渠道？货币政策冲击的跨国传导研究以蒙戴尔—弗莱明—多恩布什（Mundell－Flemming－Dornbusch，MFD）模型和价格黏性的跨期模型（Svensson 和 Wijnbergen，1989；Obstfeld 和 Rogoff，1995；Kollmann，2001）为理论基础，强调了货币政策冲击能够通过各种渠道传导至国外，导致消费转移效应、收入吸收效应及真实利率效应。传统的理论模型中没有包括资产市场，因而只涉及了货币政策冲击的贸易传导渠道。在金融市场全球化的今天，货币政策的跨国传导还能同时影响许多国家的资金流动、无风险利率或风险升水，造成国际股票市场的协动。在具体的货币冲击跨国传导渠道方面，Kim（2001）利用 VaR 方法和低频率数据识别其他国家的利率对美国货币政策冲击的响应，发现利率是最重要的传导渠道，Canova（2005）也得出类似结论，Ehrmann 和 Fratzscher（2006）则认为汇率和短期利率传导扮演了重要的角色。之所以有的研究认为利率渠道更重要，有的研究认为汇率渠道更重要，这是因为不同的研究选择了不同的国家作为研究对象，而且所选时间段、样本点及数据频率也各有差异。这表明，对于不同的国家，在其不同的发展阶段，美国货币政策跨国传导的渠道及各渠道强度存在差异，而且短期和中长期传导效应也各不相同。对于中国而言，由于经历了经济和金融逐步开放的过程，美国货币政策跨国传导对中国经济、金融影响的渠道研究必须要考虑这一因素。这样针对不同的情况作出适时响应，才能更好地隔绝美国货币政策冲击的影响，维护中国经济、金融的稳定发展。

最后，汇率制度、资本管制、贸易一体化、突发的危机事件是否改变了货币政策冲击对中美股票市场联动的影响强度？对于汇率制度的角色，Lastrapes 和 Koray（1990）分析了美国和三个主要欧洲国家（英国、法国、德国）之间冲击的资产传导，指出英国和法国通过浮动汇率短期内成功地将其经济从美国冲击中独立，而德国则不同，即使在弹性汇率制下，德国宏观经济实质上与美国冲击联系在了一起。Hutchison 和 Walsh（1992）的研究表明美国货币政策冲击在浮动汇率制下比在固定汇率制下对日本的正向效应更强；贸易作为市场联系的触媒首次出现在货币危机研究中（如，Eichengreen 和 Rose，1999；Glick 和 Rose，1999）。利用普通因素模型，Forbes 和 Chinn（2004）检验了非危机期间的贸易渠道，而且扩展了可能的国际外溢的决定因素。他们发现 20 世纪 90 年代中期以来，贸易和金融联系都变得很重要。Miniane 和 Rogers（2003）

评估了资本管制是否能将国家独立于美国货币政策冲击，通过估计货币政策冲击对汇率和国外利率的影响，低资本账户开放度是否表现出较小的系统性响应的假设被拒绝。Ehrmann 和 Fratzscher（2006）认为美国货币政策冲击的金融渠道传导的强度依赖于美国资产价格的响应和汇率及外国短期利率的反应，对美国货币政策冲击有相对大的汇率和短期利率敏感性的国家，其股票回报的响应要大 2～3 倍；Wongswan（2009）则指出无风险利率和风险升水、银行从美国借贷和一国 CAPM 的 β 值解释了外国股票价格对美国货币政策冲击响应程度的跨国差异。显然，开放度是股票市场跨国联系差异的重要原因，危机期间也可见到股市联动的显著增强。中国的渐进开放意味美国货币政策冲击传导至中国的强度在逐步发生变化，人民币汇率弹性的不断扩大以及人民币国际化也成为影响美国货币政策冲击跨国传导的重要因素，对此进行研究，可以预测未来美国货币政策跨国传导的强度，提高中国经济对各种外部冲击的弹性，防止外部冲击对中国经济发展造成过大的负面影响。

2008 年金融危机以来，国际股票市场联动的研究增多，反映了人们对危机传染及各国间金融联系的高度关注。中美股市联动作为众多金融市场联系的一部分，也吸引了众多学者的研究。在中国经济、金融不断开放的背景下，这一研究需要更强的前瞻性和更有效的分析框架。以美国货币政策跨国传导作为切入点分析中美股市联动，不仅可以理解两国实体经济的联系，也可以理解冲击传导的金融渠道，进一步地，对于两国货币政策协调和危机后中国参与国际货币体系改革也有重要的启示。

第二节　研究思路及主要内容

美国货币政策跨国传导研究涉及传导渠道、传导强度、传导方向研究，同时，中美股市联动又涉及两国的经济基础联系和金融市场传染，因而研究涉及两国经济、金融等各方面的因素。第一，需要明确中美股市是否存在联动，这种联动性是否随时间变化而变化，特别地，开放度的不断提升是否与中美股市联动存在关联。第二，构建理论模型，对货币政策冲击跨国传导的渠道、方向、强度进行研究。以中美两国数据进行参数估计，模拟预测不同汇率制度、不同资本管制情境下，美国货币政策跨国传导的机理；分析不同情况下，中国股市对美国货币政策冲击的中长期响应。在理论分析的基础上进行实证研究，确定美国货币政策指标，分析中国股市对美国货币政策冲击的事实响应，同时理解美国货币政策在不同时期对中国股市影响的强度差异。第三，分析包括美国货币政策在内的主要宏观经济因素在中美股市联动及其时变中所扮演的角色，纳入非危机期间与危机期间的比较，以高频数据作为研究样本，以理性传染和净传染作为区分，进一步分析美国货币政策对中国股市影响的即时效应，理解美国货币政策作为中国金融风险因素是如何影响中国股市波动及危机传染的。第四，在明确美国货币政策冲击跨国传导对中美股市联动影响的基础上，模拟分析中国货币政策与美国货币政策协调，维护中国经济金融稳定的必要性，指出从被动协调到主动协调的策略。第五，在国际货币体系改革的大背景下，讨论美元本位制下，美国货币政策与中国金融风险的关联，强调中国参与国际货币体系改革，加速推进人民币国际化，实现多边协调机制，也是防范中国金融风险的重要措施。具体的研究思路见图1。

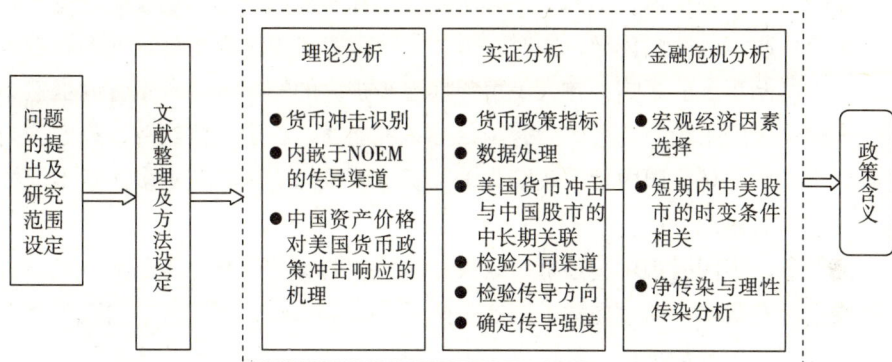

图1 研究思路

除导论外，整个研究内容包括以下七章：

第一章，中美股市联动的特征化事实。改革开放以来，中国在向开放经济转型的过程中已经进入了新的阶段，对外依存度超常提高，贸易顺差持续扩大，中国成为世界工厂，同时金融对外开放也进入了历史新阶段。开放度的不断提高以及中国经济在全球经济中地位的上升，成为中国股票市场与世界市场联系的基础。与之相应的，中国与美国间的经济、金融联系逐步加深、加强。近十年来，中国股市与美国股市的相关程度出现较大提高，这种变化不仅反映了中美经济间的相互影响，也打开了中美经济相互影响的金融渠道。通过对中美间的经济金融联系进行描述，界定研究范围、研究时间段，对中美股市联动进行全景式刻画。

第二章，文献综述。相关研究包括国际股票市场联动、货币政策跨国传导的理论与实证研究、中美股票市场联动的动因等。通过梳理相关文献，明确NOEM模型的构建要素、美国货币政策冲击识别方法、国际股票市场联动及传染的衡量等，提出可以在现有理论模型中引入资产市场，分析中国股票市场对美国货币政策冲击的响应，同时，在国际股票市场的时变条件相关分析中纳入宏观经济因素，分析美国货币政策与金融危机传染的关联。

第三章，货币政策冲击跨国传导的机理。通过构建一个考虑股市财富效应的开放经济模型，模拟分析不同汇率制度下，不同资本管制情况下，中国股票市场对美国货币政策冲击的响应。并对浮动汇率制下的情况进行模拟预测，分析人民币汇率弹性扩大后，美国货币政策冲击跨国传导的机制。脉冲响应分析和国内经济稳定性分析表明，美国货币政策冲击对国内经济、金融变量均能产生影响，同时，也是国内经济稳定的重要影响因素。利率、汇率是美国货币政策跨国传导的重要渠道，不同的汇率制度安排和不同的资本市场管制程度都影响美国货币政策的跨国传导，同时，美国货币政策对中国经济稳定性的影响也受到资本管制程度的影响。在人民币弹性逐步扩大的情况下，资本管制虽然不能完全隔绝金融市场的货币政策跨国传导，但能通过稳定实体经济，稳定国内的股票市场。另外，国内货币政策与美国货币政策的协调应该更多注意事前协调，而非事后协调。

第四章，中国股市对美国货币政策冲击相应的实证研究。实证上，美国货币政策指标有很多，通过构建不同的美国货币政策指标，甄别对中国股市存在影响的美国货币政策指标，分析影响中国股市变动的主要因素及这些因素在不同时期的影响强度变化，进一步地，构建SVAR模型，实证分析中长期内美国货币政策冲击跨国传导的渠道、方向，比较不同渠道的作用。研究结果表明，金融渠道是外部冲击影响国内经济的重要渠道，国内股市对美国货币政策冲击存在响应，同时，因美国货币政策冲击引起的全球流动性变化是影响国内股市波动的重要原因。美国货币政策跨国传导的渠道包括汇率和利率渠道。在人民币尚未实现完全可自由兑换的情况下，利率是重要的传导渠道，能通过影响国内的利率水平影响到国内的资产价格变动；汇率波动则通过影响贸易、国内物价等因素最后反映到国内资产价格变动上来。

第五章，金融危机与中美股市联动。股票市场波动也是金融风险的重要指针，股票价格的跨市场联动也表现为金融危机期间的风险传染。通过在DCC（GARCH）模型中引入宏观经济因素，将研究时间段划分为危机前、危机期间及危机后三个阶段，分析危机期间中美股市联动的时变特征，进一步分析美国货币政策对中美股市联动及联动时变的影响。在此基础上，利用股票市场风险传染指数，比较分析 2008 年金融危机与欧债危机期间，风险传导的不同特征，指出 2008 年金融危机期间，危机对中国产生冲击的效应主要来自资产再配置和贸易渠道的传导效应，而欧债危机期间流动性效应则是风险跨国传导至中国的主要原因。比较而言，美国货币政策的利率传导效应在欧债危机期间更为显著，中国股市与其他国家股市间的联动已经成为传导危机的重要渠道。

第六章，中美货币政策协调。既然美国货币政策冲击对中国经济、金融稳定产生了影响，同时美国货币政策也是导致危机传染的重要因素，因而协调中美货币政策成为维护中国金融稳定的重要对策。在分析国际货币政策协调的理论与实践的基础上，模拟分析中美货币政策协调与不协调情况下的中国经济稳定性，指出中美货币政策协调的必要性，并提出中美货币政策协调的策略，在中美货币政策协调中把握主动权，实现货币政策的双边协调。主要策略包括：推进人民币国际化，实现中国货币政策独立性，建立两国货币政策协调的"汇率目标区"机制，灵活应对中美货币政策冲突等。

第七章，美国货币政策与中国金融风险。从历次金融危机爆发前的美国货币政策变化，可以发现美国货币政策是重要的危机引致因素，其根源是美元本位制。对于中国而言，美国货币政策与中国金融风险存在关联，因而隔绝美国货币政策的影响，根本的措施是改革现有的国际货币体系。2008 年金融危机后，国际货币体系改革引起了各方面的高度重视，在这样的背景下，中国应该积极参与国际货币体系改革，提高对外部冲击的弹性，纠正内外经济失衡，保证经济的持续稳定增长。

第三节　研究方法

股票市场的跨市场联系衡量是很复杂的，而且这种国际股票市场间的联动还是时变的。从美国货币政策跨国传导的角度分析中美股市联动的动因，需要深入分析货币政策跨国传导的机理及其影响因素，并构造一个反映宏观经济因素与中美股市联动相互影响的统一框架。同时，中美股市联动还是风险跨国传染的重要表现，因而对金融危机期间的股市联动也必须纳入这一分析框架。除了分析框架的构造，时间维度的选择也很重要。对于时间段的选取必须反映中国渐进开放特征，数据频率的选取则必须综合考虑货币政策跨国传导的中长期效应及短期效应。本研究认为，由特征化事实入手，沿着规范的理论分析、实证分析的路线，结合模拟预测等方法，可以厘清美国货币政策跨国传导的机制，并对中美股市联动的未来趋势作出基本判断，不但有较强的说服力，而且能给出基本的政策建议。首先，以格兰杰因果检验、协整检验、DCC（GARCH）模型等方法研究中美股市联动的特征化事实，理解中国渐进开放过程中，中美股市联动的演变进程。其次，构建新开放宏观经济模型，从理论上明确美国货币政策跨国传导的机理，分析不同汇率制度及资本管制下，外部冲击跨国传导的强度、方向及其对中国经济稳定性的影响。另外，利用SVAR模型进行实证研究，分析中国股市对美国货币政策冲击的响应。美国货币政策冲击跨国传导研究采用低频数据，更加注重中长期内美国货币政策冲击与国内经济、金融变量之间的关系。在此基础上，分析金融危机期间的美国货币政策与中美股市联动的关联，通过在DCC（GARCH）模型中引入宏观经济变量的方式，以高频数据分析各宏观经济变量与两国股市收益率变动的关联，同时考虑股市联动的反馈机制，并进一步比较2008年金融危机及欧债危机期间危机跨国传染的特点，理解美国货币政策跨国传导与危机传染的关联以及危机跨国传导的金融渠道。

为了更好地说明美国货币政策跨国传导与中美股市协动的关联，本研究还注重了多种研究方法的结合。

一、理论分析与实证分析相结合

从实证分析的角度客观判断"美国货币政策冲击与中美股票市场协动性的关系如何"，从理论分析的角度把握"货币政策冲击跨国传导的渠道、强度、方向及其影响因素"。一方面，在货币政策跨国传导的机制研究中，利用实证研究的方法得到参数估计，利用动态随机一般均衡（DSGE）分析，分析美国货币政策跨国传导的脉冲响应；另一方面，由于理论分析不可能囊括所有的变量，而且不同的理论框架可能给出不同的研究结果，因此也采用不以特定模型为基础的VAR方法进行实证研究，分析所选样本期内中国股市对美国货币政策冲击的响应。

二、计量分析与模拟分析相结合

构造两国NOEM模型，在稳态处线性化，可以得到两国经济变量相互影响的线性化模型，参数估计和校准需要用到计量分析，在此基础上，利用模拟分析讨论贸易一体化、资本管制、汇率制度对货币冲击跨国传导的强度及方向的影响；在美国货币政策冲击对中国股票市场影响的实证分析中借助VAR模型及相关的Granger因果关系检验、脉冲响应和方差分解、协整分析等实证分析工具，以回归方程与各类冲击模型为基础的模拟分析既能充分利用理论分析的结论又能实现不同情境设置下的动态分析，不但有预测效果还能得出相应的政策含义。

三、现状分析与预测分析相结合

首先对中美股票市场联动的动态演变进行客观描述，然后分别运用低频及高频数据，对美国货币政策与中美股票市场协动性的相关性进行理论和实证分析，在此基础上，在开放程度不断扩大的背景下，利用模拟分析对二者的未来发展趋势作出合理预测。同时，利用模拟预测的方式分析中美货币政策是否协调的影响，得出相应的政策建议。

第四节　主要创新

一、构建考虑股市财富效应的开放经济模型

以 Obstfeld 和 Rogoff（1995）的研究为基础，有广泛的理论研究致力于解释开放经济条件下的跨国经济、金融联系，形成了系列新开放宏观经济模型（NOEM）。给定封闭经济模型建立于相似的基础之上的假设，越来越多的文献将封闭经济中的特征引入新开放宏观经济模型（如 Ambler 等，2004；Bergin，2003；Ghironi，2000；Justiniano 和 Preston ，2008；Lubik 和 Schorfheide，2007），这些特征包括不完全资产市场、实际和名义刚性（如工资黏性，价格和习惯黏性）等。然而，相关的研究存在几个问题，一是这些模型仍不能很好地模拟宏观经济变量的跨市场协动（Justiniano 和 Preston，2010），当然也无法刻画跨市场协动对各国经济发展的反馈作用；二是缺乏资产市场，对于风险跨国传导的金融渠道仍未清晰建模。与本研究的目的相适应，同时为了反映资产市场的作用，本研究在 NOEM 模型中引入股票市场，同时考虑股市财富效应，能够用于分析美国货币政策跨国传导的机制及中国股市的响应。

二、构造不同的美国货币政策指标

美国货币政策冲击识别是一项困难的任务，不同的研究采用了不同的美国货币政策指标，而且相关争议也较大。本研究在借鉴相关研究的基础上，构造三个美国货币政策变量和两个二元货币政策变量作为美国货币政策的代理变

量，并根据中国股市的响应选择合适的货币政策指标，这样增强了货币政策指标选择的针对性。研究中采用 DSGE 模型及 VAR 模型识别美国货币政策冲击，既与一般的理论分析相吻合，也兼顾了大量实证文献中的做法，使得结论更有一般性。

三、利用高频数据分析中美股市联动的时变动态

尽管许多研究涉及了中美股市联动，然而却极少涉及中美股市间联动产生的原因及危机期间联动时变的动因。这些研究要么将联动时变的原因归结为传染，即分析联动的尾部特征，要么将其归结为中国股市开放度的不断提高，都没有在分析中纳入宏观经济变量。为了分析美国货币政策与中美股市联动间的内在关联，本研究在 DCC（GARCH）模型中加入宏观经济变量的方式，分析包括美国货币政策在内的各种宏观经济变量与中美股市联动间的关联，并考虑股市联动的反馈作用，对金融渠道的美国货币政策跨国传导做了更进一步的分析。另外，引入条件系数分析理性传染与净传染对中美股市联动的影响，指出理性传染是中美股市联动的重要原因。

第五节　进一步研究的方向

本研究在 2008 年金融危机爆发的背景下，分析中美股市联动的时变动态及其引致因素，特别地，从美国货币政策跨国传导的角度研究美国货币政策在中美股市联动中所扮演的角色，同时将金融危机爆发与中美股市联动问题结合起来，分析危机期间美国货币政策与危机传染间的关联。尽管研究中涉及了现行国际货币体系下的美元本位制问题，认为隔离美国货币政策冲击的负面影响，其根本措施是改革现有国际货币体系，但相关研究仍不深入，而且仅从中美股市联动这一组跨国股市联动研究中得出的结论，尚不具备一般性。进一步的研究包括：

一、扩展中美股市联动至多国跨市场联系

采集主要发达国家及新兴市场国家利率、汇率、债券及股票交易数据，以多个金融危机为样本，分析国际金融市场的跨市场联系及危机传染特征，并考虑包括股票市场在内的多市场的跨国联系，将中美股市联动问题扩展为多国、多市场的联动问题。在此基础上分析美国货币政策所扮演的角色，其结论更具

一般性，也更有说服力。

二、在理论分析框架中加入银行、债券市场

本研究中尚缺乏金融机构行为，也没有债券市场，这样在货币政策规则建模时没有考虑公开市场业务，并不能全面识别货币政策冲击及其跨国传导，也不能对银行借贷行为进行全面刻画。更为一般性的做法是，在模型中引入金融机构，纳入货币市场、债券市场及股票市场间的复杂动力学，这样模型更接近现实，对货币政策规则的描述也更加符合中央银行的操作实际。

三、进一步识别货币政策消息、货币政策目标及路径冲击

限于数据可得性，本研究采取了较为常用的 DSGE 和 VAR 模型识别美国货币政策冲击，没有涉及超高频的货币政策消息冲击问题。现实中，市场对美国货币政策消息非常敏感，货币政策消息也是美国货币政策冲击的一部分。同时，货币政策冲击还包括目标突变和路径突变，都能对经济、金融产生影响。进一步的研究可以纳入不同的货币政策识别，使此研究更有全面性和现实性。

第一章

中美股市联动的特征化事实

1987 年的股灾激发了大量有关国际股票市场联动的研究，但这些研究一直将中国股票市场排除在外，一方面因为中国的股票市场起步较晚，开放度较低；另一方面由于中国股票市场的容量有限，在国际股票市场中缺乏影响力。伴随中国经济的高速增长及其开放度和国际影响力的不断提高，越来越多的研究开始涉及中国股票市场与其他市场的关联问题。特别是在 2008 年全球金融危机之后，对世界经济有较大影响力的两个国家：美国和中国的股票市场联动问题受到了越来越多的关注。

第一节　中国的贸易开放与金融开放

改革开放以来，中国在向开放经济转型的过程中已经进入了新的阶段，对外依存度超常提高，贸易顺差持续扩大，中国成为"世界工厂"，同时金融对外开放也进入了历史新阶段。开放度的不断提高以及中国经济在全球经济中地位的上升，成为中国股票市场与世界市场联系的基础，也促使越来越多的研究开始关注中国股票市场与国际金融市场之间联系的事实。

一、经济全球化背景下的中国对外开放

全球化（Globalization）的概念由美国经济学家提奥多尔·拉维特在《市场全球化》中最先提出，用以描述国际经济的巨大变化，即商品、服务、资本和技术在世界生产、消费和投资领域中的扩散。进入 20 世纪 80 年代之后，各国经济联系越来越紧密，国际经济全球化程度越来越深，国际投资越来越活跃。在此背景下，中国与世界经济融合的程度越来越高，经济发展也越来越多

地受到外部冲击的影响。

一般可以从三个方面来测度一国的开放度：第一，对外开放度的测度是从测度贸易依存度开始的，而且一直以来，很多学者都将对外开放度（Openness）等同于贸易开放度（Trade Openness）。第二，除了贸易开放度，对外开放度还包括金融开放度（Financial Openness 或者 Financial Liberalization）和投资开放度。尤其是随着国际金融、国际投资的发展，近年来人们往往综合贸易开放度和金融开放度进行开放度的测量。第三，除此之外，对外开放度还包含更为广泛的范围，如生产开放度、技术开放度、人员流动等（周茂荣、张子杰，2009）。

中国正是沿着贸易开放、金融开放的路径逐步融入全球经济的，而且金融开放也已成为全球化背景下中国对外开放的重要内容。股票市场的跨国协动，既是贸易开放、金融开放的结果，同时也是金融开放的一种衡量方式，反映了外部冲击跨国传导的金融渠道。在金融危机爆发期间，各国股票市场之间联动的增强还被理解为金融危机传染（Forbes 和 Rigobon，2002）。因此，中国股市与世界股市的联动研究是伴随着中国经济不断开放而出现的，并且与开放度存在紧密的联系。

二、外贸、外资及外债依存度

本研究采用外贸依存度、外资依存度和外债依存度来衡量中国渐进开放的历程（见图 1-1）。贸易开放度一般是指一国货物贸易的开放程度，它主要体现为一国对外贸易活动所涉及的贸易政策、贸易体制、汇率政策等。所以，对贸易开放度一个直接的度量方法就是对一国的对外贸易所涉及的相关政策、制度的开放性进行测度，也即基于规则的贸易开放度测度。但是，由于绝大部分的政策和制度难以量化，导致基于规则的贸易开放度测度所得到的结果可信性不高，以此为基础进行进一步实证研究的价值不大，更多的学者因此提出了基于结果的贸易开放度测度方法。一般来说，可以采用外贸依存度作为衡量贸易开放度的指标，其计算为一国的货物进出口总额与 GDP 的比值。从 2001 年至 2010 年，我国进出口总额从 4.2 万亿元人民币增长到 20 万亿元人民币，增长近 5 倍，年均增长率超过 40%，出口成为拉动我国经济增长的重要动力。伴随贸易开放，外商直接投资流入量也逐年增长，从 2001 年的 468 亿美元上升到 2010 年的 1 000 亿美元，年均增长率达 14%。FDI 的大量进入给中国带来了相对稀缺的资金、设备以及技术水平、管理经验和营销技巧等无形资产，对中国产业的技术升级和结构调整产生了积极的推动作用，促进了中国经济的发展。以货物进出口考察的外贸依存度指标逐年上升，2003 年超过50％，2007年则高达66.18％；以直接投资存量衡量的外资依存度也是逐年上升，2002年、2003 年均达到30％的高位，随后基本保持在 20％ 左右。外债依存度则呈现了先升后降的趋势。2000 年以前，外债依存度超过 100％，表明存在较大的债务风险，2000 年以后，外债依存度逐年下降，风险得以缓解。但需要注意的是，随着人民币升值压力的不断上升，热钱大量流入国内，也给中国经济金融稳定带来威胁。

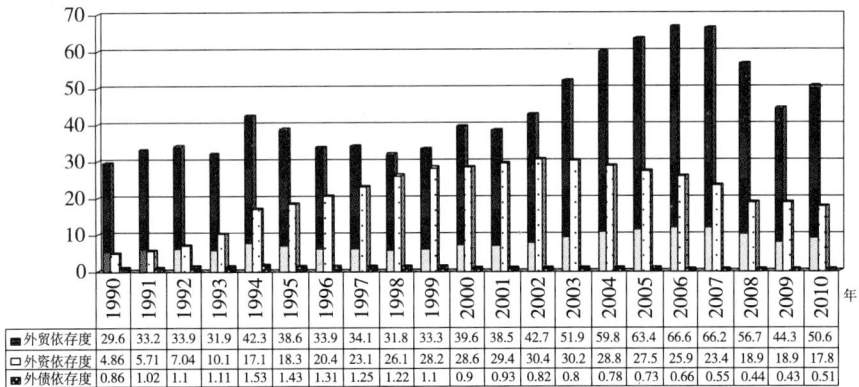

	1990	1991	1992	1993	1994	1995	1996	1997	1998	1999	2000	2001	2002	2003	2004	2005	2006	2007	2008	2009	2010
外贸依存度	29.6	33.2	33.9	31.9	42.3	38.6	33.9	34.1	31.8	33.3	39.6	38.5	42.7	51.9	59.8	63.4	66.6	66.2	56.7	44.3	50.6
外资依存度	4.86	5.71	7.04	10.1	17.1	18.3	20.4	23.1	26.1	28.2	28.6	29.4	30.4	30.2	28.8	27.5	25.9	23.4	18.9	18.9	17.8
外债依存度	0.86	1.02	1.1	1.11	1.53	1.43	1.31	1.25	1.22	1.1	0.9	0.93	0.82	0.8	0.78	0.73	0.66	0.55	0.44	0.43	0.51

资料来源：国家统计局、商务部、国家外汇管理局网站。

图 1-1　外贸、外资及外债依存度

显然，从 2001 年中国加入世贸组织以来，中国的开放度不断提高，外贸依存度和外资依存度都达到了较高的水平。正是基于这种开放，中国经济与世界经济自然地联系到了一起。

三、中国的金融开放

相对于贸易开放度而言，金融开放度所涵盖内容的界定比较复杂，但是一般来说它主要包括资本账户开放和金融市场开放两个方面，而绝大多数文献又将研究重点放在资本账户开放上。与贸易开放相比，中国的金融开放相对滞后，资本账户开放也还较为有限。资本项目以 40 大项为计，中国有 10 项基本上是完全禁止的。按照国际货币基金组织通常规则，低于 5项才可视为是资本项目开放的国家。与其他新兴市场国家相比，我国的资本项目开放程度也是较低的（见表 1-1），尽管中国的贸易总额远远超过了其他新兴市场国家及地区。

表 1 - 1　　　　　　　　　主要新兴市场国家和地区的开放度比较

	巴西	中国	中国香港	印度	印度尼西亚	韩国	墨西哥	俄罗斯	新加坡	南非	土耳其
资本项目开放	0.4	-1.1	2.5	-1.1	1.1	0.4	1.1	0.2	2.5	-1.1	0.1
贸易总额	1.3	11.0	2.7	2.3	0.9	3.1	1.8	2.3	2.6	0.5	1.0
汇率弹性	浮动	爬行类安排	货币带	浮动	浮动	浮动	浮动	其他	其他	浮动	浮动

资料来源：IMF Staff Discussion Note, 2011 - 10 - 19, SDN/11/17。

中国股票市场自成立以来经历了快速的成长，同时也伴随了不断开放的历程。QFII、人民币汇改及 QDII 制度的先后实施，使中国股市与世界股市的联动性进一步增加，也使得中国股市与世界主要股市的相关程度大幅提高，其结果是中国股市从相对封闭的状态迅速融入开放的世界股市中（游家兴、郑挺国，2009）。中国证监会于 2002 年 11 月 5 日发布《合格境外机构投资者境内证券投资管理暂行办法》，自 2002 年 12 月 1 日起执行。截至 2012 年 3 月，外汇管理局共批准 131 家 QFII 机构，投资额度共计 245.50 亿美元。从资产配置情况看，截至 2011 年底，QFII 总资产中股票资产的比例高达七成。2005 年 7 月 21 日，中国人民银行宣布自 2005 年 7 月 21 日起开始实行以市场供求为基础、参考一篮子货币进行调节、有管理的浮动汇率制度，人民币汇率不再盯住单一美元，形成更富弹性的人民币汇率机制；2006 年 4 月 13 日，中国人民银行第 5 号公告宣布调整部分外汇管理政策，关于资本项目的三项政策都是 QDII 的内容。根据公告，银行、证券经营机构、保险公司等可以在一定范围内，以代客理财或自营方式进行境外投资。随后，相关部门颁布《商业银行开办代客境外理财业务管理暂行办法》，标志着 QDII 完成了从试点到制度的转变。2007 年 9 月 12 日，中国国内首只股票型 QDII 基金——"南方全球精选"首发。截至 2012 年 2 月，外汇管理局共批准 96 家 QDII 机构，境外投资额度共计 752.47 亿美元。从资产配置情况看，截至 2011 年末，股票占据 QDII 项下资产配置的第一位，占比 64%；其次是基金（包括股票型基金），占比 20%。2011 年以来，一些投资于黄金、石油、房地产等领域的创新型 QDII 产品逐步推向市场，但相关资产在 QDII 整体资产配置中的占比较小；2010 年 6 月 19 日汇改进一步深化。一系列的开放事件标志着中国股市日益与全球股市融合，中国股市与其他国家股市之间特别是发达国家股市之间经常呈现一起上涨或者一起下跌的趋势，股市之间的收益率常常表现出较高的相关度即联动。

　　2008 年全球金融危机爆发以后，人民币国际化的呼声日益高涨，有种种迹象表明，中国金融开放进入了新的历史阶段。这主要表现为跨境人民币支付出现了跨越式的发展。根据国家外汇管理局国际收支统计监测系统的数据，跨境人民币收付总额在 2010 年增长 12 倍的基础上，2011 年进一步增长约 4 倍。2011 年，跨境人民币收付总额占整个涉外收付款总额的 6.7%（见图 1 - 2），较上年提高 5 个百分点，一跃成为我国仅次于美元的第二大对外结算币种。香港金融管理局的统计数据显示，香港人民币存款余额在 2010 年增长 4 倍的基础上，2011 年末又较 2010 年末增长近九成，达到 5 885 亿元人民币。截至 2011 年末，香港人民币存款占当地外币存款的比重达到 18.9%，较上年末提高了 7.5 个百分点，成为当地仅次于美元的第二大外币存款。2012 年 3 月，监管层罕见地就增加 QFII（合格境外机构投资者）额度征询国际顶级基金公司的意见。与此同时，外管局相继出台个人资本账户开放的相关政策，透露出放松资本管制的市场化信号。一端是投出去，诸如 QDLP（合格境内有限合伙人）试点；一端是允许更多的钱进来，像 QFLP（合格境外有限合伙人）试行、QFII 扩容等，中国正在有所管制地双向开放资本项目。显然，推动人民币国际化的四大改革，资本项目开放、离岸市场建设、利率与汇率改革正在稳步推进、同时并举，这表明中国的金融开放开始加速，金融联系也越来越成为中国与国外联系的重要一环。

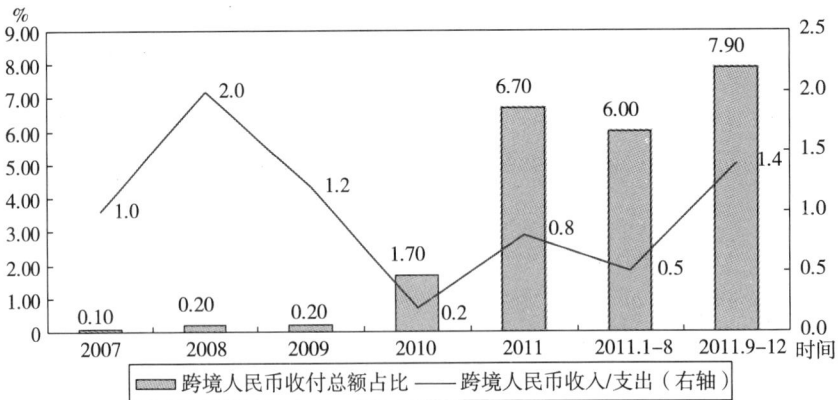

资料来源：国家外汇管理局网站。

图 1 - 2　2007—2011 年跨境人民币收付情况

第二节　中美两国的经济金融联系

伴随中国的对外开放，21 世纪以来，中美经济关系的发展之迅速、变化之深刻以及影响之巨大，为全球所关注，中美经济关系已经成为当今全球经济体系中最重要的双边经济关系。两国之间的贸易量除极个别的年份，都以20% 左右的速度递增。美国对中国的直接投资从 1991 年的 5.56 亿美元增长到2009 年的 25.55 亿美元，增加了近 4.6 倍。由于中美贸易逆差的增加，2011年中国的外汇储备超过 3 万亿美元，其中，用于购买美国国债和美国债券的占到六成。中美之间的关系出现了中国对美国商品市场和金融市场的双重依赖并逐步加深的局面，美国冲击对中国经济、金融的影响力逐步加大。以此为基础，中美之间的金融联系成为中国开放新阶段下的重要问题。

一、中美贸易联系

进入 20 世纪 90 年代后，中美两国间的贸易进入了高速发展阶段。美国在2004 年成为中国的第二大贸易伙伴国，占中国对外贸易总额的 14.8% ，仅次于中国对欧盟的贸易总额（15.5% ）。1997 年美国超过日本成为了中国最大的出口市场。到 2010 年，中美双方互为最大的贸易伙伴（见图 1 - 3）。伴随中美经济规模不断增大，两国经济明显地相互依赖。这为中美股市之间的联动奠定了经济基础。

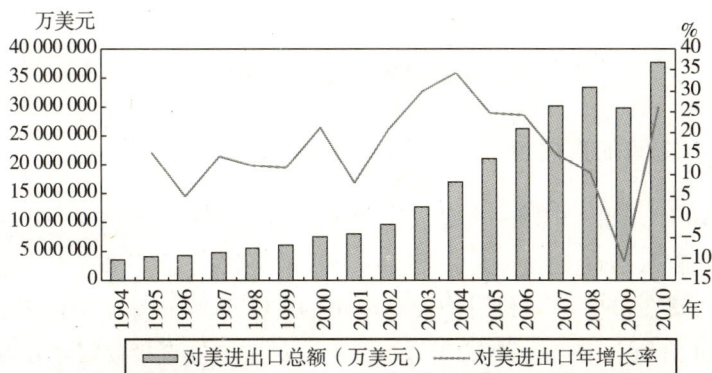

资料来源：中国商务部网站。

图 1 - 3　中国对美进出口总额及变动

从进口和出口来看，中国对美国出口增长迅速，年均增长达 17.86%。到 2010 年，中国对美出口达 2 726 亿美元。比较而言，中国对美进口规模较小，到 2010 年达 1 040.29 亿美元，年均增长率为 13.9%。如果采用美国商务部的数据，中国对美国的出口规模更大，美国对中国贸易逆差较大，到 2010 年达 2 730 亿美元。尽管由于中美贸易差额问题，两国围绕着"人民币汇率"、"知识产权保护"和"中国投资环境"等问题间的摩擦在不断增加，出现了"贸易战"、"货币战"等问题，但这些并未阻碍中美经贸关系的前进步伐。即使在 2008 年金融危机期间，中美之间的进出口仍保持了较快增长，只在 2009 年出现了负增长，出口及进口增长分别为 -12.5% 和 -4.8%（见图 1 -4）。

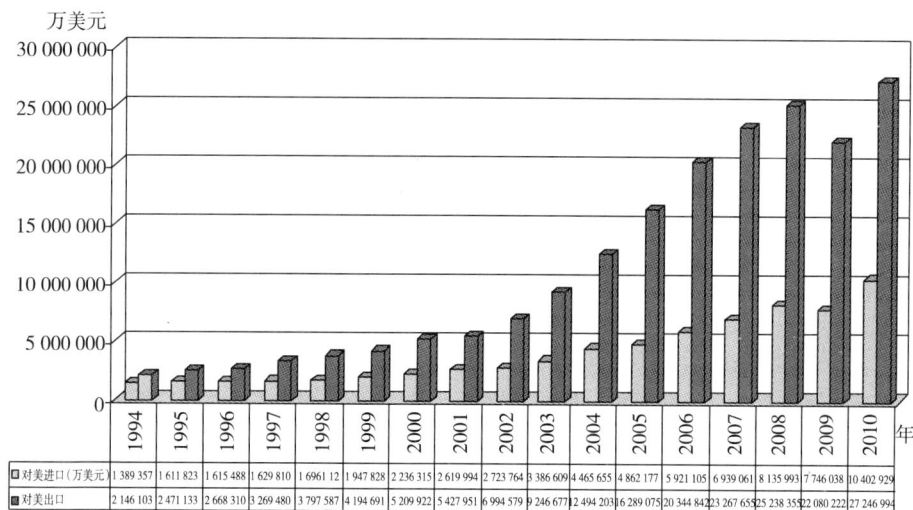

	1994	1995	1996	1997	1998	1999	2000	2001	2002	2003	2004	2005	2006	2007	2008	2009	2010
对美进口（万美元）	1 389 357	1 611 823	1 615 488	1 629 810	1 696 112	1 947 828	2 236 315	2 619 994	2 723 764	3 386 609	4 465 655	4 862 177	5 921 105	6 939 061	8 135 993	7 746 038	10 402 929
对美出口	2 146 103	2 471 133	2 668 310	3 269 480	3 797 587	4 194 691	5 209 922	5 427 951	6 994 579	9 246 677	12 494 093	16 289 075	20 344 842	23 267 655	25 238 355	22 080 222	27 246 994

资料来源：中国商务部网站。

图 1 -4　中国对美出口及进口

二、中美间的直接投资

从 1994 年开始，中国一直是仅次于美国的世界第二大外资引进国，2002 年中国更是首次超过美国成为世界吸收 FDI 最多的国家。1999 年以来，美国对华直接投资在中国实际利用外资总额中的比重基本保持在 7% ~ 10% 的水平，2004 年有所下滑。从 2005 年开始，美国对中国的直接投资实际额逐年下降，但仍保持了较大规模，仅次于中国香港、日本、中国台湾和新加坡，一直是中国外商投资的重要来源国（见图 1 -5）。与此同时，2005 年中国对外直接投资流量首次突破百亿美元，达到 122.6 亿美元，同比增长 123%。2002 年至

2010 年 8 年间，中国对外直接投资流量年均增长速度约为 49.9%（见图 1 - 6）。2010 年中国对外直接投资流量、存量占全球比例分别为 5.2% 和 1.6%，而且对外投资流量超过日本、英国等对外投资大国。截至 2011 年，中国对外直接投资存量超过 3 000 亿美元。由于中国经济实力的进一步增强，中国的对外直接投资也开始进入较快的增长期。2007—2008 年中国进入全球外国直接投资流出量前 20 位的经济体。从 2003 年至 2010 年，中国对美国直接投资流量除少数年份外，出现了大幅增长（见图 1 - 7）。2010 年中国企业对美国投资额流量为 13.08 亿美元，较 2009 年增长 44%；存量为 48.74 亿美元，成为美国的第九大外国投资者，而美国也成为中国第七大对外投资目的国。所以，从中美对外直接投资的变化趋势来看，由于中国对外贸易累积了大量的经常项目盈余，而且中国的"走出去"战略政策实施的深化，中国对美国的直接投资将会逐步增加，尽管目前的数量在美国经济中的份额仍然很小。这种相互投资的变化，特别是中国对美国直接投资的快速增长，使两国经济相互影响的程度和方式都发生了变化。

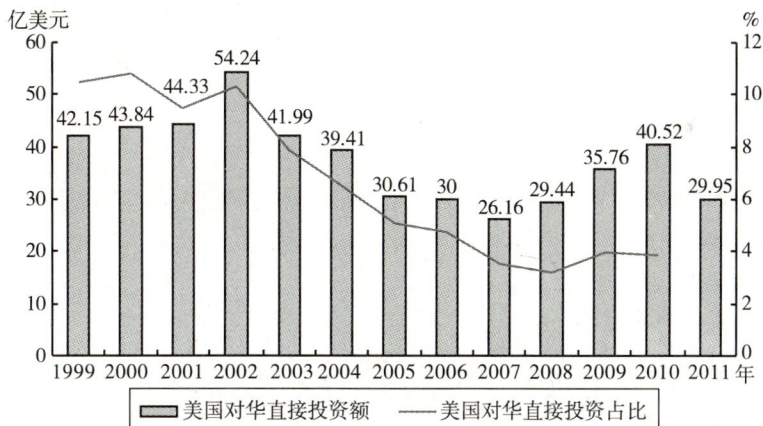

资料来源：国家统计局、商务部网站。

图 1 - 5 美国对中国直接投资

三、中美之间的金融联系

中美之间的金融联系表现在很多方面，如利率、汇率及股市联动。而中美之间的金融联系是建立在人民币盯住美元的汇率制度之上的，因而人民币和美元的双边汇率是衡量中美金融联系的关键变量。

借鉴 Bracke 和 Bunda（2011）的研究，我们测算了 2001—2010 年的人民

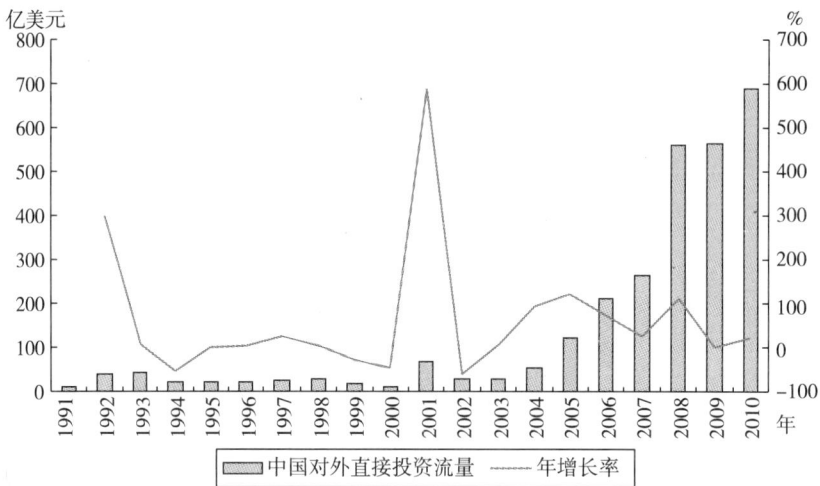

资料来源：中国商务部网站。

图 1 - 6　中国对外直接投资

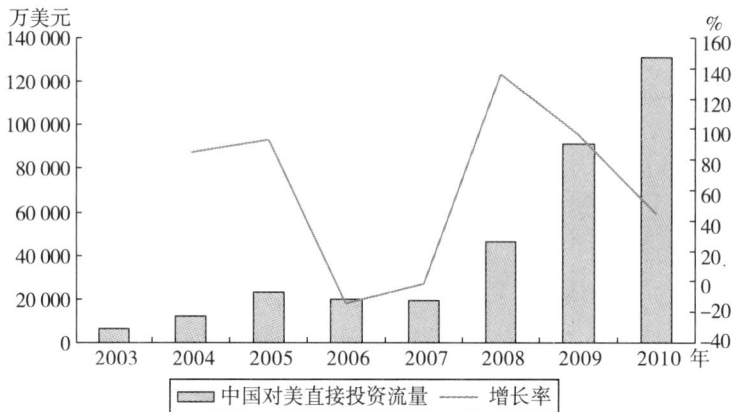

资料来源：商务部：《2010 年度中国对外直接投资统计公报》。

图 1 - 7　中国对美直接投资流量

币汇率弹性及汇率锚①，结果表明，从 2001 年至 2005 年，人民币一直是硬盯住美元的。2005 年 7 月 21 日，中国人民银行正式宣布实行以市场供求为基础、参考一篮子货币进行调节、有管理的浮动汇率制，人民币的弹性迅速增加，此时人民币汇率制度可以描述为软盯住美元。受 2008 年金融危机影响，人民币再次回到硬盯住美元的制度安排上，汇率弹性减小。但在 2007 年至 2009 年

---

① 具体的计算请参见杨雪莱、方洁（2012）。

间，欧元在汇率篮子中的比重出现了显著的上升，日元权重也出现了一定程度的上升。2009 年后，欧元在汇率篮子中的比重迅速减少，人民币汇率弹性重新出现增加的趋势。总的来说，近十年来美元作为人民币汇率锚的重要性并未出现明显的减弱趋势，只是在 2008 年金融危机期间出现了一定程度的下降。人民币汇率的弹性虽然在 2005 年汇改后出现了明显增强，但随后因全球金融危机出现了反复。2010 年 6 月 19 日，人民银行宣布进一步推进人民币汇率形成机制改革，增强人民币汇率弹性。至此，人民币汇率弹性再次出现增强的趋势。但人民币事实汇率制度离参考一篮子货币进行调节、有管理的浮动汇率制度仍有一段差距，导致了人民币币值随着美元币值变动而变动的情况。

锚定美元带来了中美经济失衡，也使中国丧失了货币政策独立性。更为严重的是，中国持有的大量外汇储备也通过购买美国国债支持了美国债务经济的发展。目前中国是美国最大的融资者。根据美国财政部的数据，截至 2010 年底，中国外汇储备中有 1.16 万亿美元是用来购买美国国债的。从 2010 年末各国对美国的国债持有情况来看，中国持有美国国债的数额超过日本 2 778 亿美元，占前五位持有美国国债总额的 42.6%（见图 1 -8）。金融危机后，中国并未大幅减持美元国债，为美国经济的稳定与复苏起到重要的作用。随着中国持有美国国债的增加，美国在金融领域对中国也产生了依赖，而这种依存关系对中美两国经济都产生了影响。

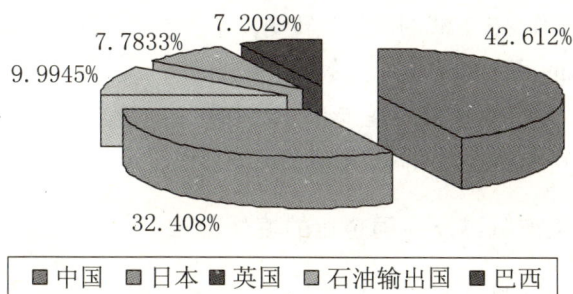

7.7833%
9.9945%
7.2029%
42.612%
32.408%

■中国 ■日本 ■英国 ■石油输出国 ■巴西

图 1 -8 2010 年前五位持有美国国债的占比

从两国短期利率走势来看，国内同业拆借 IBO001 的走势与美国联邦基金利率走势存在一定的相关，而且联邦基金利率存在引导作用。2004 年，联邦基金利率先于国内利率水平上行。而 2007 年金融危机爆发前后，先于国内利率水平下调（见图 1 -9）。由于美国联邦基金利率走势代表了美国货币政策走势，表明国内利率水平受到了美国货币政策影响，并与美国短期利率联系。

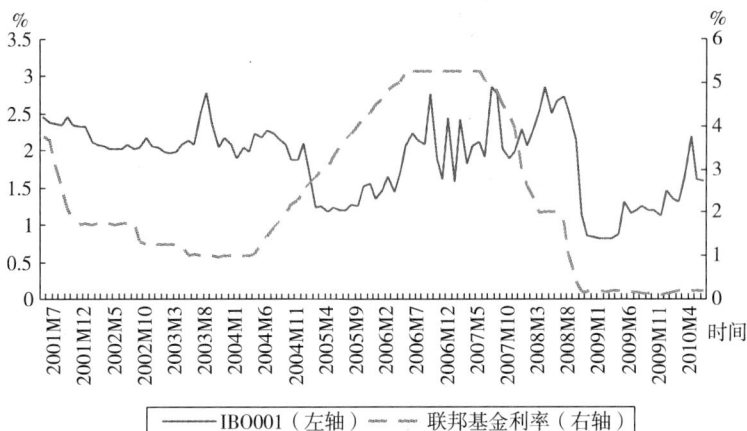

资料来源：国泰安数据库、美总统经济报告。

图1-9　中美短期利率走势

显然，中美间的经济、金融联系随着中国的改革开放越来越紧密，而且在不同的时期表现出了不同的特点，这些特点也会随着经济增长的结构、模式需要而产生变化。比如，在2008年国际金融危机以前中美两国经济的主要联系机制是通过贸易（主要是中国向美国的出口）和直接投资（2008年以前的美国对华直接投资量比中国的对外投资量更大）实现的。目前，这种相互依赖的模式又有了新的形式，即国际金融的相互依赖程度比以往更加深刻了。而在这之后，随着两国增长方式的调整与转变，美国的扩大就业政策的实施及中国"走出去"战略的深化，双方在直接投资领域的联系将会进一步加深。而人民币的国际化，中国资本项目的逐步开放，中美之间股票市场联系也会显著增强，这在2008年金融危机期间及随后的时间段里已经凸显了出来。

四、中美股市概述及中国企业的境外上市

（一）中国股市概述

从1984年7月，北京天桥股份有限公司和上海飞乐音响股份有限公司经中国人民银行批准向社会公开发行股票至今，中国股票市场已经经历了近30年的发展历史。与世界上其他股票市场相比，新中国股市是非常年轻的。但是到2012年5月，上市公司达到2 342家，股票总市值21.48万亿元人民币，达到全球第三，其发展速度令世界瞩目。

随着中国股市的不断发展，中国股市上市公司质量稳步提高，已成为推动经济发展的生力军，不但上市公司数量不断增加，上市公司总市值占中国GDP

的比例也达到相当高的水平。同时，随着股市投资者规模日益壮大，市场参与度不断提高，股票市场已成为中国广大人民群众财富管理的重要平台。此外，中国股市的投资产品也更加丰富，品种体系不断健全。中国股市市场从成立之初仅有股票、国债等少数交易品种，现已经发展成为包括股票、证券投资基金、权证、公司债、可转换公司债券、资产证券化产品、国债回购、商品期货、股指期货等在内的投资产品体系。最后，中国股市市场体系建设取得长足进步，市场结构逐步完善。股票市场中介机构规范化程度明显提高，逐步纳入创新发展的新轨道。根据中国证券业协会的统计，截至 2011 年 12 月 31 日，109 家证券公司总资产为 1.57 万亿元，净资产为 6 302.55 亿元，净资本为 4 634.02 亿元，受托管理资金本金总额为 2 818.68 亿元。109 家证券公司全年实现营业收入 1 359.50 亿元，各主营业务收入分别为代理买卖证券业务净收入 688.87 亿元、证券承销与保荐及财务顾问业务净收入 241.38 亿元、受托客户资产管理业务净收入 21.13 亿元，证券投资收益（含公允价值变动）49.77 亿元，全年累计实现净利润 393.77 亿元，90 家公司实现盈利，占证券公司总数的 83%。

（二）美国股市

美国股市历史悠久，它萌芽于独立战争时期。第一次产业革命和第二次产业革命使股份制得到迅猛发展，企业纷纷借助股票市场筹集大量资金。1929 年经济大危机后美国政府加强对股票市场的立法监管和控制，整个市场进入规范发展阶段，美国的股票市场也因此快速地发展成为世界最大的股票市场。仅纽约证券交易所 2008 年末的股票交易额就为 27.6 万亿美元，约占全球股票交易量的 24%；其股票市值达 9.2 万亿美元，约占全球股票总市值的 9%，都居世界第一。美国的股票市场已成为世界经济的"晴雨表"。

美国股票市场投资品种十分丰富，有证券和股指（如道琼斯指数、标准普尔 500 指数等）的现货、证券和股指的期货及期权、可转换债券、信托凭证（ADRs）等品种。投资者不仅可以进行各类品种的单独投资，还可以进行它们之间的套期保值交易，避免因各类投资者行为趋同而造成市场单边运行，出现暴涨暴跌的局面。

美国股票市场分为两大板块：交易所市场（Stock Exchange）和场外交易市场（OTC 市场）。20 世纪 80 年代后，美国股票市场上的机构投资者不断成熟扩大，政府对投资者的保护更加完善，金融创新工具不断涌现，大规模的收购兼并活跃，高科技股票脱颖而出，股票市场空前繁荣。垃圾债券、杠杆收购、大规模的兼并成为美国股票市场的标志，正是这些交易促进了股票价格迅速回升到与其内在价值相当的水平。从 1982 年开始到 90 年代末，美国机构投资者的增加也是空前的。1982 年，美国的共同基金只有 340 只。但到 2001 年，美国共同基金数目达到 8 307 只，比美国纽约股票交易所上市的股票还多，大约相当于纽约股票交易所和纳斯达克两个市场上市股票数量总和。进入 20 世纪 90 年代，网上交易服务出现了引人注目的发展，与 1997 年后股市最辉煌的上涨几乎同时发生。根据股票交易委员会的一项调查显示，1997 年美国网上账户有 370 万个，到 1999 年达到 970 万个。网上交易的发展以及相关的以互联网为基础的信息和交流服务的发展每时每刻都在增加人们对股市的关注。由于投资者在空闲时坐在客厅里就能得知变化的价格，因此工作时间以外的交易同样使人们增加对市场的关注。网上交易的迅速发展，推动了美国股票交易市场的活跃，也成为 20 世纪 90 年代美国股票市场"非理性繁荣"的重要催化因素。

2008 年金融危机给美国股市以沉重打击，华尔街投行纷纷倒下。与 1987 年的股灾相比，这一危机不仅造成了金融市场的动荡，同时也对实体经济产生实质性的影响。美国股市风险外溢造成了各国股市更强的联动，与中国股市联动也显著加强。

（三）中国企业境外上市

自 1993 年 6 月，青岛啤酒股份有限公司成为中国内地首家在中国香港地区上市的 H 股。此后，中国政府大力推动中国内地企业境外上市，现已经形成一定的境外上市规模，"中国概念"股在海外资本市场颇受瞩目。据中国证监会的数据显示，自 1993 年到 2009 年 7 月底，已有 154 家中国内地企业发行境外上市外资股并到境外上市，筹资总额 1 137.79 亿美元。同时，据创业投资研究机构清科集团统计，在其关注的境外 13 个资本市场上，2009 年共有 77 家中国企业在境外 9 个市场上市，融资 271.39 亿美元。与 2008 年同期相比，上市数量增加 40 家，融资总额增加了 2.92 倍，中国内地企业境外上市再掀高潮。

总的来说，我国企业赴境外上市具有明显的阶段特征。第一阶段为 1993—1995 年，境外上市企业主要以传统的工业、制造业为，如青岛啤酒、上海石化、马鞍山钢铁、哈尔滨动力设备等。第二阶段为 1997 年前后，集中在航空、电力、交通等基础产业和基础设施领域，一批有代表性的优质企业陆续在境外上市，如东方航空、华能电力、深高速、广深铁路、大唐发电等。第三阶段为 1999 年前后，赴境外上市的中国企业，除了以石油、电信类为代表的特殊垄断行业的大企业外，一大批民营高科技企业加入进来，如福建恒安、新浪、搜狐、网易等以互联网、电子商务为特色的一批企业。第四阶段从2001年至今，中国企业境外上市出现了新的趋势、新的浪潮，上市公司的构成、选择上市的地区、方式开始多元化。如2001年中海油的IPO（首次公开上市）、在美国借壳上市的浙江万向集团等。上市的企业中也包括了中国人保、中国人寿、平安保险、交通银行股份有限公司、中国建设银行股份有限公司等金融企业。

虽然受到财务造假和金融危机影响，中国企业境外上市的步伐放缓，但利用境外市场融资的趋势不会改变。中国企业境外上市也进一步促进了中国经济、金融的开放，加强了中国股市与境外股市的联系。

第三节 中美股市联动的演化

开放度的不断提高以及中国经济在全球经济中地位的上升，中国股票市场与国际金融市场之间的联系日益加强，作为中美金融联系的中美股市联动也受到了越来越多的关注。最近的研究在全球金融危机爆发的背景下，分析了国际股票市场间的联动，其中包括了中国和美国股票市场之间的联动分析（如，Kenourgios，Samitas，Paltalidis，2011；Aloui，Aïssa，Nguyen，2011），而且证实了中美股票市场存在联动。少数研究专门涉及了中国股票市场与美国或其他股票市场间的联动，Hu（2008）利用时变条件Copula方法（TVCC）建立中国和美国股票市场与其他金融市场的相依结构模型，认为中国股票市场相对分离于其他股票市场；Luo、Brooks和Silvapulle（2011）研究了2002年允许外国人投资中国A股市场后的效应，特别是A股金融指数回报与其他新兴市场回报间的相依性，发现了A股除了与美国、日本和韩国存在显著的尾部依赖外，与其他市场不存在显著的关联。国内一些研究也证实了中美股票市场间的相依性（张福、赵华等，2004；韩非、肖辉，2005；西村友作，2009；游家兴、郑挺国，2009；张兵、范致镇、李心丹，2010），表明中美股市之间确实存在联动。

一、中美股市的时变条件相关

股票市场的跨市场联系衡量是很复杂的，而且这种国际股票市场间的联动还是时变的。传统的衡量市场相依的方法，即Pearson相关系数只代表了静态的相关，而且Pearson相关估计以金融回报序列的线性联系为假设前提，而这种联系往往是非线性因果方式（Beine 等，2008）。解决这些问题的方法包括运用 GARCH 模型，或运用多变量极值理论和 Copula 函数。允许波动性和相关性中存在条件不对称的前提下，Engle（2002）提出了一个动态条件相关（DCC）GARCH 模型，可以用来研究变量间非线性的时变相关程度，了解中美股票市场联动的时变特征。

（一）模型

假设中美股票市场收益率二维向量为 r_{it}，则

$$r_{it} = \mu_i + \varepsilon_{it}, i = 1,2 , t = 1,2,\ldots,T \tag{1.1}$$

$$\varepsilon_t | I_{t-1} \sim N(0,H_t) \tag{1.2}$$

其中，$\varepsilon_t = (\varepsilon_{1t}, \varepsilon_{2t})'$，$I_{t-1}$ 为 $t-1$ 时可用的所有信息，H_t 为条件协方差矩阵。

令 $h_{ij,t}$（$i = 1,2 , j = 1,2$）代表 H_t 中第 i 行第 j 列元素，根据 Bollerslev（1990），假设每一个条件方差服从 GARCH（1, 1）过程，即

$$h_{ij,t} = \alpha_{i0} + \alpha_{i1} \varepsilon_{ij,t-1}^2 + \beta_{i1} h_{ij,t-1},(i = j) \tag{1.3}$$

协方差 $h_{12,t} = \rho_t (h_{11,t} h_{22,t})^{-1/2}$。其中，$\rho_t$ 为条件相关系数。如果假设 ρ_t 为常数，则为常数条件相关模型（CCC）。

对每个观测期 t，条件对数似然函数定义为

$$\ln l(\theta) = -\frac{1}{2}(N\ln 2\pi + \ln|H_t| + \varepsilon'_t H_t^{-1} \varepsilon_t) \tag{1.4}$$

其中，N 为资产数目（这里为 2），θ 为待估参数，运用对数极大似然估计即可得到条件协方差矩阵的参数估计。由于许多文献指出金融时间序列间的条件相关是时变的，因而很多时候 ρ_t 不为常数。为了分析条件相关的时变特性，进一步分解协方差矩阵为

$$H_t = D_t R_t D_t \tag{1.5}$$

其中，D_t 为一个具有时变标准差，即 $h_{ii,t}^{1/2}$ 的对称矩阵，R_t 为时变相关矩阵

$$D_t = \begin{bmatrix} h_{11,t}^{1/2} & 0 \\ 0 & h_{22,t}^{1/2} \end{bmatrix}, R_t = \begin{bmatrix} 1 & \rho_{12,t} \\ \rho_{21,t} & 1 \end{bmatrix} \tag{1.6}$$

令 $z_t = D_t^{-1} \varepsilon_t$，并对所有时刻对数似然函数值求和，得到对数似然函数为

$$\ln l(\theta) = -\frac{NT}{2}\ln(2\pi) - \frac{1}{2}\sum_{t=1}^{T} \left(\sum_{i=1}^{N} \ln h_{it} + \ln|R_t| + z'_t R_t^{-1} z_t \right) \tag{1.7}$$

其中，N 表示市场的数目，这里为 2。Engle（2002）提出两步估计法估计条件时变相关矩阵，即先估计单变量 GARCH 模型的波动性，再估计相关性。这意味着每一个市场的收益序列动态行为由单变量 GARCH 模型描述，与时变相关

结构没有联系。在这种假设下，均值方程的参数估计受到了两市不存在协动的约束，不利于分析宏观经济因素对联动的影响。因此我们采用一步估计法，在进行条件极大似然估计时同时估计所有参数，允许波动过程与条件时变相关间的相互影响。

对于时变相关矩阵 R_t，其元素可以估计如下：

$$\rho_{12,t} = \frac{q_{12,t}}{(q_{11,t}q_{22,t})^{1/2}} \tag{1.8}$$

$$q_{12,t} = \bar{\rho}_{12}(1 - \alpha - \beta) + \alpha z_{1,t-1}z_{2,t-1} + \beta q_{12,t-1} \tag{1.9}$$

其中，$\bar{\rho}_{12}$（假设为常数）为非条件相关系数，α 是新闻参数，β 是衰变参数。α 和 β 非负且限制 $\alpha + \beta < 1$。这样就可以得到时变条件相关系数，分析中美股市联动的动态演变。

在运用 DCC 模型之前，采用 Bollerslev（1990）提出的残差检验方法，考察条件相关的常数假设是否合理。对 $i = j$，利用 F 检验考察（$\hat{\varepsilon}_{it}^2 \hat{h}_{ii,t}^{-1} - 1$）对 $\hat{h}_{ii,t}^{-1}$ 和 $\hat{\varepsilon}_{i,t-1}^2 \hat{h}_{ii,t}^{-1}$，$\ldots$，$\hat{\varepsilon}_{i,t-5}^2 \hat{h}_{ii,t}^{-1}$ 回归的参数是否显著异于零。如果条件相关的常数假设合理，则不能拒绝原假设。如果对于 $i \neq j$，则考察（$\hat{\varepsilon}_{it}\hat{\varepsilon}_{jt}\hat{h}_{ij,t}^{-1} - 1$）对 $\hat{h}_{ij,t}^{-1}$，$\hat{\varepsilon}_{i,t-1}^2 h_{ij,t}^{-1}$，$\hat{\varepsilon}_{j,t-1}^2 \hat{h}_{ij,t}^{-1}$ 和 $\hat{\varepsilon}_{i,t-1}\hat{\varepsilon}_{j,t-1}\hat{h}_{ij,t}^{-1}, \ldots, \hat{\varepsilon}_{i,t-5}\hat{\varepsilon}_{j,t-5}\hat{h}_{ij,t}^{-1}$ 的回归。如果原假设拒绝，则条件相关是时变的，应该采用 DCC 模型刻画中美股市间的条件时变动态。

（二）数据

中国股票市场以上证综合指数为考察对象，美国则以标准普尔 500 指数作为考察对象。中国股市于北京时间 9:30 开盘，15:00 收盘。美国股市在美国东部时间 9:30 开盘，16:00 收盘。由于中美股市在交易时间上不存在重叠部分，因而美国股市收益率采用滞后一期的数据。由于文献中强调了国际股票市场联动中美国股市的引导作用，因而按照 Hamao（1990）及张兵、范致镇、李心丹（2010）等的做法，我们同时考察中美股市收盘收益率的条件相关（CL_CL）和美国股市收盘收益率与中国股市开盘收益率的条件相关（CL_OP）的演变。与张兵、范致镇、李心丹（2010）不同，我们没有考虑美国股市的开盘收益率，这主要因为美国股市开盘收益率的变动不明显，标普 500 的开盘价对市场变动的影响并不敏感。以 R_CL_{it}（$i = 1, 2$）代表 t 日的收盘收益率，其中 R_CL_1 表示标准普尔 500 的收盘收益率，R_CL_2 表示上证综合指数的收盘收益率，R_OP_t 表示中国股市的开盘收益率，则

$$R\_CL_{it} = \ln(CL_{it}) - \ln(CL_{it-1}), \; i = 1,2$$

$$R\_OP_t = \ln(OP_t) - \ln(CL_{t-1})$$

其中，CL_{it} 代表两个股市在 t 日的收盘价，OP_t 代表中国股市 t 日的开盘价。

由于中国在 1994 年实行外汇管理体制改革，将人民币官方汇率和外汇调剂市场汇率并轨，初步形成了以市场供求为基础的管理浮动汇率制度，同年 4 月中国外汇交易中心在上海建立，因而选取 1994 年 1 月 3 日至 2011 年 9 月 30 日的两市日收盘价，同时删除两个市场交易日不重合的数据后，共得到 4 177 个样本点。

（三）中美股市联动的时变特征

估计式（1.4）后，对条件相关是否为常数进行检验。检验结果显示，当 $i = j$ 时，F 值分别为 405.339 和 904.54，当 $i \neq j$ 时，F 值为 57.8318，因此，原假设被拒绝，需要用 DCC 模型刻画两市的条件时变相关。两市的时变条件相关如图 1 - 10 所示。为了更清楚地看出中美股市联动的变动趋势，图中数据采用了指数平滑（指数平滑方法为 Holt - Winters 无季节模型）。显然，从 1994 年到 2011 年，中美股票市场间的跨市场联系并不十分明确，既存在正相关，也存在负相关。但总体来说，中美股市间的收盘收益率的相依性出现了最大相关性逐步增加和负相关逐步减小的情况，而且从 2002 年 12 月开始，这种负相关缩小的趋势表现较为明显，中美股市联动出现不断增强的趋势。中美股市收盘收益的条件相关最大值出现于 2007 年 11 月，这也正是金融危机爆发期间。而最小值出现于 1996 年 7 月。从开盘收益与美国股市收盘收益的条件相关来看，从 2006 年开始出现了显著的相依性增强的特点，并于 2011 年 8 月达到峰值。

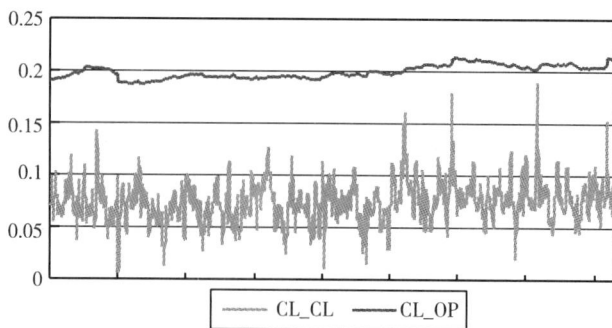

图 1 - 10   中美股票市场时变条件相关（1994—2011 年）

进一步地按年计算平均的条件相关（见表 1 - 2），可以看出，中国股票市场无论是开盘收益率、收盘收益率与美国股市的收盘收益率在 2002 年前都表现出了不太明显的特征。从 2002 年开始,中美股市之间出现了较为稳定的联动,2006 年后这种联动表现更为明显,这与中国股市的逐步开放是相吻合的。2007 年及 2008 年金融危机期间,中美股市的联动性显著增强。比较而言,中国股市开盘收益率与美国股市收盘收益率之间表现出了更为显著的相关性,而且这种相关性从 2007 年开始表现得非常显著。由于相比较收盘收益率而言,开盘收益率更多体现了他国市场信息对投资者决策的影响,因而开盘收益相关的显著增加表明国内投资者对美国股票市场的关注日益增强,美国股票市场的变动能影响国内股票市场的走势。2011 年无论收盘收益还是开盘收益都表现出了与美国股市的较强联动,这可能与人民币汇改的深化和其后的美债及欧债危机爆发有关。

表 1-2　各年平均条件相关

年份	年平均条件相关		年份	年平均条件相关	
	CL_CL	CL_OP		CL_CL	CL_OP
1994	0.0524	-0.0120	2003	0.0654	0.053
1995	0.0301	0.0083	2004	0.0080	-0.012
1996	-0.0044	0.0890	2005	0.1042	0.037
1997	0.0815	-0.0013	2006	0.0708	0.132
1998	0.0793	0.1290	2007	0.1139	0.486
1999	-0.0096	-0.2350	2008	0.1739	0.614
2000	-0.0029	-0.2060	2009	0.1562	0.478
2001	0.0788	0.0340	2010	0.2148	0.548
2002	0.0884	0.1600	2011	0.1562	0.715

二、格兰杰因果关系检验及协整检验

通过分析中美股市条件时变相关,基本可以得出中美股市联动存在逐步增强的趋势,这与中国的开放政策以及金融危机的爆发有直接的关联。据此,我们进一步通过格兰杰因果关系检验和协整检验分析 2002 年后中美股市联动的短期及长期特征。

(一)方法描述

考虑一个二元 p 阶的 VAR 模型

$$\begin{pmatrix} y_{1t} \\ y_{2t} \end{pmatrix} = \begin{pmatrix} a_{10} \\ a_{20} \end{pmatrix} + \begin{pmatrix} a_{11}^{(1)} & a_{12}^{(1)} \\ a_{21}^{(1)} & a_{22}^{(1)} \end{pmatrix} \begin{pmatrix} y_{1t-1} \\ y_{2t-1} \end{pmatrix} + \begin{pmatrix} a_{11}^{(2)} & a_{12}^{(2)} \\ a_{21}^{(2)} & a_{22}^{(2)} \end{pmatrix} \begin{pmatrix} y_{1t-2} \\ y_{2t-2} \end{pmatrix}$$

$$+ \cdots + \begin{pmatrix} a_{11}^{(p)} & a_{12}^{(p)} \\ a_{21}^{(p)} & a_{22}^{(p)} \end{pmatrix} \begin{pmatrix} y_{1t-p} \\ y_{2t-p} \end{pmatrix} + \begin{pmatrix} \varepsilon_{1t} \\ \varepsilon_{2t} \end{pmatrix} \qquad (1.10)$$

格兰杰因果关系检验实质上是检验一个变量的滞后变量是否可以引入到其他变量方程中。一个变量如果受到其他变量的滞后影响，则称它们具有格兰杰因果关系。当且仅当系数矩阵中的系数 $a_{12}^{(p)}$ 全部为零时，变量 y_{2t} 不能格兰杰引起 y_{1t}。这时，判断格兰杰原因的直接方法是利用 F 检验。当统计量大于临界值时，则拒绝原假设，认为变量 y_{2t} 能够格兰杰引起 y_{1t}。Johansen 协整检验是在检验变量进行单位根检验基础上，估计一个特殊的 VAR 模型，利用极大似然估计来检验多个变量间的协整关系。为了运用 Johansen 检验，将式（1.6）转换成向量误差修正模型

$$\Delta Y_t = \prod Y_{t-1} + \sum_{i=1}^{k=1} \Gamma_i \Delta Y_{t-i} + \varepsilon_t$$

其中，$\prod = \sum_{i=1}^{p} A_i - I$，$\quad \Gamma_i = - \sum_{j=i+1}^{p} A_j$。

可以利用特征根迹检验和最大特征值检验进行 Johansen 协整检验。协整检验实现的技术基础是在没有确定趋势项、有线性确定趋势项和有二次趋势项的三种不同情况下的五种检验模型。这五种模型分别从 1 到 5 编号。模型 1，序列没有确定趋势，协整方程无截距项；模型 2，序列没有确定趋势，协整方程有截距项；模型 3，序列有确定性线性趋势，但协整方程只有截距；模型 4，序列和协整方程均有线性趋势；模型 5，序列有二次趋势，协整方程仅有线性趋势。

（二）检验结果

首先将数据按时间段分组。第一组为危机前，时间段从 2002 年 12 月 1 日至 2007 年 8 月 6 日；第二组为危机中，时间段从 2007 年 8 月 7 日至 2009 年 3 月 15 日；第三组为危机后，时间段从 2009 年 3 月 16 日至 2011 年 7 月 1 日。之所以这样划分，是借鉴 Luo、Brooks 和 Silvapulle（2011）的研究，将中国的开放政策以 QFII 执行日为分水岭，同时从时变条件相关来看，2002 年后中美股市的条件相关也确实出现了较为明显的增强。对于危机时间段的划分则借鉴了 Bekaert、Ehrmann、Fratzscher 和 Mehl（2011）的研究。为了排除 2011 年美债危机及欧债危机的影响，将第三阶段的结束点定为 2011 年 6 月。格兰杰因果关系检验结果见表 1 - 3。由于格兰杰因果检验对滞后阶数很敏感，为了确保结果的稳健性，表中列出了滞后期 1—5 阶的所有检验结果。并以 SC 准则判断的最佳滞后阶数为准，同时参考其他的滞后阶数下的检验结果。显然，在第一阶段，中美股市无论在收盘——收盘还是收盘——开盘收益率之间不存在明

显的因果关系，只是在收盘——开盘收益率之间出现了一定的美国收盘收益率对中国开盘收益率的影响。在危机阶段，则无论是收盘——收盘收益率还是收盘——开盘收益率都表现出了美国股市收益率变动对中国股市的显著影响，危机后的情况同样如此。不同的是，危机后的美国收盘收益率对中国收盘收益率的影响程度有所下降，但对中国收盘收益率的影响程度则进一步上升。这表明美国股市收盘收益率对中国股市收盘收益率的影响除受中国开放度提高的影响外，危机期间的传染是重要的因素。比较而言，中国的开盘收益率与美国的收盘收益率之间的联动则主要与开放度有关。在第三阶段还发现了中国股市收盘收益率、开盘收益率对美国股市的引导作用，表明中国股市影响力的上升。

表 1-3　　　　　　　　　　　　格兰杰因果检验结果

原假设	滞后期	第一阶段		第二阶段		第三阶段	
		F 值	p 值	F 值	p 值	F 值	p 值
R_CL_2 不是 R_CL_1 的格兰杰原因	1	**0.00634**	**0.93658**	**1.61577**	**0.20447**	**4.05902**	**0.04439**
	2	0.03575	0.96488	0.70321	0.49565	1.56877	0.20918
	3	0.25489	0.85788	0.84916	0.46771	2.06776	0.10337
	4	0.44282	0.77770	1.58911	0.17652	1.3583	0.24711
	5	2.64712	0.02181	1.72369	0.12824	2.51231	0.02901
R_CL_1 不是 R_CL_2 的格兰杰原因	1	**0.22775**	**0.63329**	**18.7556**	**0.00000**	**15.6202**	**0.00009**
	2	0.35642	0.70026	9.53089	0.00009	9.11779	0.00013
	3	0.26186	0.85290	6.57783	0.00024	6.13417	0.00041
	4	0.26385	0.90121	5.17059	0.00046	4.59473	0.00117
	5	0.38507	0.85924	4.05489	0.00135	3.6985	0.00265
R_OP 不是 R_CL_1 的格兰杰原因	1	**0.18846**	**0.66429**	11.0949	0.00095	**5.97856**	**0.01478**
	2	0.26051	0.77071	**1.74488**	**0.17608**	4.04833	0.01795
	3	0.52133	0.66767	1.24680	0.29252	1.68753	0.16853
	4	1.55472	0.18422	1.21935	0.30211	1.6318	0.16468
	5	1.21681	0.29895	0.99928	0.41796	1.01533	0.40769
R_CL_1 不是 R_OP 的格兰杰原因	1	**3.00988**	**0.08304**	199.221	0.00000	**549.14**	**0.00000**
	2	1.47937	0.22824	**93.4183**	**0.00000**	275.552	0.00000
	3	1.28561	0.27792	63.3344	0.00000	187.797	0.00000
	4	1.41177	0.22790	47.6825	0.00000	140.239	0.00000
	5	1.19100	0.31142	38.0118	0.00000	111.096	0.00000

注：以 SC 准则最小确定滞后期，分别以粗体显示。

利用协整检方法检验标准普尔500指数和上证指数从2002年12月1日至2011年7月1日之间的长期均衡关系。首先对股票指数序列进行单位根检验，标准普尔500指数与上证指数序列都是不平稳的，而它们的一阶差分都是平稳的，因而选择标准普尔500指数和上证指数序列进行协整检验。协整检验结果见表1-4。显然，在所选的样本期内，中美股市间不存在长期均衡关系。

表1-4　　　　　　　　　　Johansen协整检验结果

模型	原假设	迹统计量	5%临界值	λ_{max}统计量	5%临界值	能否拒绝原假设
1	$r = 0$	2.5919	12.3209	2.5872	11.2248	不能
	$r = 1$	0.0047	4.1299	0.0047	4.1299	
2	$r = 0$	7.0598	20.2618	4.5038	15.8921	不能
	$r = 1$	2.5560	9.1645	2.5560	9.1645	
3	$r = 0$	6.6727	15.4947	4.4291	14.2646	不能
	$r = 1$	2.2436	3.8415	2.2436	3.8415	
4	$r = 0$	7.1185	25.8721	4.8270	19.3870	不能
	$r = 1$	2.2914	12.5180	2.2914	12.5180	
5	$r = 0$	6.4797	18.3977	4.7034	17.1477	不能
	$r = 1$	1.7763	3.8415	1.7763	3.8415	

注：以AIC和HQ准则最小确定滞后阶数为6。

显然，中国股市与世界股市的联动性不断增强，从相对封闭的状态迅速融入开放的世界股市中。作为中美金融联系的重要方面，中国股市与美国股市的相关程度出现较大提高。这种变化也给投资者带来了更大的风险，也打开了中美经济相互影响的金融渠道。作为世界上两个最大的经济体，中美股市联动反映了两国经济间的相互影响，也直接反映了美国冲击对中国经济的影响。如果能够深入了解中美股市之间相互联系的规律及动因，对于股市投资者而言，就可以更好地规避潜在的市场风险，获得较高的投资收益；对于中国管理层而言，就能制定相应的政策防范外部冲击对中国经济、金融的影响，保证中国经济的健康发展。

第二章

文献综述

货币政策对股票市场的影响研究已有很长历史了，近年来也受到许多关注。一方面，货币政策能实质性地影响股票市场估值；另一方面，股票市场也是货币政策传导的重要渠道。然而，货币政策跨国传导的研究中往往忽视了金融渠道的作用，无论在理论上还是实证研究方面清晰地考虑货币政策跨国传导对国际股票市场联动的影响研究仍然有限。

第一节　货币政策跨国传导的理论研究

货币政策冲击的跨国传导研究以 MFD 模型和价格黏性的跨期模型（Svensson 和 Wijnbergen，1989；Obstfeld 和 Rogoff，1995；Kollmann，2001）为理论基础，强调了货币政策冲击能够通过各种渠道传导至国外，导致消费转移效应、收入吸收效应及真实利率效应。传统的理论模型中没有包括资产市场，因而多数研究只涉及了货币政策冲击的贸易传导渠道。

一、传统的理论模型

传统的理论模型以 MFD 模型、Obstfeld 和 Rogoff（1995）模型为主要代表，主要研究国外货币供给如何影响国内经济变量，以及这种影响的程度究竟有多大。

（一）MFD 模型

Mundell（1963，1964）和 Flemming（1962）发展了凯恩斯框架以研究开放经济条件下的货币政策问题。Dornbusch（1976）用其著名的完全可预见性假设扩展了这一模型。基本的 MFD 模型认为，预见的或未预见的国外货币扩张能够通过各种传导渠道影响国内经济。国外货币扩张导致贸易条件恶化或外国货币贬值，引起国外贸易收支改善和国内贸易收支恶化（消费转移效应），然而，国外收入增加，伴随货币扩张提高国外进口需求，会恶化贸易收支和国外产出，与此同时，提高国内贸易平衡及产出（收入吸收效应），最终的效应依赖于这两种效应的相对规模。

（二）价格黏性的跨期模型

Obstfeld 和 Rogoff（1995）批评了 MFD 模型，认为它缺乏微观基础，如缺乏总供给形成，而且错误地估计了经常项目动态。跨期模型强调了经济代理的跨期决策。外国的货币扩张引起当期收入的增加，这样因为消费平滑的作用，经常项目可能改善。然而，如果真实利率下降导致的投资增加大于储蓄增加，外国的经常项目可能恶化。这种情况下本国的经常项目可能改善。这一模型也提出，如果国外货币扩张中消费转移效应起主导作用，本国产出会减少。然而，世界真实利率下降（当外国是一个大的开放经济体时）会增加世界对现实商品包括国内商品的总需求，这样，本国产出可能增加。另外，如果公司采取的是跟随市场定价，也会显著减少消费转移效应，如跟随当地市场定价而不是根据本国市场价格定价以保持市场份额（Betts 和 Devereux，2001；Schmidt，2006）。由汇率变动引发的本国货币政策对消费价格的内生反应，也会消除消费转移效应并影响本国产出和与外国政策之间的相关性（Borondo，2000）。因此，通过汇率和利率渠道传导的外国货币政策冲击对本国的产出效应是模糊的。

Kollmann（2001）认为 Obstfeld 和 Rogoff 模型虽然广泛讨论了动态最优开放经济模型，然而，这些分析完全是定性，如模型从物质资本中抽象而来（而且，Obstfeld 和 Rogoff 假设的价格调整机制服从很简单的动力学，如在永久货币供给冲击后，在一个时期内，经济调整为新的长期均衡）。在 Obstfeld 和 Rogoff（1995）模型的基础上，Kollmann 提出了一个动态最优随机一般均衡模型，在两国、黏性名义价格、工资以及弹性汇率的条件下讨论了特定国家货币政策和技术冲击的正向国际传导，指出这种冲击的跨国传导产生了相当大的产出和资产回报相关性。这一模型中提出了更丰富货币政策跨国传导的动力机制，而且，对合理的参数值，预测了负向的货币冲击国际传导（模型也产生了显著的汇率波动（没有汇率超调）。这一模型首次考虑了跨国经济变量间的协动，成为国际股票市场联动研究的重要理论基础。

除了总需求外溢，这些模型还分析了其他源于汇率变动的渠道。如果国外货币供给增加，国内货币升值，国内产出通过国内价格水平下降而增加，引起货币平衡效应、总供给效应和工资指数效应。然而，每种传导渠道存在很多争议。如果国外价格上升不能为本国货币升值所抵消，这会直接增加本国公司的边际成本（通过中间产品贸易），也能间接地增加本国公司的边际成本（通过更高的进口价格，影响购买力，引起工资增加）。边际成本的变化还能传导为通货膨胀（Kollmann，2001）。如果本国中央银行不采取行动，外国货币扩张可能永久引起本国价格水平上升，引起产出下降。传统理论的基本思想可以用利率渠道导致的总需求外溢效应概括，其基本传导机制如图 2 - 1 所示，源于汇率变动的渠道如图 2 - 2 所示。总之，传统理论强调了货币政策跨国传导的利率和汇率渠道，对金融市场渠道没有清晰建模，难以全面刻画货币政策跨国传导的渠道及其反馈机制，缺乏对货币政策跨国传导与股票市场的跨市场联系之间关联的解释。

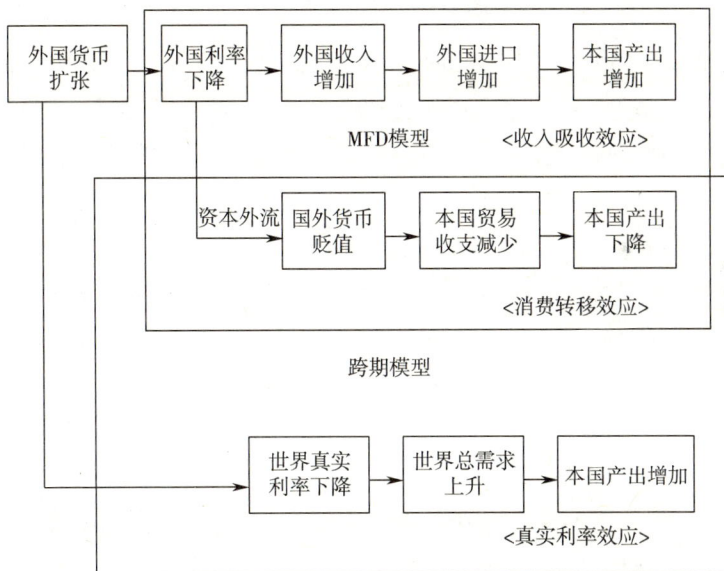

图 2 - 1 利率渠道效应

二、新开放宏观经济模型

随着 Obstfeld 和 Rogoff（1995）的研究不断被拓展，有广泛的理论研究致力于解释开放经济条件下的跨国经济、金融联系，形成了系列新开放宏观经济模型（NOEM）。给定封闭经济模型建立于相似的基础之上的假设，越来越多的文献将封闭经济中的特征引入新开放宏观经济模型（如，Ambler 等，2004；

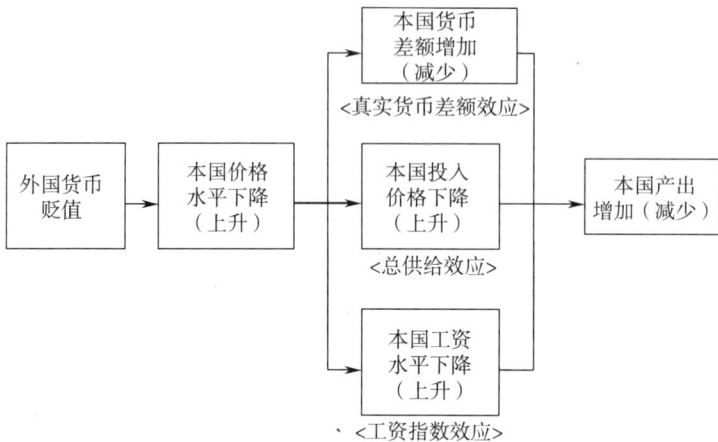

图 2 - 2　汇率渠道效应

Bergin, 2003; Ghironi, 2000; Justiniano 和 Preston , 2008; Lubik and Schorfheide, 2007), 这些特征包括不完全资产市场、实际和名义刚性 (如工资黏性, 价格和习惯黏性) 等。将货币政策规则的特征 (中央银行如何改变政策工具响应宏观经济条件的规定) 引入模型也成为近年来这一领域中最富成果的部分 (Gali 和 Monacelli, 2005)。与 Obstfeld 和 Rogoff (1995) 模型中对货币政策的识别采用简单的永久性货币供给冲击机制不同, 这些研究认为中央银行操控的政策变量会随着经济形势的变化作出系统地反应, 从而有效地实现货币政策目标。

　　Gali 和 Monacelli (2005) 提出一个小型开放经济模型, 包含黏性价格设置, 并将之用于分析框架, 分析不同货币政策规则的特点和宏观经济含义。他们的模型中运用了更丰富的货币政策动态效应。与传统模型设定的货币总量遵循一个外生的随机过程不同, 他们将货币政策作为内生变量引入, 短期利率作为货币工具, 因而模型与现代中央银行的实践更一致, 并提供了更合适的政策分析框架。Monacelli (2005) 在前者基础上还引入了汇率变化的不完全传递机制, 即当存在名义价格黏性时, 汇率变化直接影响进口商品价格的变动。但由于进口商品价格的黏性, 汇率变化不会立即显著影响本国 CPI 水平, 而是逐渐引起 CPI 的变化进而影响本国的通货膨胀率。

　　具体而言, 货币政策规则可以分为目标规则和工具规则：目标规则仅事先规定货币当局必须达到的目标和相应的责任, 但不明确规定货币当局应采取的工具和措施；工具规则不但规定货币当局的目标, 而且提供了为达到这些目标所必须使用的工具以及操作方式。工具规则又包括不可调节的工具规则和可调节的工具规则两种，前者按照固定不变的方式操作政策工具，如弗里德曼（Friedman）规则；后者根据实现目标的情况灵活地调节政策工具，如麦卡勒姆（McCallum）规则和泰勒（Taylor）规则。

国内有少数文献涉及了货币政策跨国传导研究。如侯克强、陈万华（2009）将随机动态一般均衡模型应用到开放小经济体的理论框架下，研究了模型是否可以对小经济体的通货膨胀、实际汇率和 GDP 增长率等关键宏观经济变量波动及其之间相关性作出很好的解释。分析了内生的货币政策是如何在各种假定的经济环境下系统传递的。以加拿大为例，他们利用贝叶斯（Bayesian）方法估计出的后验脉冲反应方程和预测误差方差分解百分比，描述了在后布雷顿森林体系时期，加拿大的货币政策传导机制。后验估计结果表明，本国货币政策和美国货币政策均显著影响了加拿大的经济波动周期。

新开放宏观经济（NOEM）至此在国际宏观经济建模中产生了显著的理论进步。然而，相关的研究存在几个问题，一是这些模型仍不能很好地模拟宏观经济变量的跨市场协动（Justiniano 和 Preston，2010），当然也无法刻画跨市场协动对各国经济发展的反馈作用；二是缺乏资产市场，对于风险跨国传导的金融渠道仍未清晰建模；三是对货币政策规则的设定仍然简单、粗糙，在冲击识别上采用正交化的方法，缺乏各冲击间的相互影响，货币政策跨国传导的利率、汇率及资产市场渠道间也缺乏复杂的动力机制。

第二节 相关的实证研究

在金融市场全球化的今天，货币政策的跨国传导还能同时影响许多国家的资金流动、无风险利率或风险升水，造成国际股票市场的协动。由于理论研究对货币政策跨国传导的利率、汇率效应预测是模糊的（Kim，2001），因而相关的实证研究极为丰富。相关的实证研究主要从三个方面展开，一是国际资产价格对美国货币政策冲击的响应，二是美国货币政策识别，三是跨国资产价格联动及其传染特性。

一、资产价格对美国货币政策的响应

许多实证研究涉及美国货币政策对美国资产价格的影响（如 Cook 和 Hahn，1989；Jensen 和 Johnson，1995；Patelis，1997；Kuttner，2001；Bernanke

和 Kuttner ，2005；Bjørnland 和 Leitemo，2009），也有研究指出美国货币政策
是美国股票市场的一个风险因素（如 Jensen，1996；Thorbecke，1997）。比较
而言，只有少数研究涉及美国货币政策和国外股票价格的联系。Conover、Jens-
en 和 Johnson（1999）研究了 16 个工业化国家并发现几个国家的股票市场受
到美国"货币环境"的影响；Ehrmann、Fratzscher 和 Rigobon（2005）估计了
美国货币政策对欧元区股票市场的效应，指出同一天美国货币政策 100 个基点
的紧缩导致欧元区股票市场下跌 2%，而欧元区货币政策影响美国股票市场小
得多；Ehrmann 和 Fratzscher（2006）也指出美国货币政策是全球股票市场波
动的重要决定因素；通过加入不对称信息，Bauer 和 Vega（2008）指出货币作
为宏观经济因素的一部分能对国际股票市场协动性产生影响；Wongswan
（2009）利用高频数据发现，在短期内，国外股票市场指数对美国货币政策冲
击存在大的和显著的响应。

在解释不同股票市场对美国货币政策冲击的响应程度的差异性方面，许多
研究强调了贸易全球化、金融全球化的作用。对于汇率制度的角色，Lastrapes
和 Koray（1990）分析了美国和三个主要欧洲国家（英国、法国、德国）之间
冲击的资产传导，指出英国和法国通过浮动汇率短期内成功地将其经济从美国
冲击中独立；而德国则不同，即使在弹性汇率制下，德国宏观经济实质上与美
国冲击联系在了一起。Hutchison 和 Walsh（1992）的研究表明美国货币政策冲
击在浮动汇率制下比在固定汇率制下对日本的正向效应更强；贸易作为市场联
系的触媒首次出现在货币危机研究中（如，Eichengreen 和 Rose ，1999；Glick
和 Rose ，1999）。利用普通因素模型，Forbes 和 Chinn（2004）检验了非危机
期间的贸易渠道，而且扩展了可能的国际外溢的决定因素。他们发现 20 世纪
90 年代中期以来，贸易和金融联系都变得很重要。Miniane 和 Rogers（2003）
评估了资本管制能否将国家独立于美国货币政策冲击，通过估计货币政策冲击
对汇率和国外利率的影响，低资本账户开放度是否表现出较小的系统性响应的
假设被拒绝。Ehrmann 和 Fratzscher（2006）认为美国货币政策冲击的金融渠
道传导的强度依赖于美国资产价格的响应和汇率及外国短期利率的反应，对美
国货币政策冲击有相对大的汇率和短期利率敏感性的国家，其股票回报的响应
要大 2～3 倍。Wongswan（2009）则指出无风险利率和风险升水、银行从美国
借贷和一国 CAPM 的 β 值解释了外国股票价格对美国货币政策冲击响应程度
的跨国差异。

在具体的货币冲击跨国传导渠道方面，Kim（2001）利用 VAR 方法和低频
率数据识别其他国家的利率对美国货币政策冲击的响应，发现利率是最重要的

传导渠道。Canova（2005）也得出类似结论。Ehrmann 和 Fratzscher（2006）则认为汇率和短期利率传导扮演了重要的角色。正是美国货币政策通过降低世界真实利率，刺激了全球总需求，驱动了全球经济失衡、流动性过剩及资产价格的大幅度上涨（Bems、Dedola 和 Smets，2007；Bracke 和 Fidora，2008）。而 Alessi 和 Detken（2009）的实证研究指出，流动性的全球衡量是最好的资产价格波动的风险预警指标，能对不断增长的金融失衡作出实时反应，因而美国货币政策冲击确实能成为他国金融市场的一个风险因素。但实证研究中对于资金流动、无风险利率和风险升水渠道的重要性仍未进一步区分。

二、美国货币政策冲击识别

传统的研究选用货币供给（Sims，1972）和联邦基金利率（如 Bernanke 和 Blinder，1992；Patelis，1997；Thorbecke，1997）作为货币政策指标，在前述理论模型或 VaR 模型的框架下识别美国货币政策冲击。Boschen 和 Mills（1991）等则通过建立货币政策描述性指标确立了一个政策立场指数，其大小为 -2（着重降低通货膨胀）到 $+2$（着重强调增加实际增长）间的整数值，得出了基金利率（对样本均值的偏差）是一个很好的货币政策指标的结论。Romer 和 Romer（1989）使用联储"政策措施档案"，以及 1976 年他们被中断前的 FOMC 会议备忘，辨别了哪些时期所出现的政策变动是为了降低通货膨胀。最近的研究主要采用新的工具识别货币政策冲击。Rigobon 和 Sack（2003，2004）利用金融市场中的 Heteroskedasticity 方法识别货币政策冲击，而 Ehrmann 和 Fratzscher（2004）利用市场预期作为市场参与者的测量，Kuttner（2001）以及 Gürkaynak、Sack 和 Swanson（2005）通过来自联邦基金期货合约的市场预期衡量得到货币政策冲击。Wongswan（2009）运用了两个代理变量代表美国货币政策突变，即目标突变和路径突变，同时引入新方法控制其他与 FOMC 公告不相关的消息。如何准确识别美国货币政策在实证研究中尚无定论，不同的研究有不同的做法，但总的趋势是利用可观察的市场数据和美联储的公告获得美国货币政策冲击识别，而且将货币政策冲击划分为目标冲击和路径冲击，并分离其他宏观经济信息的冲击。

（一）货币与产出中的货币政策冲击识别

早期的有关货币政策的研究集中于讨论货币与产出之间的关系，只有少数涉及货币与资产价格之间的联系，这些研究检验了外国资产价格从 20 世纪 70 年代末到 80 年代早期对每周联储货币供应量通告的响应，这时联储以货币供应量增长为目标（如 Husted 和 Kitchen，1985；Bailey，1990）。

最早正式用模型表述货币与产出间正相关关系观点的是托宾（Tobin，1970），但弗里德曼和施瓦茨（1970）用货币引起产出变动来解释的这种相关关系，事实上可能恰好与之相反——很可能是产出引起了货币的变动。金和普洛瑟（1984）给出了更加现代的论述，即反向因果论。他们说明，表示银行部门负债的内部货币与美国产出变动间的相关程度，高于联储负债（外部货币）与产出间的相关性。

弗里德曼和梅泽尔曼（1963），以时间序列经济计量方法估计货币影响是最早版本之一。

$$y_t^n \equiv y_t + p_t = y_0^n + \sum_{i=0} a_i A_{t-i} + \sum_{i=0} b_i m_{t-i} + \sum_{i=0} h_i z_{t-i} + u_t \qquad (2.1)$$

其中，y^n 为名义收入的对数，A 为一个衡量自主性支出的指标；m 为某个货币总量，而 z 可以看做其他与解释名义收入波动相关变量构成的向量。他们发现收入与产出之间的相关性要比产出与其自主性支出指标的相关性更加稳定。这一类公式称为圣路易斯方程式。

假定估计的产出与货币相关性采用如下形式：

$$y_t = y_0 + a_0 m_t + a_1 m_{t-1} + c_1 z_t + c_2 z_{t-1} + u_t \qquad (2.2)$$

现在考虑为了减小实际产出波动而调整货币供给的问题：操纵货币供给以最小化 y 对 y_0 的方差，那么就应当确定 m_t 等于

$$m_t = -\frac{a_1}{a_0} m_{t-1} - \frac{c_2}{a_0} z_{t-1} + v_t$$

$$= \pi_1 m_{t-1} + \pi_2 z_{t-1} + v_t \qquad (2.3)$$

假定货币当局对 z_t 的预测值为 0。v_t 项表示货币当局确定货币供给时的控制误差，它代表一种货币供给反馈规则，一个关键的假设是式（2.2）中的系数与 m 的政策规则选择彼此不相关。

Sargent（1976）指出，用式（2.1）来推导政策反馈规则可能并不合适，假定实际产出只由未预测到的货币供给变动决定，未预测到的 m_t 变动就是 v_t，令严格的产出决定模型为

$$y_t = y_0 + d_0 v_t + d_1 z_t + d_2 z_{t-1} + u_t \qquad (2.4)$$

由式（2.3）得到 $v_t = m_t - (\pi_1 m_{t-1} + \pi_2 z_{t-1})$，所以产出方程可以等价地表示为

$$y_t = y_0 + d_0 [m_t - (\pi_1 m_{t-1} + \pi_2 z_{t-1})] + d_1 z_t + d_2 z_{t-1} + u_t$$

$$= y_0 + d_0 m_t - d_0 \pi_1 m_{t-1} + d_1 z_t + (d_2 - d_0 \pi_2) z_{t-1} + u_t \qquad (2.5)$$

这与式（2.1）形式上完全一样，但式（2.5）假设了系统性政策无效，

只有货币政策意外变动才有影响的结果。式（2.2）和式（2.5）比较，揭示一个重要结论：式（2.5）中的系数，是政策规则式（2.3）参数的函数，因此，政策操作的变化，在理解上也就意味着反馈规则参数的变化，会使式（2.5）这类公式中的估计参数发生变化。这是卢卡斯批评中的一个例证。

从货币与产出的讨论中可以看到，货币政策冲击指的是在一定货币政策规则下的未预测到的货币政策变动，当然这里的货币政策规则是以弗里德曼规则为基础的。而且货币政策外生性与内生性问题也是一个争议的焦点。

20世纪80年代以来，美联储基本上接受了货币主义的"单一规则"，把确定货币供应量作为对经济进行宏观调控的主要手段。进入20世纪90年代以后，货币政策成为政府对经济进行调控的主要工具。面对新的局面，美联储放弃了以调控货币供应量来调控经济运行的货币政策规则，而以调整实际利率作为对经济实施宏观调控的主要手段，这就是泰勒规则，其基本表达式为

$$i_t^* = r^* + \pi_t + a_1(\pi_t - \pi^*) + a_2 y_t + \varepsilon_t \tag{2.6}$$

其中，i_t^*是联邦基金短期名义利率目标值，r^*是长期均衡实际利率。泰勒假定处于潜在增长率和自然失业率水平下的通货膨胀率都对应着一个均衡实际基金利率。对美国均衡实际利率水平的估计结果随着样本区间的变化而变化，这表明均衡实际利率水平可能并不是常数（Kozicki，1999）。π_t是通货膨胀率，π^*是短期通胀率目标，y_t是产出缺口。泰勒用式（2.6）计算出美联储1987—1992年的联邦基金利率规则值与实际值非常吻合。只是在1987年，当联储对股灾作出反应时，规则值与实际值有一个较大的偏差，这表明美国货币政策规则在某些情况下可能出现突变，导致货币政策冲击跨国传导机制的结构性变化，ε_t反映了未被预测到的货币政策目标冲击。

利率调整的平滑行为遵循：

$$i_t = \rho i_{t-1} + (1 - \rho) i_t^* + v_t \tag{2.7}$$

其中，$\rho \in (0,1)$反应平滑调整的程度，i_t为市场利率水平。v_t反应未被预测到的货币政策冲击。

（二）货币政策冲击衡量的 VAR 方法

近年来，绝大多数对货币政策与实际经济活动的经验研究都采用了向量自回归（VAR）框架。这些研究除了少数将货币供给量作为货币政策指标（如Sims，1972年把名义货币供给 M_1 当做货币政策指标），大多数都以联邦基金利率作为美国主要的政策工具，而以该利率未预测到的变动给出货币政策冲击估计。

　　Sims（1980）对许多大的结构模型的诸多限制提出疑问，最先提出利用 VARs 的脉冲响应作为政策分析。Bernanke 和 Blinder（1992）利用递归的 Choleski 方法识别的联邦基金利率新息，认为与货币总量相比，美国联邦基金利率信息在某些方面是一个较好的货币政策冲击指标，估计的各经济变量如产出和汇率对利率或货币总量新息的响应常常与传统的货币分析一致（Sims，1992；Eichenbaum 和 Evans，1995；Grilli 和 Roubini，1995；Cushman 和 Zha，1997；Zha，1999；Kim，2001；Canova，2005；Mackowiak，2007）。

　　为了反映宏观经济变量对美国货币政策冲击的当期响应，含外生变量的结构向量自回归（SVAR with Block Exogeneity）模型被广泛运用。Cushman 和 Zha（1997）首先提出了含外生变量的假设（Block Exogeneity Assumption），并将其沿用于研究美国货币政策对加拿大的传导中，其中假设加拿大是受美国变量影响同时又对美国没有影响的小型开放经济体。这种假设取代了传统的递归识别法，因为后者更适用于类似美国的经济体，而非小型开放经济体。在此之后，含外生变量的假设被广泛应用于美国货币政策对新兴经济体的溢出研究中，例如 Canova（2005）针对拉美国家、Mackowiak（2003）对亚洲和拉美国家的研究。

　　利用 VAR 模型不以特定理论模型为基础，有较大优势，但却易出现价格迷惑和汇率迷惑（Cushman 和 Zha，1997；Scholl 和 Uligh，2008）。Bernanke、Boivin 和 Eliasz（BBE，2003）在递归识别的基础上，增加了一个类似于央行所关注的信息集，利用扩大的因素向量自回归（FAVAR）成功地消除了"价格之谜"。通过引入静态因素与动态因素的区分，Forni 和 Gambetti（2010）利用结构因素模型分析了美国货币政策跨国传导对加拿大、日本、英国的影响，不仅成功消除了"价格迷惑"和"延迟的超调"疑惑，而且与 FAVAR 相比，在冲击识别上不需正交旋转也不用施加过多限制，经济学含义更加明确。

　　然而 VAR 模型也受到了诸多批评，其中之一是 VAR 方法只能识别经济发展中与政策内生反应无关的货币政策冲击和政策变动效应，但人们在讨论政策和政策设计时，多数要考虑的是政策对经济的内生反应，但是 VAR 分析对于政策规则的作用没有提供任何信息。

（三）货币政策预期的市场指标衡量

　　在宏观经济和金融文献中，衡量货币政策预期是许多实证研究的重要因素。Gürkaynak 等（2005）认为货币政策意外变动不仅包括宣布的目标利率的突然变动和路径意外变动。目标意外变动定义为宣布的目标联邦基金利率和源自联邦基金期货合约预期的差异（Kuttner，2001）。路径意外变化定义为一年前欧元利率期货在 FOMC 公告附近 30 分钟窗口变化的组分，与目标突变无关。路径意外变动反映了新闻效应，这一新闻效应表明参与者从 FOMC 公告中了解到预期的未来政策路径并且通过这一路径了解了目标利率水平。

最近，越来越多的文献集从资产价格中寻找衡量政策预期的方法。这些方法往往从市场利率中解析出非预期的政策决策部分，即所说的货币政策冲击。Krueger 和 Kuttner（1996）、Rudebusch（1998）以及 Brunner（2000）是最早探索这种方法的，并有许多后续研究延续了这类方法。

这一方法的一个重要问题是选择什么资产衡量预期。许多短期利率潜在地具备衡量联邦基金利率预期的作用，这样出现了越来越多的资产价格基础的货币政策预期衡量。这些研究采用了不同的指标，如 Kuttner（2001），Faust、Swanson 和 Wright（2004）利用当月联邦基金期货合约，Bomfim（2003）、Poole 和 Rasche（2000）用 1 个月前的联邦基金期货合约，Cochrane 和 Piazzessi（2002）用 1 个月欧洲美元存款利率，Ellingsen 和 Soderstrom（2004）用 3 个月国库券利率，而 Rigobon 和 Sack（2002）用 3 个月欧洲美元期货利率。Gürkaynak、Sack 和 Swanson（2006）评估了实证研究中不同金融市场工具在预测货币政策未来路径的适用性，发现在金融市场工具中，联邦基金期货在 6 个月水平的货币政策预测时主导了所有其他证券。对更长的时间，他们认为许多工具的预测力非常相似。

这些研究往往采用超频数据研究市场对 FOMC 公告的响应。Swanson（2009）同时分析了货币政策目标冲击和货币政策路径冲击对国际股票市场的影响，发现股票市场对美国货币政策的响应并不显著。

三、国际股票市场联动及危机期间的传染

许多研究涉及美国货币政策对美国资产价格的影响（如，Cook 和 Hahn，1989；Jensen 和 Johnson，1995；Patelis，1997；Kuttner，2001）。有的研究指出美国货币政策是美国股票市场的一个风险因素（如 Jensen 等，1996；Thorbecke，1997）。国外股票市场对美国货币政策冲击的响应则建立了美国货币政策冲击对股票市场跨国联系的内在逻辑关系，同时也表明美国货币政策可能成为全球金融市场风险的因素。

Hilliard（1979）研究了 10 个主要国家股票市场每日收盘价的同期相关性和滞后相关性。Jaffe 和 Westerfield（1985a，1985b）考察了澳大利亚、英国、加拿大、日本和美国股票市场之间的日收盘价格相关性。Eun 和 Shim（1989）研究了 9 个国家股票市场的日收益情况。这些研究都发现了支持股票市场之间

存在日收盘收益的正相关性的证据。Karolyi 和 Stulz（1995）利用 1988—1992 年 ISSM 数据库，以在美国纽约和东京两地同时上市的日本股票为样本，考察了美国和日本两地股票市场联动性问题。结论是两国市场的相关性很高，而且当市场的波动幅度很大时，这种协变性增强了。

King 和 Wadhwani（1990）认为市场间的联系因为理性代理试图从其他市场的价格变化进行推测。为了解释股票市场相互关联的时间变化，King、Sentana 和 Wadhwani（1994）利用因素模型分析了 16 国股票市场的波动性外溢（月度数据，10 个关键的宏观经济变量），发现市场间的相互联系的变化主要被不可观测的变量所驱动。一个可能的识别股票市场因果方向的方法是利用交易时间序列的差分。利用这种方法，Hamao、Masulis 和 Ng（1990）发现了美国向日本和英国的波动性外溢，也发现了英国向日本方向的外溢，但并未发现其他方向。扩展纯波动性对回报均值的外溢，Lin、Engle 和 Ito（1994）表明美国和日本市场的回报相互联系，这种效应是双向的。最后，另一个识别是研究特殊新闻的效应。Becker、Finnerty 和 Friedman（1995）研究表明，美国和英国股票市场间的外溢部分源于美国的新闻和信息。相似地，Andersen 等（2005）表明美国、德国、英股票市场对美国宏观经济信息作出反应。Connolly 和 Wang（2003）检验了开盘至收市的美国、英国和日本的股票市场回报，即使在加入宏观经济新闻公告后，外国回报导致本国市场波动，认为这些宏观经济信息只能解释小部分的发达经济体间的股票市场外溢。总之，文献提供了清晰稳健的国际股票市场的联系的证据。在因果关系研究中，美国是全球的主要驱动力。

危机期间各国股市联动增强导致的危机迅速传染也是这类研究关注的焦点。"传染"指的是金融扰动从一个国家蔓延到其他国家。自 Forbes 和 Rigobon（2002）的研究之后，金融传染文献迅速增加。他们定义传染为"冲击后对一个国家（或一组国家）的跨市场联系显著增加"。另外，持续的高水平的市场相关认为是"无传染，只有相互依赖"。从那时起，金融传染的存在被许多研究者研究，主要围绕概念"相关性崩溃"（在崩溃时期相关性显著增加）。例如，King 和 Wadhwani（1990）发现证据表明股票回报的相关性在 1987 年股灾中增加，Calvo 和 Reinhart（1996）报告墨西哥危机中相关性转换，而 Baig 和 Goldfajn（1999）支持亚洲危机中传染现象。Hon 等（2007）发现美国纳斯达克技术泡沫破裂导致美国和其他外国股票市场间的相关性。

最近的研究在 2008 年金融危机的触发下考察了国际股票市场的相依结构（如 Hu，2008；Aloui，Aïssa 和 Nguyen，2011；Kenourgios，Samitas 和 Paltalidis，2011），主要涉及危机期间跨国股票市场联系的增强，也有研究分析了传染的真实来源（如 Fazio，2007；Markwat、Kole 和 Dijk，2009）。许多研究提出了不同的假设说明为什么危机全球可达。第一个假设，流动性。信贷市场特别是银行间市场变得高度缺乏流动性，导致一些金融机构倒闭或接近倒闭减少实体经济的可用资金（如，Adrian 和 Shin，2010；Brunnermeier 和 Pedersen，2009；Borio，2009；Tirole，2010）。第二个假设与风险定价相联系。虽然北美金融机构高度杠杆化和风险暴露，许多新兴市场国家的金融机构，特别是亚洲和拉美却不存在这一问题，但危机仍能传播到这些地方。这是因为，金融危机触发私人资本的反向流动——或者称之为"逃往质量"现象——存在于新兴市场国家的资本从相对风险金融资产转换为更加安全的资产如美国国债。这样的与风险再定价相关的全球资本的再配置可以传播危机，甚至于传导到那些较少暴露于流动性渠道的国家和地区。

Fazio（2007）运用似不相关 probit 技术分离危机的传导，认为危机传染源于广泛的宏观经济相互依赖和羊群效应。他们发现净传染出现于有限数量的国家，一般成双出现于同一区域。他们的研究表明，在危机开始后，投资者倾向于根据所处地和一般宏观经济薄弱环节相似性进行判别。Chudik 和 Fratzscher（2011）用全球 VAR 方法进行识别和大规模实证检验，表明危机传导过程的多样性。他们的研究结果表明，流动性冲击对发达经济体有更严重的冲击，风险偏好下降对新兴市场经济体有影响。金融条件收紧对发达经济体是关键的传导渠道，而对新兴市场经济表现为真实面受影响。而且不同经济种类间有明显的差异，与其他发达经济体比，欧洲更多的是受到风险偏好的不利影响。他们实证分析了冲击的全球传导，研究了什么类型的冲击使金融危机真正全球化。他们的主要发现有四点：第一，两种类型的冲击，即流动性冲击和风险冲击在危机期间都起作用。然而，这些冲击对不同国家有不同的效应。首先，发达国家比新兴市场国家受美国流动性冲击的影响更强。实际上，许多发达国家对美国流动性冲击响应所表现出的股票市场下跌和金融市场条件收紧比美国自己还要强烈。第二，新兴市场国家主要对风险冲击脆弱，相比较对流动性冲击响应较小。第三个关键发现是发达经济体中主要是融资条件受到美国特定冲击的不利影响，而在新兴市场国家，经济的真实面表现出了对美国冲击的更大敏感性。第四，在发达经济体和新兴市场国家间的响应模式也有奇妙的差异。在发达国家间，欧洲对美国冲击表现出了最高的暴露，特别是对风险偏好的冲击；相反地，多数发达经济体表现出了对美国冲击的相似程度的反应。在新兴经济体间，风险偏好冲击对拉美特别是中东欧有更大的负向效应；而与其他新兴市场经济体比，亚洲新兴市场经济体受美国流动性冲击更严重的影响。

Kenourgios、Samitas 和 Paltalidis（2011）在一个多元时变不对称框架中研究了金融传染。他们选取了最近的五次金融危机，分析了四个新兴股票市场，巴西、俄罗斯、印度和中国以及两个发达市场（美国和英国）间的危机传染。他们采用多变量机制转换高斯 Copula 模型和不对称广义动态条件相关（AG－DCC）方法来抓住非线性相关动力学。他们的实证证据证实了从危机国到其他国家的传染效应，结果也表明新兴 BRIC 市场更易遭受金融传染，而特定产业动荡比特定国家冲击更大。基于此，他们指出应对危机的政策不是防止国家间的蔓延，而是在最需要的时候采取国家化的分散，使国内风险更小。

不同的危机期间，危机传染机制也不尽相同。最近的研究也广泛涉及 2008 年金融危机及随后的欧债危机的跨国传导。在 2008 年全球金融危机期间出现了流动性收缩，表明金融机构间流动性枯竭，导致了许多银行和投资者收回金融投资，应付赎回要求。这严重限制了实体经济的可用资金并引发全球衰退（Adrian 和 Shin，2010；Borio，2009；Tirole，2010），而且，2007—2008 年危机期间出现了显著的风险和风险厌恶上升，导致了"逃往质量"现象，这不仅导致了向更加安全资产的再平衡，也导致了巨大的资本流动，特别是从风险更大的 EMEs 流向发达国家。这种巨大的资本外流恶化了更大风险国家的实体经济和金融，特别是新兴市场国家。然而，这种从 EMEs 的"逃往质量"现象在 2010—2011 年欧债危机期间却很大程度上没有。事实上，资金持续流入 EMEs。Chudik 和 Fratzscher（2012）利用全球化 VAR 模型，分析了 2007—2008 年金融危机和 2010—2011 欧债危机之间的冲击传导差异。他们认为，这两个危机在市场响应的方式方面存在差异，同时也存在重要的跨国差异。在 2007—2008 年危机中，EMEs 受到由冲击引起的按资产价格和资本流动的更强影响，而且对冲击更加敏感，两倍于发达国家。相反地，新兴市场国家对 2010—2011 年的欧债冲击更加富有弹性。

第三节　相关的研究方法

探寻股票市场的跨境联系，并将之与货币政策联系起来，分析美国货币政策冲击与跨国股市联动之间的关联，涉及理论分析、模拟分析及实证分析等方法，相关的研究方法很多，也存在较大的争议。

一、动态随机一般均衡分析（DSGE）

DSGE 模型是近年来宏观经济及货币政策分析方面关注的一个重要研究方向，也是中央银行在经济建模方面的一个新视角。该模型的显性建模框架、理论一致性、微观和宏观分析的完美结合、长短期分析的有机整合等独特性日益受到中央银行的青睐。

（一）DSGE 模型的主要特征[①]

1. DSGE 模型具有理论上的严谨性和一致性。具体体现在四个方面：一是 DSGE 模型严格依据一般均衡理论，利用动态优化方法对各经济主体的行为决策进行了详细的描述，并得到经济主体在资源约束、技术约束及信息约束等条件下的最优决策行为满足的一阶条件，因而它具有坚实的微观经济理论基础。二是 DSGE 模型基于经济主体的行为决策，采用适当的加总技术得到经济总量满足的行为方程，这从根本上保证了宏观与微观经济分析的一致性，并使模型具有良好的整体特性。三是 DSGE 模型不仅对经济主体的最优行为决策方式及各经济主体决策行为之间的相互关系进行了清晰的描述，而且对经济的长期均衡状态（即稳态）及短期的动态调整过程进行了细致的刻画，从而使长期与短期分析得到了有机的结合。四是 DSGE 模型在不确定性环境下对经济主体的行为决策、行为方程中参数所依赖的深层次参数（即结构性参数）、各经济冲击的设定和识别进行了详细的描述，因而 DSGE 模型本质上是结构性模型，这可以避免卢卡斯批判。

2. DSGE 模型在建模框架上呈现出显性的结构特点。DSGE 模型在模型设定、行为方程的推导、参数的确定、冲击的识别、模型的动态特性及预期的形成机制等方面具有显性的结构特点，从而使模型在长期呈现出新古典经济学的特点，在短期呈现新凯恩斯经济学的特点，特别是，货币在长期是中性的而在短期是非中性的。显性的建模框架能够真正使模型在开发者与应用者之间得到沟通和提高，模型的模拟和预测结果得到理解和可信。

3. DSGE 模型在政策分析上具有优越性。DSGE 模型的结构性特点使其能够避免卢卡斯批判，从而在政策分析和评价中发挥巨大作用。同时，优化为基础的分析框架也为福利分析提供了便利性，使政策的最优选择及各种政策的相互比较成为可能。

[①]　本部分主要参考了刘斌（2008）。

（二）新开放宏观经济模型中的 DSGE 分析

为了分析货币政策跨国传导与跨国资产价格联动问题，在具体的做法上要求先建立新开放宏观经济模型，随后采用 DSGE 分析进行模拟分析，得到相应的结论。

1. NOEM 模型的基本设定。各类 NOEM 模型的假设前提各不一致，因而造成结论上的差异。虽然对模型的人为限制越少，模型更加符合现实经济情况，但模型过于复杂也给分析带来很大的困难，因而合理设定模型前提是运用 NOEM 的先决条件。

（1）购买力平价（PPP）设定。出于简化目的，很多模型假定 PPP 的成立。然而大量的经验证据指出汇率对 PPP 的偏离是一种普遍现象，NOEM 模型中具体实现这一点有几种不同的做法。

PTM - LCP。假定商品是以生产商所在国货币定价（生产商货币定价，Producer Currency Pricing，PCP）是 PPP 成立的一个前提。如果假定企业在不同市场进行歧视性定价（Pricing - to - Market，PTM），并且是以商品销售地的货币定价（Local Currency Pricing，LCP），又由于 NOEM 模型的黏性价格特征，这就使得汇率的波动不能完全影响到商品价格（汇率的不完全传递机制），汇率改变将导致一价定律（Law of One Price，LOOP）被破坏，从而汇率偏离 PPP。Monacelli（2005）引入了汇率变化的不完全传递机制，即当存在名义价格黏性时，汇率变化直接影响进口商品价格的变动。但由于进口商品价格的黏性，汇率变化不会立即显著影响本国 CPI 水平，而是逐渐引起 CPI 的变化进而影响本国的通货膨胀率。

（2）金融市场。对金融市场的假定存在三种情况。

一是无国际金融市场假定。在 NOEM 出现之初，为了简化分析，很多模型假定没有国际金融市场。Obstfeld 和 Rogoff（2000）、Corsett 和 Pesenti（2005）曾指出，当 PPP 成立且两国产品替代弹性为 1 的时候，贸易条件的变化可以实现未来消费波动风险的完全分散，此时，即使没有国际金融市场，对分析的结论不会产生实质影响。或者当两国产品替代弹性和跨期消费替代弹性同时为 1 时，金融市场可以不予考虑。

二是完全国际金融市场假定。这些模型中虽然存在国际金融市场，但假定国际金融市场是完备的，即风险能够通过对应所有状态的 Arrow - Debru 证券的交易完全消除。在这样的假设下，资本可以跨境自由流动，不存在外汇管制，非抵补的利率平价条件成立。

三是不完全金融市场假定。没有金融市场或存在完备金融市场的假设都意味着未来消费波动的风险被完全分散，这与实际情况有较大区别。在这种假设前提下，非抵补的利率平价条件不成立，存在一个 UIP 冲击（Kollmann，2005）。

（3）名义黏性。名义黏性是 NOEM 的基本特征，但不同模型存在一些不同的做法：

交错定价（Staggered Price Setting）。Obstfeld 和 Rogoff（1995）等文章假定价格（名义工资）提前一期确定；也有一些研究采用 Calvo（1983）或者 Taylor（1980）的交错定价方式，即每一期都只有一部分生产者可以进行重新定价。此外有一些文章，如 Sutherland（2005）、Sutherland（2005，2006）、Berger（2008）等假定消费品是由两种生产商生产的，一种是固定价格生产者，另一类是弹性价格生产者。

价格黏性与名义工资黏性。NOEM 模型对采用价格黏性还是名义工资黏性假定存在不同做法。Obstfeld 和 Rogoff（1995）、Benigno 和 Benign（2003）等文章采用的是自耕农模型，合并了消费者和生产者，这事实上是假定了弹性工资和黏性价格。也有许多模型区分了消费者和生产者，假定价格黏性。另外一些文献（如 Obstfeld 和 Rogoff，2000；Corsetti 和 Pesenti，2002；Hau，2000；Corsetti 和 Dedola，2002；Devereux，2004 等）认为黏性名义工资比黏性价格更接近实际，因而假定价格黏性和名义工资黏性同时存在。

2. 不同的汇率制度与资本流动。Krugman（1998）的"三元悖论"（Tri-lemma）认为，完全的固定汇率制度、完全的资本自由流动以及完全独立的货币政策三者不可兼得，在汇率稳定、货币政策自主性以及资本市场开放度之间只能存在折中的平衡。在资本自由流动情况下，固定汇率制度下的货币政策由于要维持汇率稳定目标，缺乏自主性；而浮动汇率下的货币政策则具备自主性，能独立作用于国内的经济目标。

不同的汇率制度下，冲击跨国传导的渠道是不同的。浮动汇率使国内经济免受外国价格干扰的冲击。固定汇率制下，由于货币当局必须运用政策工具保持一个不变的名义汇率，因而货币政策规则退化为维持一个固定的汇率，国内货币当局就会丧失用货币政策调整经济的自由度。在给定的汇率制度下，也有是否存在外汇管制的差异。目前我国实现了经常项目下的可自由兑换，但资本项目仍存在较多管制，如对资本流入和流出的管制、对价格的控制、对数量的限制设置直接禁止。这对外部冲击传导至国内都会产生影响。

3. DSGE 模型的求解及参数的校准和估计。DSGE 模型的非线性特点使得对模型的求解及对参数的校准和估计非常困难，为此，文献中一般采取下面的方法求解。首先，确定模型的稳态，并校准确定稳态的大部分参数。其次，在稳态附近对模型进行对数线性化，从而得到模型的动态方程。最后，通过对模型进行求解，并根据可观察到的数据，估计和确定模型的全部参数及少数确定稳态的参数。

参数估计出来后，即可对不同情境进行模拟分析，得到预测的脉冲响应结果，了解不同设定中货币政策冲击跨国传导的效应及其对股票市场的影响。

二、股票市场协动及各种宏观经济因素的影响分析

用模型表示股票市场回报的协动，是富有挑战性的工作。主要的争议是传统的衡量市场依赖的方法，即 Pearson 相关系数并非一个好的方法。Pearson 相关估计以金融回报序列的线性联系为假设前提，它只代表了平均偏差的平均值而不能区分大的和小的回报，或负向的和正向的回报（Poon 等，2004）。但跨国股票市场联系往往是非线性因果方式（Beine 等，2008）。因而一般的解决方法是运用 GARCH 模型，或运用多变量极值理论和 Copula 函数（如 Longin and Solnik，2001）。在允许波动性和相关性中存在条件不对称的前提下，Engle（2002）发展了一个动态条件相关（DCC）GARCH 模型，可以用来衡量国际股市间的条件相关，其基本模型参见方程（1.1）至方程（1.9）。

基本的（DCC）GARCH 模型可以消除异方差问题，但仍不能分析各种宏观经济因素对联动的影响，因而对基本模型进行扩展可以进一步研究包括货币政策冲击在内的各种宏观经济因素对跨国股市联动的影响。具体的可以通过在均值方程中加入各种其他经济变量实现。

第四节　中美股市联动及其动因的相关研究

从已有的研究来看，分析股票市场跨市场联动的文献较多，但将之与美国货币政策冲击跨国传导联系起来的文献较为少见，而涉及美国货币政策冲击与中美股市联动之间关联的研究就更少了。

一、中美股市联动的相关研究

随着中国经济、金融的不断开放，国内许多研究涉及中国股市与国外股市之间的联动问题。李大伟等（2003）对 A 股和 H 股收益率和波动率进行了比较研究，发现两个市场的收益率并没有显著差异，而 H 股波动率却显著高于 A

股的波动率。晏海兵（2004）选取了恒生指数、日本日经225指数，美国道·琼斯指数及英国 FFSE 指数进行波动溢出的分析，得出中国香港、英国、美国股票市场对深市 B 股市场存在一定的波动溢出效应。张福、赵华等（2004）对中国股市和美国股市在不同时期的长期均衡特征和因果关系进行了实证分析，结果认为中美股市在不同时期表现出不同的特征。在 B 股市场向境内投资者开放以前，中国股票市场和美国股票市场在收益率和波动性方面不存在显著的共同特点。但在 B 股市场向境内投资者开放后，中美两国股市股价走势相近，统计特征趋同。通过协整检验发现，中美两国存在长期均衡关系。韩非、肖辉（2005）通过收益序列相关性模型的研究表明，中国股市与美国股市的相关性很弱。宋红雨（2006）对 1994 年 8 月至 2006 年 7 月期间上证指数与香港国企指数进行相关性分析，得出两者呈现显著的负相关关系。谷耀、陆丽娜（2006）证明了港市不论是在收益还是在波动上都对沪、深两市存在显著的溢出效应，而且是非对称的。周珺（2007）运用协整分析和 Granger 因果检验的方法对 2000 年至 2006 年上海证券市场与周边主要证券市场的动态均衡关系进行实证分析，发现上海证券市场与中国台湾、日本证券市场均不存在协整关系，而与中国香港证券市场存在单边引导关系。

最近的研究在全球金融危机爆发的背景下，分析了国际股票市场间的联动，其中包括了中国和美国股票市场之间的联动分析（如 Kenourgios、Samitas、Paltalidis，2011；Aloui、Aïssa、Nguyen，2011），而且证实了中美股票市场存在联动。少数研究专门涉及中国股票市场与美国或其他股票市场间的联动。Hu（2008）利用时变条件 Copula 方法（TVCC）建立中国和美国股票市场与其他金融市场的相依结构模型，认为中国股票市场相对分离于其他股票市场；Luo、Brooks 和 Silvapulle（2011）研究了 2002 年允许外国人投资中国 A 股市场后的效应，特别是 A 股金融指数回报与其他新兴市场回报间的相依性，发现了 A 股除了与美国、日本和韩国存在显著的尾部依赖外，与其他市场不存在显著的关联。国内一些研究也证实了中美股票市场间的相依性（西村友作，2009；游家兴、郑挺国，2009；张兵、范致镇、李心丹，2010），表明中美股市之间确实存在联动，而且这种联动是时变的，主要表现为危机期间联动的显著增强（李晓广、张岩贵，2008）。

总之，中美股市联动已被许多研究所证实。而且，在 2008 年金融危机爆发的背景下，这一研究还被赋予了新的内涵，即更加关注外部冲击对中国经济的影响。

二、中美股市联动的动因分析

一些研究将中国股市与世界股市联动的原因归咎于开放度的不断提升。游家兴、郑挺国（2009）认为，伴随中国金融自由化政策的渐近推进和逐步深化，中国与这些市场的联动性越来越强，中国证券市场从最初的、相对独立的分割状态逐渐走向日益紧密的全球整合。而 QFII 和 QDII 的实施及股权分置改革成为中国与国际股市联系增强的重要原因。周瑶（2007）建立了变量为中国股市的上证综合指数、中国香港股市的恒生指数、日本股市的日经指数、中国台湾的台港加权指数的日收盘价格的协整模型。数据时间区间选择了 2002年 1 月到 2006 年 9 月，并根据 QFII 制度实施的前后分为两个阶段：2000 年 1月到 2002 年 12 月、2003 年 1 月到 2006 年 9 月，对模型进行了协整及格兰杰因检验，同时在协整分析的基础上建立了误差修正模型。结果表明，中国股市与中国台湾、日本股市均不存在协整关系，但是与中国香港股市在研究的第二阶段不仅存在协整关系，而且存在单向的中国香港股市对中国股市的格兰杰因果关系，最后得出 QFII 的实施可以改善中国内地资本市场世界化的程度但效果不明显的结论。骆振心（2008）建立了变量为中国股市的上证综合指数、德国股市的法兰克福指数、美国股市的道·琼斯指数、日本股市的日经指数、中国香港的恒生指数、英国股市的金融时报指数的周收盘价格指数的 VAR 模型，数据时间区间选择了 2001 年 1 月到 2007 年 10 月，并根据 QFII 正式进入中国股市与股权分置改革开始实施为分界点将数据分为三个阶段：2001 年 1月到 2003 年 7 月、2003 年 7 月到 2005 年 6 月、2006 年 6 月到 2007 年 10 月，对模型进行了 Johansen 多元协整检验，在此基础上建立了误差修正模型。结果表明，在 QFII 实施后的一段时间内，中国股市与美国、日本、德国、中国香港等世界主要股市并不存在联动性，但是在股权分置改革后中国股市与这些股市的联动程度有较大的提高，最后得出中国股市自身运行机制的改革相比于外资的引入其实对中国资本世界化的作用更为有效。

张兵、范致镇、李心丹（2010）认为，中美股市无长期均衡可由两国经济周期缺乏同步性解释，单向的价格和波动溢出是"经济基础"与"市场传染"共同作用的结果。他们认为，从短期看，在中国加入世贸组织之初，中美股市不存在明显的短期互动关系。但是随着 QFII、人民币汇率形成机制改革实施后，以及中国与世界各国资本市场的联系更加密切，美国股市对中国股市的影响越来越强烈。除传统上通过香港市场施加影响外，国际投资者对中国股市也开始显现其日益显著的直接影响力，心理预期价值重估、羊群效应等因素放大了这种影响力。这种心理上和价值判断上的影响力便通过 A 股市场价格的变动体现出来，进而强化中国股市与美国股市的相关性。

　　这些研究虽然涉及了中美股市联动的动因，但都未深入分析各种冲击对中美股市联动的影响，也没有注意到美国货币政策冲击所扮演的角色。在分析方法上，也缺乏系统的理论和实证研究。本研究在 NOEM 的分析框架下，分析包括美国货币政策冲击在内的各种宏观因素对中美股市联动的影响，特别在 2008 年金融危机爆发的背景下，分析外部冲击跨国传导的金融渠道，提出如何隔绝外部冲击，防止危机传染的对策建议。

第三章
货币政策冲击跨国传导的机理

货币政策跨国传导是通过国与国之间的贸易和金融联系实现的。贸易联系与跨国消费转移相关，这在传统理论中已经有了很好的描述。金融联系则与货币市场及资本市场的跨国协动相关，也是跨国风险共担的渠道。本研究的目的在于清晰刻画跨国风险传导，并分析资产价格联动的影响因素。

第一节 理论模型

以 Gali 和 Monacelli（2005）、Monacelli（2005）、Justiniano 和 Preston（2008，2010）的模型为基础，构建一个开放经济模型反映跨国经济、金融联系。假设存在两国，两国经济总量基本相当；一国为新兴市场国家，一国为发达国家并在国际经济体系中处于主导地位；本国物价、利率无法影响外国物价和利率；国内拥有国外债券，但国外不拥有国内债券。在此基础上，我们构建一个考虑股市财富效应的开放经济模型。

一、家庭

假设每一个家庭在存活的 k 期内最大化其效用：

$$E_0 \sum_{t=0}^{\infty} \beta^t (1 - \gamma)^t \tilde{\varepsilon}_{g,t} \left[\frac{(C_t - H_t)^{1-\sigma}}{1 - \sigma} - \frac{N_t^{1+\varphi}}{1 + \varphi} \right] \tag{3.1}$$

其中，N_t 是劳动投入；$H_t \equiv hC_{t-1}$ 是一个由外部习惯，外生于家庭，由文化、社会长期形成的习惯等决定。$0 < h < 1$；σ，$\varphi > 0$ 是跨期替代和劳动负效用的弹性的倒数；γ 为每期的常数死亡概率或替换概率，也可以理解为每一期经济代理退出市场的概率；$\tilde{\varepsilon}_{g,t}$ 表示偏好冲击。

$$C_t = [(1 - \alpha)^{\frac{1}{\eta}}(C_{H,t})^{\frac{\eta-1}{\eta}} + \alpha^{\frac{1}{\eta}}(C_{F,t})^{\frac{\eta-1}{\eta}}]^{\frac{\eta}{\eta-1}} \tag{3.2}$$

C_t 代表消费品综合指数，由国内生产商品综合指数 $C_{H,t}$ 和国外生产商品综合指数 $C_{F,t}$ 共同组成。同时：

$$C_{H,t} = \left[\int_0^1 C_{H,t}(i)^{\frac{\varepsilon-1}{\varepsilon}}di\right]^{\frac{\varepsilon}{\varepsilon-1}}; C_{F,t} = \left[\int_0^1 C_{F,t}(i)^{\frac{\varepsilon-1}{\varepsilon}}di\right]^{\frac{\varepsilon}{\varepsilon-1}}$$

其中，α 为外国商品在国内消费束中的份额，也是开放度指数。$\eta > 0$ 给出了国内和外国商品的替代弹性，$\varepsilon > 1$ 给出了不同种类国内和国外商品的替代弹性。

假设家庭可用的资产包括以下三种资产：（1）一种股票，代表对所有国内商品生产者的总资金流的索取权。（2）以本国货币表示的名义债券。（3）以外国货币表示的名义债券（家庭的跨国金融交易这样就限制在了债券，也比较符合中国和美国的现实情况）。假设债券是一期到期而且利率为无风险利率。这样，家庭在时期 t 的预算约束为

$$P_t C_t + E_t\{F_{t,t+1}B_{t+1}^H\} + \Lambda_t E_t\{F_{t,t+1}B_{t+1}^F\} + Q_t S_t = W_t N_t - T_t + \Omega_t \tag{3.3}$$

对所有 $t > 0$，B_{t+1}^H 和 B_{t+1}^F 表示一期以利率 i_t 和 i_t^* 持有的国内和外国债券。Λ_t 是名义汇率。S_t 代表家庭持有的股票资产，Q_t 为名义股票价格。价格指数 P_t、$P_{H,t}$ 和 P_t^* 分别代表国内 CPI，国内商品价格和国外价格。T_t 代表税收和转移，Ω 表示家庭持有的总资产。$F_{t,t+1}$ 则为随机折现因子。

国内家庭财富 FW_t 定义为预期的非交易收入的系列贴现值之和，即

$$FW_t \equiv E_t\left\{\sum_{k=0}^{\infty}F_{t,t+k}(1-\gamma)^k(W_t N_t - T_t)\right\} \tag{3.4}$$

假设金融财富的条件现值为 0，则可得

$$\lim_{k \to \infty} E_t\{F_{t,t+1}(1-\gamma)^k\Omega_{t+k}\} = 0 \tag{3.5}$$

假设无庞兹贷款，预算约束可以写为包括金融财富的随机差分方程：

$$P_t C_t + E_t\{F_{t,t+1}(1-\gamma)\Omega_{t+1}\} = W_t N_t - T_t + \Omega_t$$

在 t 期，家庭最优化问题要求在国内和国外所有种类的商品中进行选择，即包括期内也包括跨期的消费配置，这要求下述的最优条件。每一种类的消费商品的需求：

$$C_{H,t}(i) = (P_{H,t}(i)/P_{H,t})^{-\theta}C_{H,t} \text{ 和 } C_{F,t}(i) = (P_{F,t}(i)/P_{F,t})^{-\theta}C_{F,t}$$

$P_{H,t}$ 为国内生产商品的价格指数或厂商价格指数（PPI）。$P_{F,t}$ 为进口商品的价格指数。国内和国外商品消费的最优分配表明需求函数：

$$C_{H,t} = (1-\alpha)(P_{H,t}/P_t)^{-\eta}C_t \text{ 和 } C_{F,t} = \alpha(P_{F,t}/P_t)^{-\eta}C_t$$

其中，$P_t = [(1-\alpha)P_{H,t}^{1-\eta} + \alpha P_{F,t}^{1-\eta}]^{\frac{1}{1-\eta}}$ 是消费价格指数（CPI）。总消费束的花

费配置满足

$$\Xi_t = \tilde{\varepsilon}_{g,t}(C_t - H_t)^{-1/\sigma} \tag{3.6}$$

在无庞兹贷款的情况下，结合式（3.3），可得最优资产配置的一阶条件：

$$F_{t,t+1} = \beta E_t\{(C_t/C_{t+1}) \cdot (P_t/P_{t+1})\} \tag{3.7}$$

$$Q_t = E_t\{F_{t,t+1}(Q_{t+1} + D_{t+1}^s)\} \tag{3.8}$$

同时

$$P_t C_t = [1 - \beta(1 - \gamma)](\Omega_t + FW_t) \tag{3.9}$$

Ξ_t 为 Lagrange 乘子，D_{t+1}^s 表示股票的名义综合收益。式（3.3）与方程（3.6）的结合给出消费的欧拉方程。方程（3.7）描述了跨期消费模式，式（3.8）则描述了股票持有的最优跨期决策。

国外经济体的家庭问题采用相似的描述。由于国外（美国）经济近似封闭（国内经济的影响几乎可以忽视），可用的消费束构成连续的外国产品 $C_{F,t}^*$。国外家庭只需要在不同的时间跨期分配这些商品。国外经济外债为零净供给，并利用现有财富参与金融资产交易。国外代理不能进入国内债务市场。条件和参数加"*"。

二、国内生产者

假设国内存在系列垄断竞争型公司，这些公司制造不同的商品。假设存在 Calvo 型价格设置，即允许厂家对国内商品价格按通胀指数化。在任何一个时期 t，$1 - \alpha_H$ 的公司能最优地设置价格，而 $0 < \alpha_H < 1$ 的产品价格根据指数原则调整：

$$\ln P_{H,t}(i) = \ln P_{H,t-1}(i) + \delta \pi_{H,t-1} \tag{3.10}$$

这里 $0 \le \delta \le 1$ 衡量了根据过去期间通胀率的指数化定价的程度，而且 $\pi_{H,t} = \log(P_{H,t}/P_{H,t-1})$。既然所有公司在 t 期有机会重新设置价格，而且面临同样的决策问题，如果他们设置了一个共同价格 $P'_{H,t}$，那么公司在 t 期的价格设置需要考虑总价格指数：

$$P_{H,t} = \left[(1 - \theta_H)P_{H,t}^{'(1-\varepsilon)} + \theta_H\left(P_{H,t-1}\left(\frac{P_{H,t-1}}{P_{H,t-2}}\right)^\delta\right)^{1-\varepsilon}\right]^{1/(1-\varepsilon)} \tag{3.11}$$

同时，公司在价格设置的时候考虑一个需求曲线：

$$y_{H,T}(i) = \left(\frac{P_{H,t}(i)}{P_{H,T}} \cdot \left(\frac{P_{H,T-1}}{P_{H,t-1}}\right)^\delta\right)^{-\varepsilon}(C_{H,T} + C_{H,T}^*) \tag{3.12}$$

这里 $T \ge t$，并且以总价格和消费束作为参数。商品 i 的生产利用单一劳动投入 $N_t(i)$，同时 $y_{H,t}(i) = \tilde{\varepsilon}_{a,t}N_t(i)$，这里 $\tilde{\varepsilon}_{a,t}$ 是一个外生技术冲击。公司

在 t 时的价格设定问题就是预期的利润折现值的最大化问题：

$$E_t \sum_{T=t}^{\infty} \theta_H^{T-t} Q_{t,T} y_{H,t}(i) \left[P_{H,t}(i) \left(\frac{P_{H,T-1}}{P_{H,t-1}} \right)^{\delta} - P_{H,T} MC_T \right] \quad (3.13)$$

其中，$Q_{t,T}$ 解释为以总收入评估的随机贴现因子。$MC_T = W_T / (P_{H,T} \tilde{\varepsilon}_{a,T})$ 是公司 i 的边际成本函数。θ_H^{T-t} 是公司在下一个 $T-t$ 期不能调整价格的概率。公司最优问题则表明下列一阶条件：

$$E_t \sum_{T=t}^{\infty} \theta_H^{T-t} Q_{t,T} y_{H,t}(i) \left[P_{H,t}(i) \left(\frac{P_{H,T-1}}{P_{H,t-1}} \right)^{\delta} - \frac{\theta_H}{\theta_H - 1} P_{H,T} MC_T \right] = 0 \quad (3.14)$$

同样的，外国公司面临类似的问题。最优条件形式相同，所有变量以上标" $*$ "表示，而且下标 H 变为 F。

三、零售公司

开放经济中的零售公司遵循一价定律进口外国的各种商品。进口商品的本币价格是以垄断竞争方式决定的，可能导致短期内对一价定律的偏离。与国内公司一样，零售公司面临一个 Calvo 型定价问题，允许通胀指数化方式定价。$1 - \theta_F$ 部分的公司能最优化地设置价格，而 $0 < \theta_F < 1$ 部分的公司采用与式 (3.12) 相似的指数化规则调整价格。价格指数与下式相关：

$$P_{F,t} = \left[(1 - \theta_F) P_{F,t}^{'(1-\varepsilon)} + \theta_F \left(P_{F,t-1} \left(\frac{P_{F,t-1}}{P_{F,t-2}} \right)^{\delta} \right)^{1-\varepsilon} \right]^{1/(1-\varepsilon)} \quad (3.15)$$

而且，公司在 t 时期设置价格时面临一个需求曲线：

$$C_{F,T}(i) = \left(\frac{P_{F,t}(i)}{P_{F,T}} \cdot \left(\frac{P_{F,T-1}}{P_{F,t-1}} \right)^{\delta} \right)^{-\varepsilon} C_{F,T} \quad (3.16)$$

其中，$T \geq t$，以总价格及总消费作为参数。公司在 t 期的价格设定问题是最大化预期利润折现值：

$$E_t \sum_{T=t}^{\infty} \theta_F^{T-t} Q_{t,T} C_{F,T}(i) \left[P_{F,t}(i) \left(\frac{P_{F,T-1}}{P_{F,t-1}} \right)^{\delta} - \Lambda_T P_{F,T}^*(i) \right]$$

其中，θ_F^{T-t} 是公司在下一个 $T-t$ 期不能调整价格的概率。根据需求曲线方程 (3.16)，表明一阶条件：

$$E_t \sum_{T=t}^{\infty} \theta_F^{T-t} Q_{t,T} \left[P_{F,t}(i) \left(\frac{P_{F,T-1}}{P_{F,t-1}} \right)^{\delta} - \frac{\theta_H}{\theta_H - 1} \Lambda_T P_{H,T}^*(i) \right] = 0 \quad (3.17)$$

国外经济没有类似优化定价问题，因为进口量相对于国外经济体内的消费很小，构成了一个可忽视的外国消费部分，而且进口价格变动对外国价格指数变动几乎没有影响，对外国价格指数演变的效应可以忽视，P_t^* 不受国内进口影响，无须分析。

四、国际风险分散

假设资产市场没有套利，那么对国内任何资产存在一个正向的随机折现因子 $F_{t,t+1}$（Harrison 和 Kreps，1979），而且：

$$1 = (1 + i_t)E_t(F_{t,t+1}) \tag{3.18}$$

其中，$1 + i_t$ 是国内资产在 t 和 $t+1$ 期间的总回报率，同时预期受到投资者在 t 时的信息影响。假设国外债券能被国内投资者购买，则

$$1 = E_t\Big[F_{t,t+1}\Big(\frac{\Lambda_{t+1}}{\Lambda_t}\Big)(1 + i_t^*) \Big] \tag{3.19}$$

其中，$1 + i_t^*$ 是按照国外资产计算的真实回报率。但对外国投资者，没有套利也表明存在一个外国随机折现因子满足：

$$1 = E_t(F_{t,t+1}^*)(1 + i_{t+1}^*) \tag{3.20}$$

如果市场是完全的，那么 $F_{t,t+1}$ 和 $F_{t,t+1}^*$ 是唯一的。这样式（3.15）和式（3.16）表明：

$$\frac{\Lambda_{t+1}}{\Lambda_t} = \frac{F_{t,t+1}^*}{F_{t,t+1}} \tag{3.21}$$

其对数形式为

$$\ln(\Lambda_{t+1}/\Lambda_t) = -(\ln F_{t,t+1} - \ln F_{t,t+1}^*) \tag{3.22}$$

如果市场不完全，则存在多个贴现因子满足式（3.18）和式（3.20）。但根据 Brandt 等（2006），对数形式式（3.22）仍可成立。

对国内外利率和名义汇率的相对变动施加限制。贸易条件定义为 $S_t \equiv P_{F,t}/P_{H,t}$。真实汇率为 $R\Lambda_t = \Lambda_t P_t^*/P_t$。当一价定律不存在时，$\widetilde{\psi}_{F,t} \equiv \Lambda_t P_t^*/P_{F,t} \neq 1$，定义了 Monacelli（2005）所说的与一价定律的偏离。Gali 和 Monacelli（2005）以及 Monacelli（2005）的模型相应的由 $\widetilde{\psi}_{F,t}$ 是否为 1 来决定。以 $s_t \equiv p_{F,t} - p_{H,t}$ 表示（对数）有效贸易条件，即外国商品按照国内商品表示的价格。国内通胀定义为国内商品价格指数变动，即 $\pi_{H,t} \equiv p_{H,t} - p_{H,t-1}$，而且 CPI 通胀满足下式：

$$\pi_t = \pi_{H,t} + \alpha\Delta s_t \tag{3.23}$$

根据式（3.15）和式（3.17）有

$$1 + i_t = -\log(E_t F_{t,t+1}) \tag{3.24}$$

$$1 + i_t^* = -\log(E_t F_{t,t+1}^*) \tag{3.25}$$

当不存在资本管制、市场完全的假设下，非抵补的利率平价条件（UIP）成立，即 $E_t\ln(\Lambda_{t+1}/\Lambda_t) = i_t - i_t^*$。然而许多文献指出实际情况存在与 UIP 的较大偏离，对于新兴市场国家而言，这主要源于资本管制产生的资本不完全流动。这样就存在一个 UIP 冲击（Kollmann，2005），即

$$E_t\ln(\Lambda_{t+1}/\Lambda_t) = i_t - i_t^* - \varepsilon_{UIP,t}$$

以 e_t、q_t 分别代表名义汇率和实际汇率的对数形式，可得线性化的非抵补利率平价条件：

$$E_t\{\Delta e_{t+1}\} = i_t - i_t^* - \varepsilon_{UIP,t} \tag{3.26}$$

或 $(i_t - E_t\{\pi_{t+1}\}) - (i_t^* - E_t\{\pi_{t+1}^*\}) = E_t\{\Delta q_{t+1}\} + \varepsilon_{UIP,t}$

其中，$\varepsilon_{UIP,t}$ 可以解释为 t 日预期的 $t+1$ 日的汇率与实际汇率的偏离，这种偏离由于资本管制及交易成本等因素造成。

五、货币政策和财政政策

假设货币政策以利率规则执行：

$$\frac{R_t}{\overline{R}} = \left(\frac{R_{t-1}}{\overline{R}}\right)^{\rho_i}\left[\left(\frac{P_t}{P_{t-1}}\right)^{\varphi_n}\left(\frac{Y_t}{\overline{Y}}\right)^{\varphi_y}\left(\frac{Y_t}{Y_{t-1}}\right)^{\varphi_{\Delta y}}\left(\frac{\Lambda_t}{\Lambda_{t-1}}\right)^{\varphi_e}\right]^{(1-\rho_i)}\tilde{\varepsilon}_{m,t} \tag{3.27}$$

其中，$\overline{R}$ 和 $\overline{Y}$ 是名义利率和产出的稳态值，$\tilde{\varepsilon}_{m,t}$ 是一个外部扰动。政策对同期的通胀、产出、产出增长和名义汇率增长率响应。在一些新兴市场经济体中发现了对汇率响应的规则（Lubik 和 Schorfheide，2005；Justiniano 和 Preston，2008）。如果是固定汇率制度，则 $e = 0$；$\varphi_e = 0$ 时，则为浮动汇率制；当货币当局执行管理浮动汇率制时，$\varphi_e > 0$。中央银行面对名义汇率偏离目标值或稳态值时会采取相应措施，管理程度取决于系数 φ_e 的大小。对于外国而言，由于采用浮动汇率，因而 $\varphi_e^* = 0$。财政政策为零债务政策。

六、一般均衡

均衡要求所有市场出清。在国内和外国经济体，商品市场出清要求：

$$Y_{H,t} = C_{H,t} + C_{H,t}^* \text{ 和 } Y_t^* = C_t^*$$

模型闭合假设外国需求对国内生产商品满足：

$$C_{H,t}^* = \left(\frac{P_{H,t}^*}{P_t^*}\right)^{-\lambda}Y_t^*$$

根据 Kollmann（2002）、McCallum 和 Nelson（2000），这里 $\lambda > 0$。而且根据 Monacelli（2005）的规定，由于存在国外对国内经济扰动传导的附加弹

性，允许 λ 与 η 不同，η 是国内经济中跨商品的替代弹性。Y_t^* 的动力学和其他国外变量保持与上述结构联系一致。世界债务为 0 净供给，所以对所有时点 t，$B_t + B_t^* = 0$。考虑一个对称均衡，所有国内生产者在 t 时期设置一个共同的价格 $P_{H,t}$，类似的，所有国内零售商和外国公司各选择一个共同价格 $P_{F,t}$ 和 P_t^*。国内和外国经济体的工资设置存在类似的条件。最后，我们假设家庭有相同的初始财富，这样每一个家庭面临相同期间的预算约束和采用相同的消费和资产选择决定。

对于股票市场，平均真实收益支付和平均股票市场资本化可以表示为

$$D_t^s \equiv \frac{1}{P_t}\int_0^1 D_t^s(k)\,dk, Q_t \equiv \frac{1}{P_t}\int_0^1 Q_t(k)\,dk$$

利用均衡条件和方程（3.9），均衡条件下折现的总金融财富名义值等于现在的国内名义股票价格水平，即

$$E_t\{F_{t,t+1}\Omega_{t+1}\} = \int_0^1 Q_t(k)\,dk = Q_t$$

这样我们可以得到国内经济的总需求，以下面的欧拉方程表示：

$$\beta C_t = \frac{\gamma}{1-\gamma}Q_t + [1 - \beta(1-\gamma)]E_t\left\{F_{t,t+1}\frac{P_{t+1}}{P_t}C_{t+1}\right\}$$

而且：

$$Q_t = E_t\left\{F_{t,t+1}\frac{P_{t+1}}{P_t}[Q_{t+1} + D_{t+1}^s]\right\}$$

进一步地，利用 $E(xy) = E(x)E(y) + Cov(x,y)$，可以得到：

$$Q_t = E_t\{F_{t,t+1}\}E_t\left\{\frac{P_{t+1}}{P_t}[Q_{t+1} + D_{t+1}^s]\right\} - Q_t\overline{h}$$

这里 $\overline{h}$ 为风险升水，表示股票的随机贴现因子和名义总回报率间的条件协方差。这定义了下述风险升水：

$$EP_t \equiv E_t\left\{\frac{P_{t+1}}{P_t}\left[\frac{Q_{t+1} + D_{t+1}^s}{Q_t}\right]\right\} - (1 + i_t) = (1 + i_t)\overline{h} \qquad (3.28)$$

第二节　模型的线性近似及参数估计

一、模型的线性近似

以偏离稳态的对数差分来改写上述基本的两国模型，形成两个经济体出清

时联系的基本结构。

（一）国内经济

国内经济包括 12 个未知变量：c_t，y_t，i_t，q_t，s_t，π_t，$\pi_{H,t}$，$\psi_{H,t}$，$\pi_{F,t}$，r_t^Q，$\overline{x_t}$，rr_t。而且，国内经济存在四种冲击：货币政策冲击、生产率冲击、UIP 冲击和习惯冲击。同时也面临来自国外经济体的冲击。

国内家庭的欧拉方程（3.7）表明：

$$c_t - hc_{t-1} = E_t(c_{t+1} - hc_t) - \sigma^{-1}(1 - h)(i_t - E_t\pi_{t+1})$$
$$+ \sigma^{-1}(1 - h)(\varepsilon_{g,t} - E_t\varepsilon_{g,t+1})$$

h 为习惯，当 $h = 0$ 时，即为一般形式的欧拉方程。

根据商品市场出清条件可得

$$(1 - \alpha)c_t = y_t - \alpha\eta(2 - \alpha)s_t - \alpha\eta\psi_{F,t} - \alpha y_t^* \tag{3.29}$$

其中，$\psi_{F,t} \equiv (e_t + p_t^*) - p_{F,t}$ 表示对一价定律的偏离，即国内货币价格与国外货币价格的差异。而且，$s_t = p_{F,t} - p_{H,t}$ 给出了贸易条件。差分贸易条件定义表明：

$$\Delta s_t = \pi_{F,t} - \pi_{H,t} \tag{3.30}$$

这样，国内消费均衡依赖于国内产出和三个外国扰动：贸易条件、对一价定律的偏离和外国产出。贸易条件和真实汇率间的联系遵循：

$$q_t = e_t + p_t^* - p_t = \psi_{F,t} + (1 - \alpha)s_t \tag{3.31}$$

国内公司价格设置和价格指数（3.8）的最优条件的对数线性近似，表明下述关联：

$$\pi_{H,t} - \delta\pi_{H,t-1} = \theta_H^{-1}(1 - \theta_H)(1 - \theta_H\beta(1 + \gamma))mc_t + \beta E_t(\pi_{H,t+1} - \delta\pi_{H,t})$$
$$\tag{3.32}$$

其中，$mc_t = \varphi y_t - (1 + \varphi)\varepsilon_{a,t} + \alpha s_t + \sigma(1 - h)^{-1}(c_t - hc_{t-1})$ 是每个公司的真实边际成本函数。这样，国内通胀 $\pi_{H,t} = p_{H,t} - p_{H,t-1}$，由现有边际成本、对下期的通胀预期和最近的通胀决定。如果 $\delta = 0$，则为一般的前视菲利普斯曲线。与封闭经济不同，国内商品价格变动依赖于三个外国扰动。公司边际成本受到贸易条件效应的直接和间接效应，而且还通过贸易条件影响均衡消费。外国产出及对一价定律的偏离也对公司边际成本产生影响。

零售公司价格问题的最优问题表明：

$$\pi_{F,t} - \delta\pi_{F,t-1} = \theta_F^{-1}(1 - \theta_F)(1 - \theta_F\beta(1 + \gamma))\psi_{F,t} + \beta E_t(\pi_{F,t+1} - \delta\pi_{F,t})$$
$$\tag{3.33}$$

其中，进口商品的国内货币价格变动 $\pi_{F,t} = p_{F,t} - p_{F,t-1}$。由 $\psi_{F,t}$ 给出的现有边

际成本条件和对下一期通胀率的预期决定。而且，价格以过去通胀指数化导致对最近可观察到的通胀率的历史依赖。

非抵补的利率平价条件由式（3.34）给出：

$$(i_t - E_t\pi_{t+1}) - (i_t^* - E_t\pi_{t+1}^*) = E_t\Delta q_{t+1} - \varepsilon_{UIP,t} \tag{3.34}$$

以 r_t^Q 表示股票价格，$\bar{r}_t^Q$ 表示自然股票价格，则股票价格缺口 $\hat{r}_t^Q = r_t^Q - \bar{r}_t^Q$，

$$r_t^Q = \frac{\tilde{\beta}}{1+\bar{h}}E_t r_{t+1}^Q + \frac{1+\bar{h}-\tilde{\beta}}{1+\bar{h}}E_t d_{t+1}^S - (i_t - E_t\pi_{t+1}) \tag{3.35}$$

假设股票市场存在非基础因素冲击 $\varepsilon_{S,t}$，则股票价格缺口：

$$\hat{r}_t^Q = \frac{\tilde{\beta}}{1+\bar{h}}E_t\hat{r}_{t+1}^Q - \frac{\lambda_q}{1+\bar{h}}E_t x_{t+1} - (i_t - E_t\pi_{H,t+1} - \bar{rr}_t) + \varepsilon_{S,t} \tag{3.36}$$

$$x_t = \frac{\sigma_\alpha}{\Gamma_0}E_t x_{t+1} + \frac{\Psi}{\Gamma_0}\hat{r}_t^Q - \frac{1}{\Gamma_0}(i_t - E_t\pi_{H,t+1} - \bar{rr}_t) \tag{3.37}$$

其中，$x_t \equiv y_t - \bar{y}_t$ 表示产出缺口，$\bar{rr}_t$ 为自然利率，$\bar{h}$ 为风险升水，即随机折现因子与股票市场名义回报间的条件协方差。同时，$\bar{r}_t^Q = \bar{y}_t$。股市回报方程表明股市缺口与预期的产出缺口负相关，与真实利率负相关。其中 $\tilde{\beta} \equiv \beta/(1+\Psi)$，而 $\Psi \equiv \gamma\alpha((1-\beta(1-\gamma))/(1-\gamma))(\Omega/PY)$，表明 γ 越高，代理制定的时间段越短，导致更大的财富效应。最后一项 Ω/PY 在稳态时固定为 $\Omega/PY = ((\mu-1)/\mu)((1+r)/r)$，这里 $\mu \equiv \theta/(\theta-1)$，$r$ 为稳态处的真实利率。$\Gamma_0 \equiv 1 + \Psi - \alpha\sigma_\alpha$，$\lambda_q \equiv (1+\bar{h}-\tilde{\beta})\left(\frac{1+\varphi-\mu}{\mu} + \alpha\sigma_\alpha\right)$，$\varphi = 1$，为逆 Frisch 参数。

同时：

$$y_t = \frac{1}{1+\Psi}E_t y_{t+1} + \frac{\Psi}{1+\Psi}r_t^Q - \frac{1}{1+\Psi}(i_t - E_t\pi_{t+1} - \bar{rr}_t) - \frac{\alpha\eta}{1+\Psi}E_t(\Delta s_{t+1}) \tag{3.38}$$

$\frac{\Psi}{1+\Psi}$ 就反映了财富效应的大小。

$$\bar{rr}_t \equiv \sigma\left(\frac{\varphi(\bar{\omega}_s-1)}{\sigma+\varphi\bar{\omega}_s}\right)E_t\{\Delta y_{t+1}^*\} - \left(\frac{\sigma(1-\rho)(1+\varphi)}{\sigma+\varphi\bar{\omega}_s}\right)\varepsilon_{a,t}$$

$$\bar{\omega}_s \equiv 1 + \alpha(2-\alpha)(\sigma\eta-1) > 0$$

假设国内货币政策以泰勒规则执行，并且实行浮动汇率制，则有

$$i_t = \rho_i i_{t-1} + (1-\rho_i)(\varphi_\pi\pi_t + \varphi_y y_t + \varphi_x x_t + \varphi_e e_t) + \varepsilon_{m,t} \tag{3.39}$$

这样，名义利率由过去利率决定并对通胀率、产出、产出增长和名义汇率变动响应，$\varepsilon^*_{M,t}$ 和 $\varepsilon_{M,t}$ 为货币政策冲击或政策执行过程中的误差。CPI 和国内商品价格通过式（3.40）联系：

$$\pi_t = \pi_{H,t} + \alpha\Delta s_t \tag{3.40}$$

国内经济面临习惯冲击（$\varepsilon_{g,t}$）、生产率冲击（$\varepsilon_{a,t}$）、货币政策冲击（$\varepsilon_{m,t}$）及 UIP 冲击（$\varepsilon_{UIP,t}$），设冲击服从 AR（1）过程，则

$$\varepsilon_{g,t} = \rho_g\varepsilon_{g,t-1} + \xi_{g,t} \tag{3.41}$$
$$\xi_{g,t} \sim N(0,\sigma^2_g)$$
$$\varepsilon_{a,t} = \rho_a\varepsilon_{a,t-1} + \xi_{a,t} \tag{3.42}$$
$$\xi_{a,t} \sim N(0,\sigma^2_a)$$
$$\varepsilon_{m,t} = \rho_m\varepsilon_{m,t-1} + \xi_{m,t} \tag{3.43}$$
$$\xi_{m,t} \sim N(0,\sigma^2_m)$$
$$\varepsilon_{UIP,t} = \rho_{UIP}\varepsilon_{UIP,t-1} + \xi_{UIP,t} \tag{3.44}$$
$$\xi_{UIP,t} \sim N(0,\sigma^2_{UIP})$$

（二）国外经济

为了简化分析，不考虑国外股市的财富效应。除此以外，国外经济与国内有相似的技术和市场结构。以上标 * 号表示相应的外国经济体变量，则外国经济包括 7 个内生变量：y^*_t，π^*_t，r^*_t，x^*_t，mc^*_t，$\overline{rr}^*_t$，a^*_t。和国内经济一样，国外经济也面临货币政策冲击 $\xi^*_{m,t}$ 和生产率冲击 $\xi^*_{a,t}$。

$$y^*_t = E_t\{y^*_{t+1}\} - \frac{1}{\sigma}(r^*_t - E_t\{\pi^*_{t+1}\}) + \varepsilon_{y,t} \tag{3.45}$$

$$\pi^*_t = \beta E_t\{\pi^*_{t+1}\} + \frac{(1-\theta)(1-\beta\theta)}{\theta}mc^*_t + \varepsilon^*_{\pi,t} \tag{3.46}$$

$$mc^*_t = (\sigma+\varphi)y^*_t - (1+\varphi)\varepsilon^*_{a,t} \tag{3.47}$$

$$i^*_t = \rho^*_i i^*_{t-1} + (1-\rho^*_i)(\varphi_\pi\pi^*_t + \varphi^*_y y^*_t + \varphi^*_x x_t) + \varepsilon^*_{m,t} \tag{3.48}$$

$$\hat{r}^{Q*}_t = \frac{\tilde{\beta}}{1+h}E_t\hat{r}^{Q*}_{t+1} - \frac{\lambda_q}{1+h}E_t x_{t+1} - (i^*_t - E_t\pi^*_{H,t+1} - \overline{rr}^*_t) + \varepsilon^*_{S,t} \tag{3.49}$$

$$x^*_t = y^*_t - \left(\frac{1+\varphi}{\sigma+\varphi}\right)\varepsilon^*_{a,t} \tag{3.50}$$

$$x^*_t = E_t\{x^*_{t+1}\} - \frac{1}{\sigma}(r^*_t - E_t\{\pi^*_{t+1}\} - \overline{rr}^*_t)$$

其中，$\overline{rr}^*_t \equiv -\dfrac{\sigma(1-\rho)(1+\varphi)}{\sigma+\varphi}\varepsilon^*_{a,t}$。

$$\varepsilon_{a,t}^* = \rho^* \varepsilon_{a,t-1}^* + \xi_{a,t}^* \qquad (3.51)$$

$$\xi_{a,t}^* \sim N(0, \sigma_a^{*2})$$

$$\varepsilon_{m,t}^* = \rho_m^* \varepsilon_{m,t-1}^* + \xi_{m,t}^* \qquad (3.52)$$

$$\xi_{m,t}^* \sim N(0, \sigma_m^{*2})$$

其中，式（3.45）为国外经济的供给函数，而式（3.46）为需求函数。由于国内无定价权，因而，国内进口价格由国外厂家决定，$\pi_{F,t} = \pi_{H,t}^*$。

另外，我们还考虑国外产出和通胀对国内经济的冲击。

$$\varepsilon_{y,t}^* = \rho_y^* \varepsilon_{y,t-1}^* + \xi_{y,t}^* \qquad (3.53)$$

$$\xi_{y,t}^* \sim (0, \sigma_y^{*2})$$

$$\varepsilon_{\pi,t}^* = \rho_\pi^* \varepsilon_{\varepsilon,t-1}^* + \xi_{\pi,t}^* \qquad (3.54)$$

$$\xi_{\pi,t}^* \sim N(0, \sigma_\pi^{*2})$$

二、参数估计与模型校准

利用中美的季度数据对模型进行校准。开放度参数 α 为外国商品占国内消费束中的份额，采用国内 2002 年至 2010 年从国外进口商品占 GDP 的平均比重来计算，得出 $\alpha = 0.33$。参照 Gali 和 Monacelli（2005）、Monacelli（2005）及卞志村、孙俊（2011）的研究，设置 $\beta = 0.99$。由于中国是新兴市场国家，消费习惯变化较快，因而设置 $h = 0.5$。设置国内与国外商品的替代弹性 $\eta = 0.9$，δ 为国内按过去通胀定价的程度，对国内数据回归得到参数 $\delta = 0.8$，表明国内通胀具有明显的惯性。$\theta_H = \theta_F = 0.75$，表明国内企业在下一期不能改变价格的概率。设置逆 Frisch 参数 $\varphi = 1$，跨期弹性 $\sigma = 1$。参照 Funke、Paetz 和 Pytlarczyk（2011）的研究，设置 $\bar{h} = 0.015$，表明稳态处的年风险升水为 6.14%。

（一）外部冲击估计

选取中国和美国的季度数据，估计式（3.41）至式（3.46），除利率外，所有数据均为实际值并经季节调整，根据估计方程取对数或对数差分，进行 HP 滤波去掉趋势项，数据长度为 2002 年第一季度至 2010 年第四季度。货币政策方程估计时，通胀、汇率及产出分别取对数差分，产出缺口为真实 GDP 对趋势项的偏离。从估计结果可以看出来，国内和国外货币政策均表现出了对产出和通胀的响应，国内利率变动与通胀率和产出缺口均呈显著负相关，货币政策以调节产出为主要目标，与产出则呈微弱负相关；国外利率变动与通胀率呈显著正相关，货币政策以抑制通胀为主要目标（见表 3-1）。

表 3 - 1　　　　　　　　　　　各冲击估计结果

各冲击估计的表达式	估计说明
$\varepsilon_{g,t} = 0.8835\varepsilon_{g,t-1} + \xi_{g,t}$ $\sigma_g = 1$	利用消费方程估计 $\varepsilon_{g,t}$，再估计偏好冲击
$\varepsilon_{a,t} = 0.4266\varepsilon_{a,t-1} + \xi_{a,t}$ $\sigma_a = 0.0394$	利用生产方程估计得：$\varepsilon_{a,t} = y_t - 0.32n_t$
$\varepsilon_{m,t} = 0.1119\varepsilon_{m,t-1} + \xi_{m,t}$ $\sigma_m = 0.3209$	估计式（3.39），得 $\varepsilon_{m,t} = i_t - 0.6926i_{t-1} - 15.7709\pi_t$ $- 1.3058y_t - 6.4565x_t + 5.4479e_t$
$\varepsilon_{UIP,t} = 0.65\varepsilon_{UIP,t-1} + \xi_{UIP,t}$ $\sigma_{UIP} = 0.3868$	估计式（3.34）得到 $\varepsilon_{UIP,t}$
$\varepsilon_{a,t}^* = 0.6127\varepsilon_{a,t-1}^* + \xi_{a,t}^*$ $\sigma_a^* = 0.0056$	利用生产方程估计得 $\varepsilon_{a,t}^* = y_t^* - 0.6443n_t^*$
$\varepsilon_{m,t}^* = 0.5993\varepsilon_{m,t-1}^* + \xi_{m,t}^*$ $\sigma_m^* = 0.3345$	估计式（3.38），得 $\varepsilon_{m,t}^* = i_t^* - 0.9542i_{t-1}^* + 4.0123\pi_t^*$ $- 30.3761y_t^* + 16.0838x_t^*$

（二）股票市场与财富效应

估计式（3.36），可以得到国内和国外的股票价格缺口估计式。股票价格缺口的计算为两国股票指数经国内物价指数平减后取对数，经 HP 滤波得到股票价格指数的趋势值，股票价格指数对趋势值的偏离即为股票价格缺口。从估计结果来看，国内股票价格变动有着更强的惯性，与产出缺口负相关，与实际利率变动负相关。

$$\hat{r}_t^Q = 0.8901\hat{r}_{t-1}^Q - 0.3787x_t - 0.0659(i_{t-1} - \pi_t - \overline{rr}_{t-1}) + \varepsilon_{S,t}$$

$$\varepsilon_{S,t} = 0.2622\varepsilon_{S,t-1} + \xi_{S,t}, \quad \sigma_{S,t} = 0.1652$$

$$\hat{r}_t^{Q*} = 0.4403\hat{r}_{t-1}^{Q*} + 0.000259x_t^* + 0.006(i_{t-1}^* - \pi_t^* - \overline{rr}_{t-1}^*) + \varepsilon_{S,t}^*$$

$$\varepsilon_{S,t}^* = 0.4526\varepsilon_{S,t-1}^* + \xi_{S,t}^*, \quad \sigma_{S,t}^* = 0.0753$$

利用式（3.33）可以估计 γ 值，这是反应财富效应的重要参数。取 $\delta = 0.8$，$\theta_F = 0.75$，得 $\gamma = 0.3246$，则 $1/\gamma = 3.08$ 年，表明国内财富效应很明显，家庭消费和储蓄的计划时间短，这样能导致更大的财富效应。由此可以计算出 $\Psi = 0.39$，则财富效应 $\dfrac{\Psi}{1+\Psi} = 0.28$。同时，$\Gamma_0 \equiv 1 + \Psi - \alpha\sigma_\alpha = 1.26$。美国的 γ 值设为 0.13（Castelnuovo 和 Nisticó，2010），用于式（3.49）中的参数估计。

第三节　模型模拟与预测

利用上述模型及估计的参数，可以考察美国货币政策冲击对中美股票市场协动性的影响，同时，也可预测不同汇率制度及不同货币政策反应在应对美国货币政策冲击时的效果。

一、美国货币政策冲击的传导机制分析

图 3-1 描绘了国内各经济变量对美国货币政策冲击的脉冲响应。紧缩的美国货币政策冲击能导致国内消费的立刻上升，但在第二季度就出现快速下降，这表明美国货币政策紧缩在短期内刺激国内消费，但在较长时间内对国内消费是不利的；产出对美国货币政策冲击存在类似响应，即短期内上升，但随后快速下降；美国货币政策紧缩能迅速导致国内利率上升，并于第三季度达到最高点，随后快速下降，这表明美国货币政策的紧缩能立刻传导到国内，导致国内利率水平上升，流动性缩减；对于真实汇率而言，美国货币政策紧缩能导致人民币汇率贬值，并于第六季度达到峰值，随后人民币逐步升值，这表明美国货币政策对汇率变动的影响较为持久；美国货币政策冲击能导致国内贸易条件的立刻恶化，但这种效应持续的时间并不长，到第二季度即基本消失；美国货币政策紧缩能导致国内通胀率立刻下降，到第六季度这种影响逐步消失，这种效应主要是通过国内边际成本下降和进口商品价格下降实现的；对于国内股票市场而言，紧缩的美国货币政策能导致国内股票市场的下跌，而且这种作用较为持久，直到 20 季度以后才逐步消失。从不同经济变量对美国货币政策冲击的响应来看，利率、汇率是美国货币政策冲击对国内股票市场影响的重要渠道，即紧缩的货币政策导致国内利率水平上升，国内资产价格下降，同时人民币汇率贬值，资本外流导致国内资产价格下跌。比较而言，消费、产出和通胀率变动的响应较为不确定，表现为美国货币政策冲击后的较长时间才能引起消费、产出的下降，这能导致投资者对未来经济形势的不良预期，进一步反映到国内股市下跌上。因此，利率、汇率是美国货币政策跨国传导的重要渠道。其他渠道也会产生作用，但比较而言影响较小，同时产生作用的时间较长。

消费

产出

利率

真实汇率

贸易条件

CPI通胀

生产者通胀

进口商品通胀

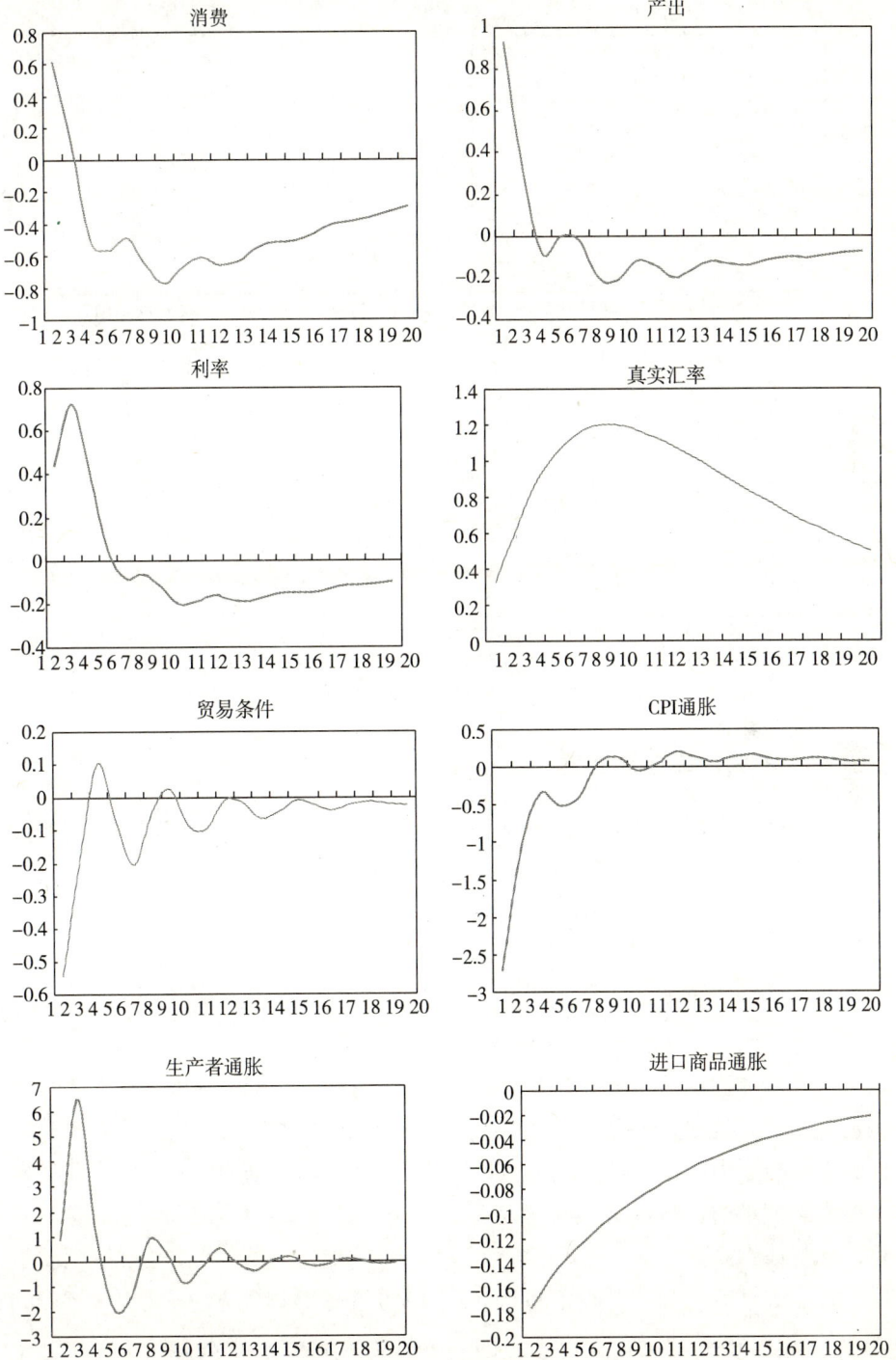

图3-1　国内经济变量对美国货币政策冲击的脉冲响应

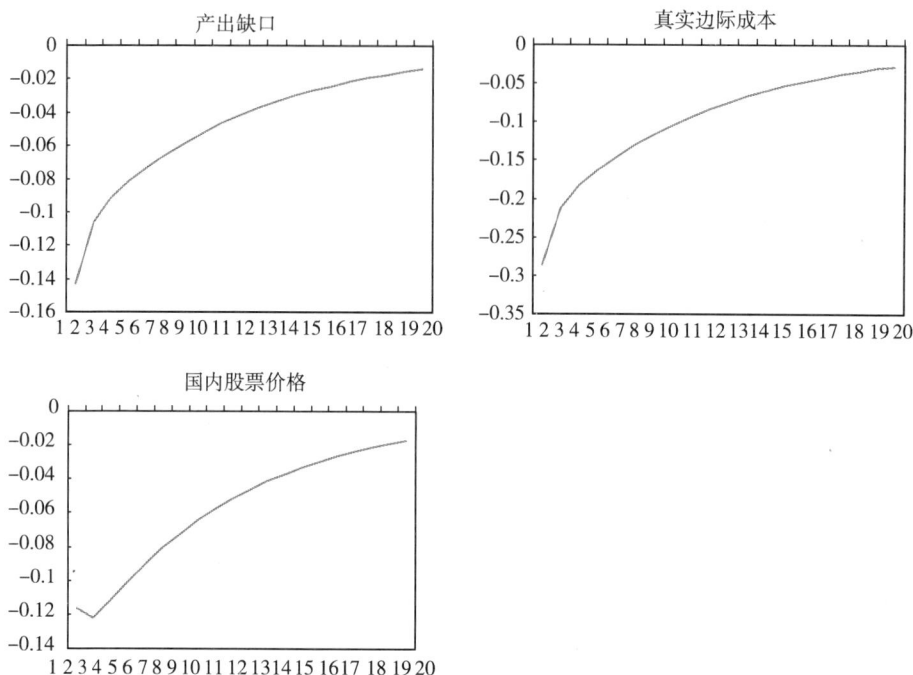

图 3 - 1　国内经济变量对美国货币政策冲击的脉冲响应（续）

二、不同汇率制度预测

分别考虑不同的汇率制度及资本管制的组合，进一步分析不同的汇率制度及资本管制程度对美国货币政策冲击效应的影响。

1. 固定汇率制。如果国内采取固定汇率制，则

$$e_t = 0$$

式（3.34）变为

$$i_t = i_t^* + \varphi_{UIP,t}$$

这表明在固定汇率制下，为了维持名义汇率稳定目标，国内利率直接与外国利率相关，这样，国内难以通过改变汇率控制国内通胀，国内货币政策对国内利率的控制力度也下降。在这种情况下，存在资本流动的不同限制。如果资本是自由流动的，则 $\varphi_{UIP,t} = 0$；当 $\varphi_{UIP,t} \neq 0$ 时，表明存在资本管制，资本跨境流动的成本高。

2. 浮动汇率制度。浮动汇率制下，国内货币政策规则方程（3.39）变为

$$i_t = \rho_i i_{t-1} + (1 - \rho_i)(\varphi_\pi \pi_t + \varphi_y y_t + \varphi_x x_t) + \varepsilon_{m,t}$$

即货币政策不对名义汇率变动响应。在这种汇率制度下，同样考虑资本自

由流动及存在资本管制的两种情形。固定汇率制下，国内经济变量对美国货币政策的冲击响应见图 3′-2。显然，固定汇率制下，有无资本管制对国内经济变量的响应有较大影响。对于消费、汇率而言，美国货币政策冲击的影响在有资本管制时更大。对于产出、利率和国内资产价格而言，美国货币政策冲击的影响在无资本管制时更大。在现实中，中国香港是固定汇率制同时资本又自由流动的典型，中国香港的股票市场波动就和美国存在明显的同步性。对于中国而言，在固定汇率制下放松资本管制也可能导致美国货币政策冲击对国内股票市场产生更大的影响。

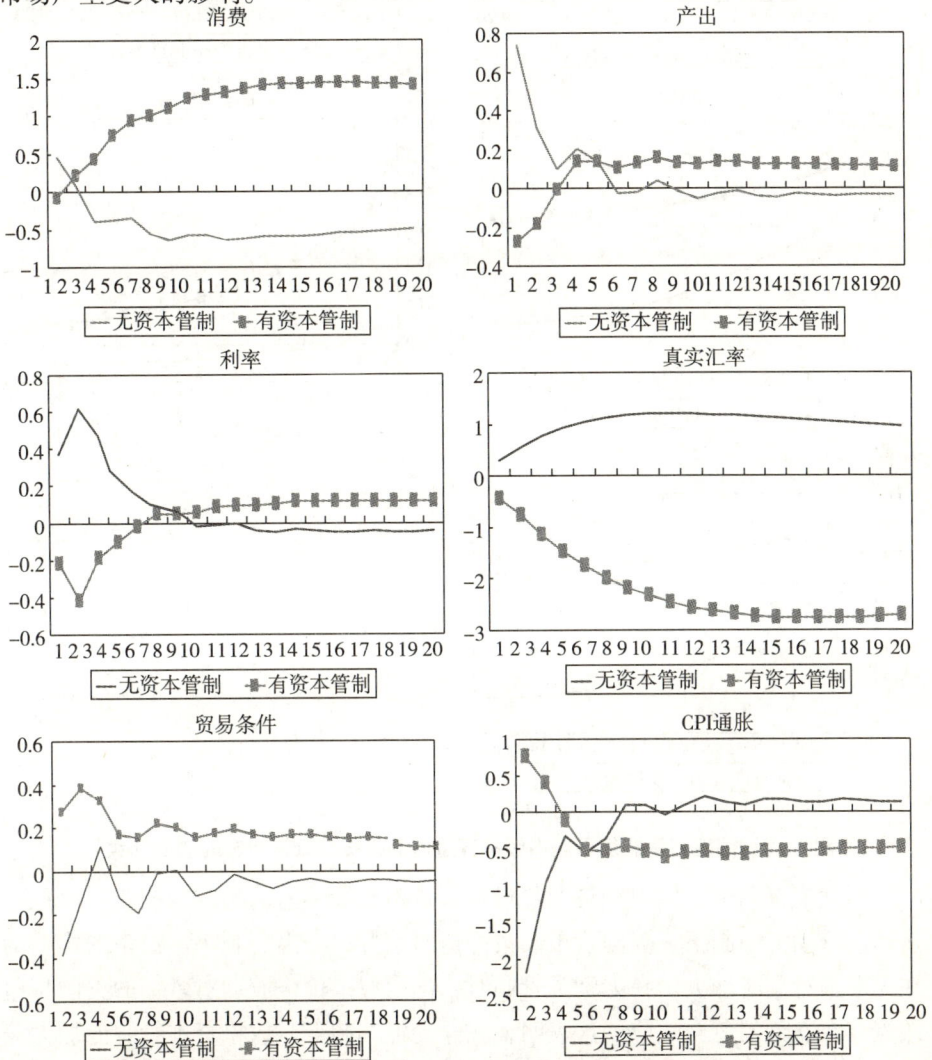

图 3-2　固定汇率制度下国内经济变量对美国货币政策冲击的响应

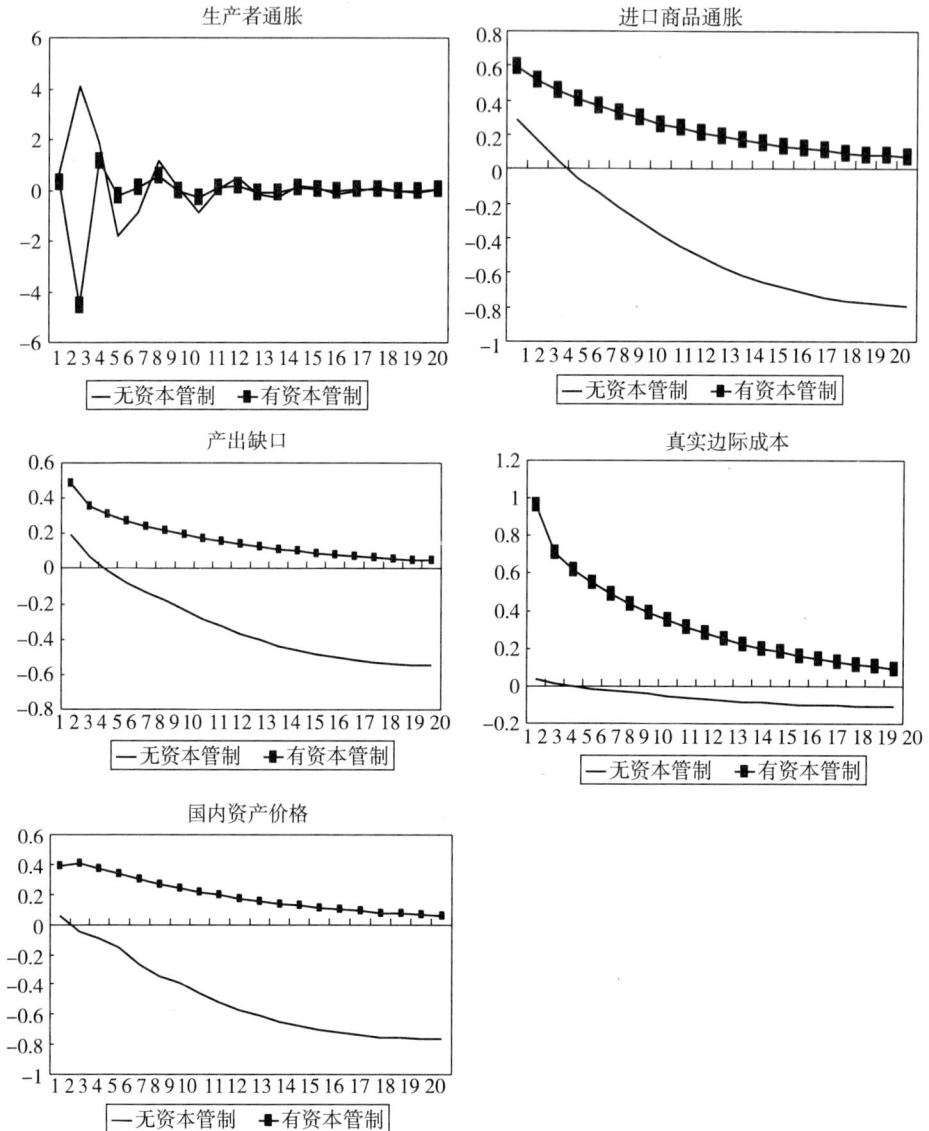

图 3 - 2　固定汇率制度下国内经济变量对美国货币政策冲击的响应（续）

　　浮动汇率制下，国内经济变量对美国货币政策冲击的响应如图 3 - 3 所示。显然，浮动汇率制下，美国货币政策冲击对消费、产出、利率、汇率的影响均在无资本管制时加大。在无资本管制时，国内股票价格波动对紧缩的美国货币政策存在立刻的负向响应。这表明，在浮动汇率制下，放松资本管制能加大美国货币政策对中国经济、金融的影响，并增强中美股市联动。

消费

产出

利率

真实汇率

贸易条件

CPI通胀

生产者通胀

进口商品通胀

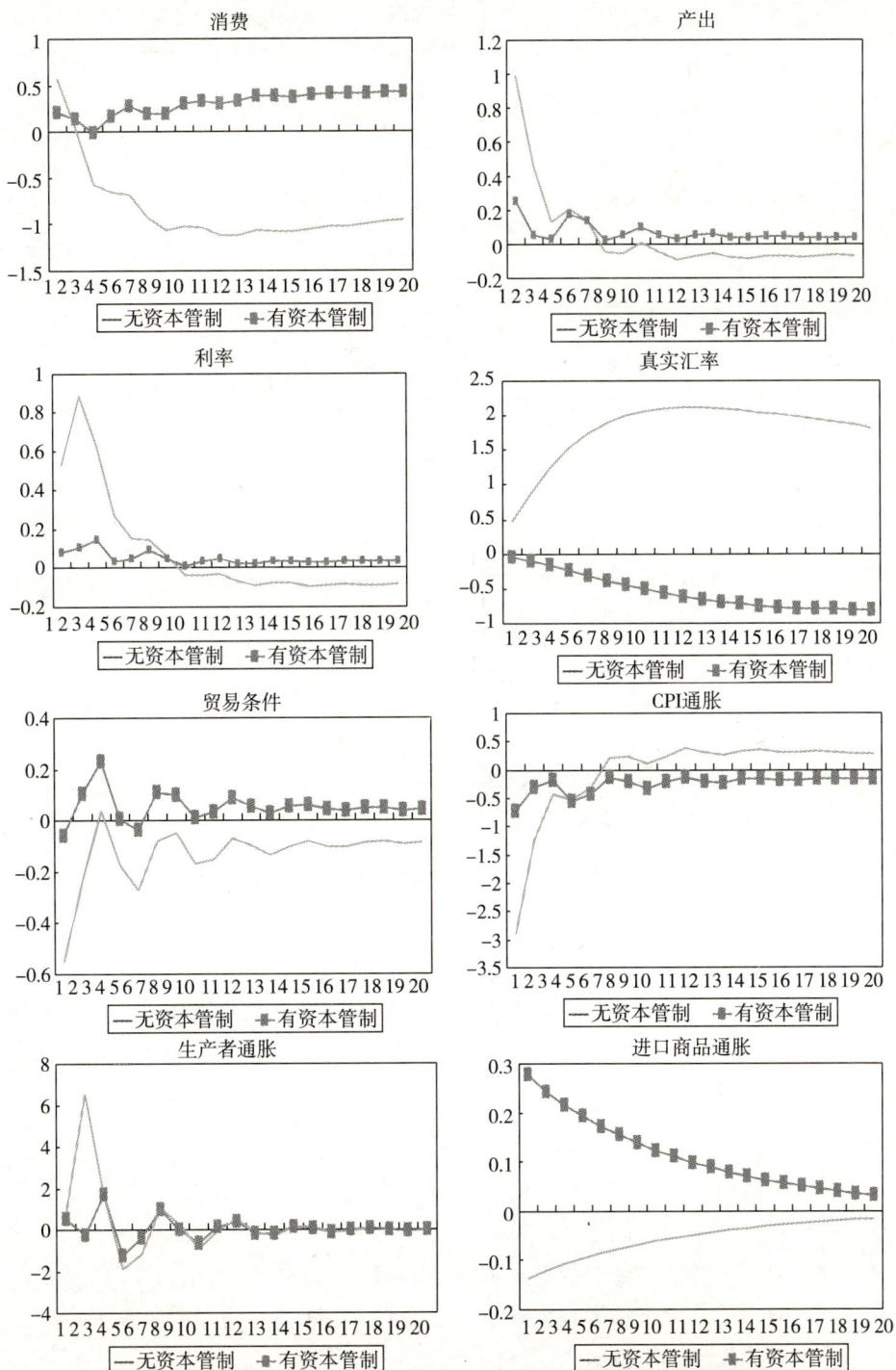

图 3 - 3 浮动汇率制下国内经济变量对美国货币政策冲击的响应

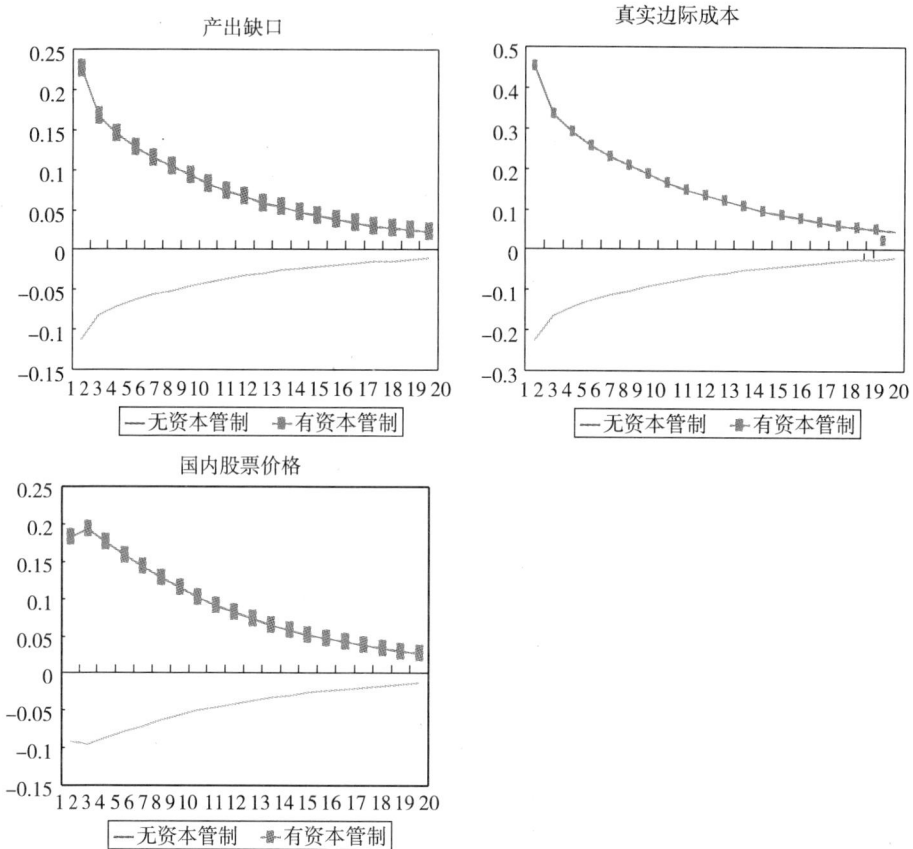

图 3 - 3　浮动汇率制下国内经济变量对美国货币政策冲击的响应（续）

三、组合冲击对国内经济变量的影响

由于人民币汇率弹性逐步扩大，因而这里以浮动汇率制为前提，分别预测各冲击与美国货币政策冲击的组合冲击效应，并分析不同情况下的中国经济稳定性。

（一）美国货币政策冲击与国内技术冲击

当美国货币政策紧缩，而同时国内因为技术改造或创新等因素出现正向技术冲击时，国内经济变量的响应也存在一定差异（见图 3 - 4）。存在国内技术冲击时，汇率、利率对美国货币政策冲击的响应相对较小。这导致美国货币政策冲击对国内股票价格的影响也较小。这表明，技术进步可以减少美国货币政策冲击的影响程度，维护国内经济的稳定。

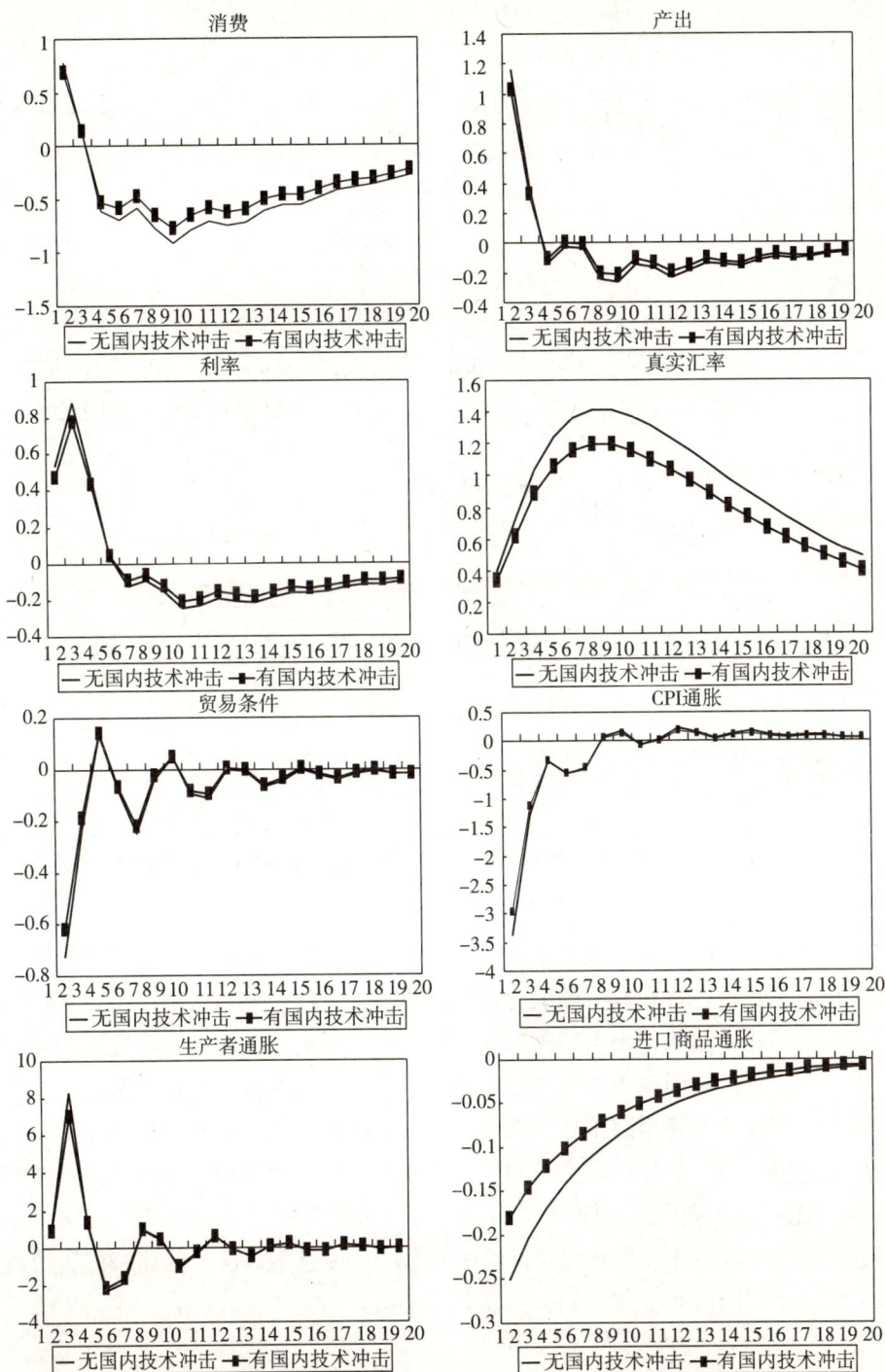

图 3-4 美国货币政策冲击与国内技术冲击的组合冲击效应

产出缺口

真实边际成本

国内股票价格

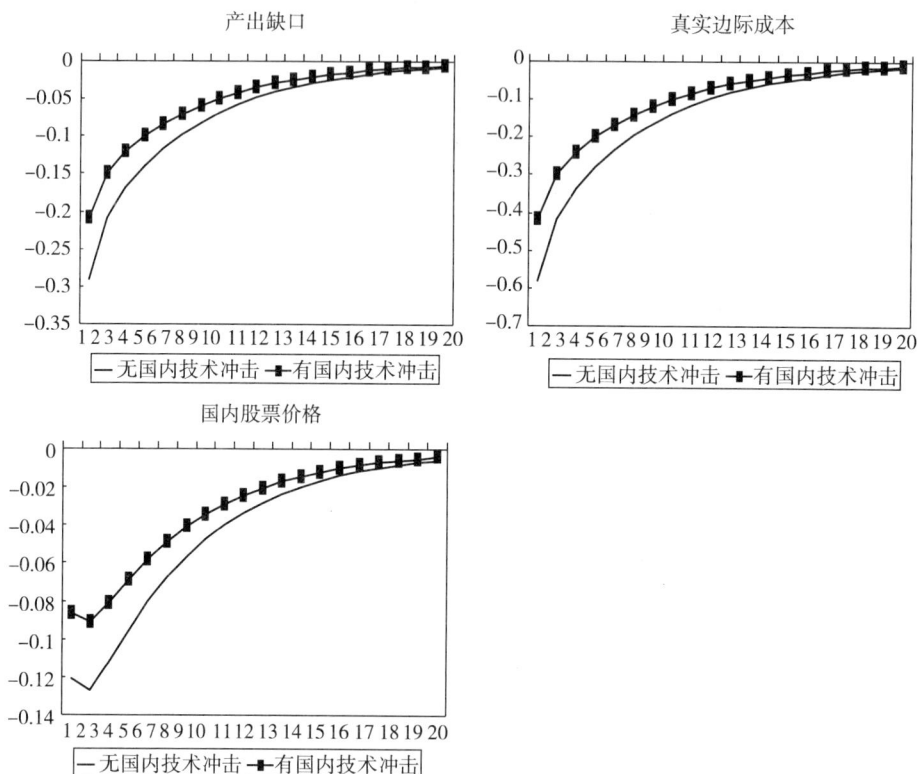

图 3 - 4 美国货币政策冲击与国内技术冲击的组合冲击效应（续）

（二）美国货币政策冲击与国内货币政策冲击

如果针对美国货币政策冲击，国内采取同样的货币政策，这时就出现了美国货币政策和国内货币政策的组合冲击（见图 3 - 5）。显然，国内是否采取行动，对美国货币政策冲击的跨国传导产生的作用不大，这表现为有无国内货币政策冲击，美国货币政策冲击的影响变化不大。这表明跨国货币政策协调的重点不在于跟随美国货币政策作出调整，而在于控制美国货币政策的制定上。由于历史原因，国际间的产品贸易和资本流动主要以美元计价，因而美元具有双重性，既是国际货币也是美国的国内货币，其货币政策会对全球资产市场造成巨大影响，美国货币政策冲击可能给全球经济带来巨大风险。因而跨国货币政策协调，更多的应是事前协调，而非事后协调。

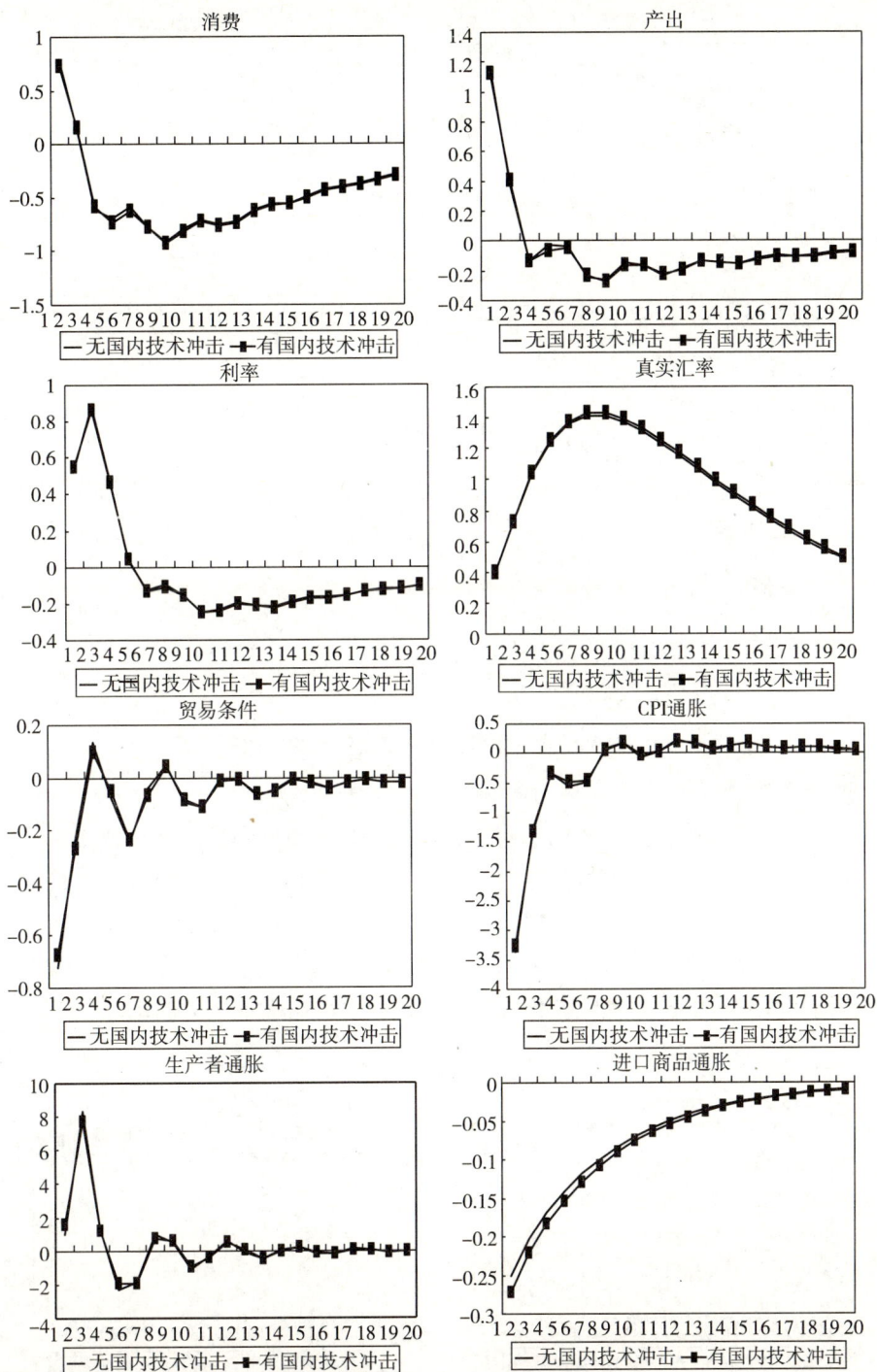

图 3-5　国内与国外货币政策冲击的组合冲击效应

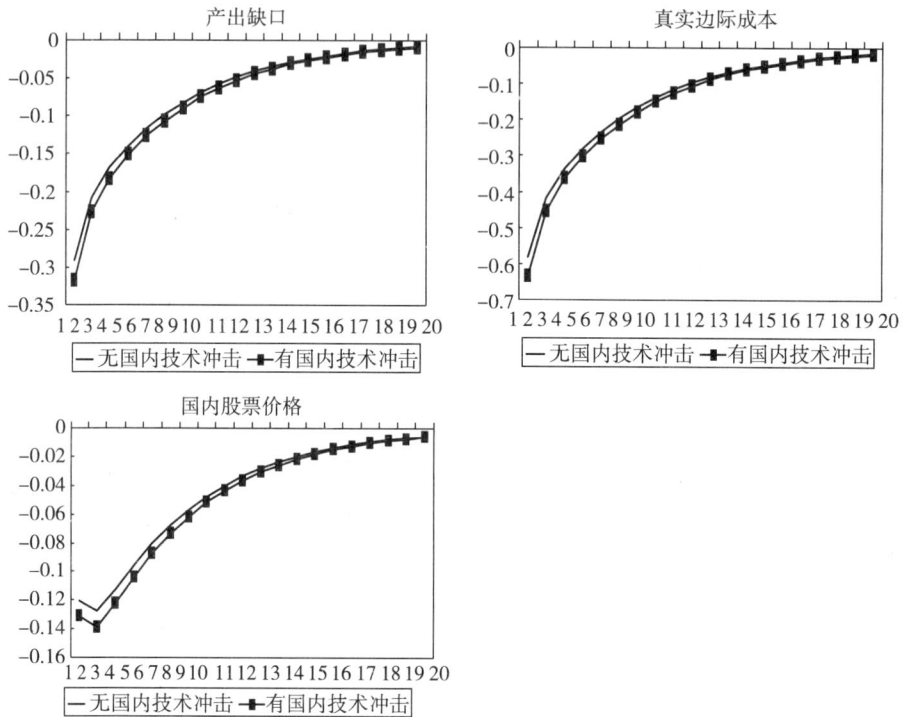

图3-5　国内与国外货币政策冲击的组合冲击效应（续）

（三）消费习惯冲击与美国货币政策冲击

当国内消费习惯发生变化，同时美国货币政策出现突变，此时就出现了消费习惯与美国货币政策的组合冲击（见图3-6）。显然，当美国货币政策冲击伴随国内消费习惯变化时，美国货币政策冲击对国内经济变量的影响加大，国内经济稳定性受到更大挑战。存在消费习惯冲击时，美国货币政策冲击对利率、汇率的影响方向均发生变化，导致了国内股票市场更大的波动。

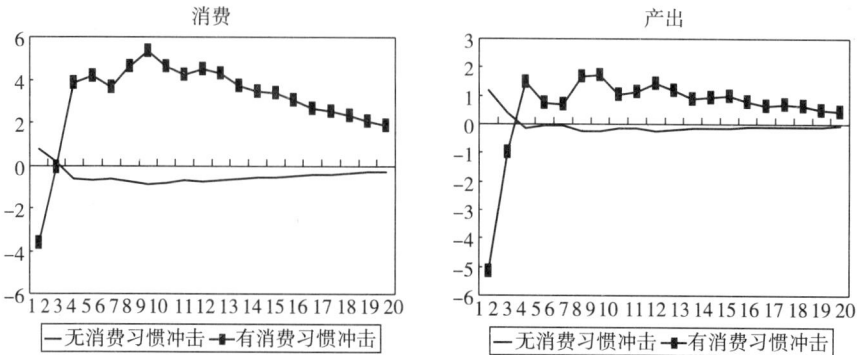

图3-6　美国货币政策冲击与国内消费习惯冲击

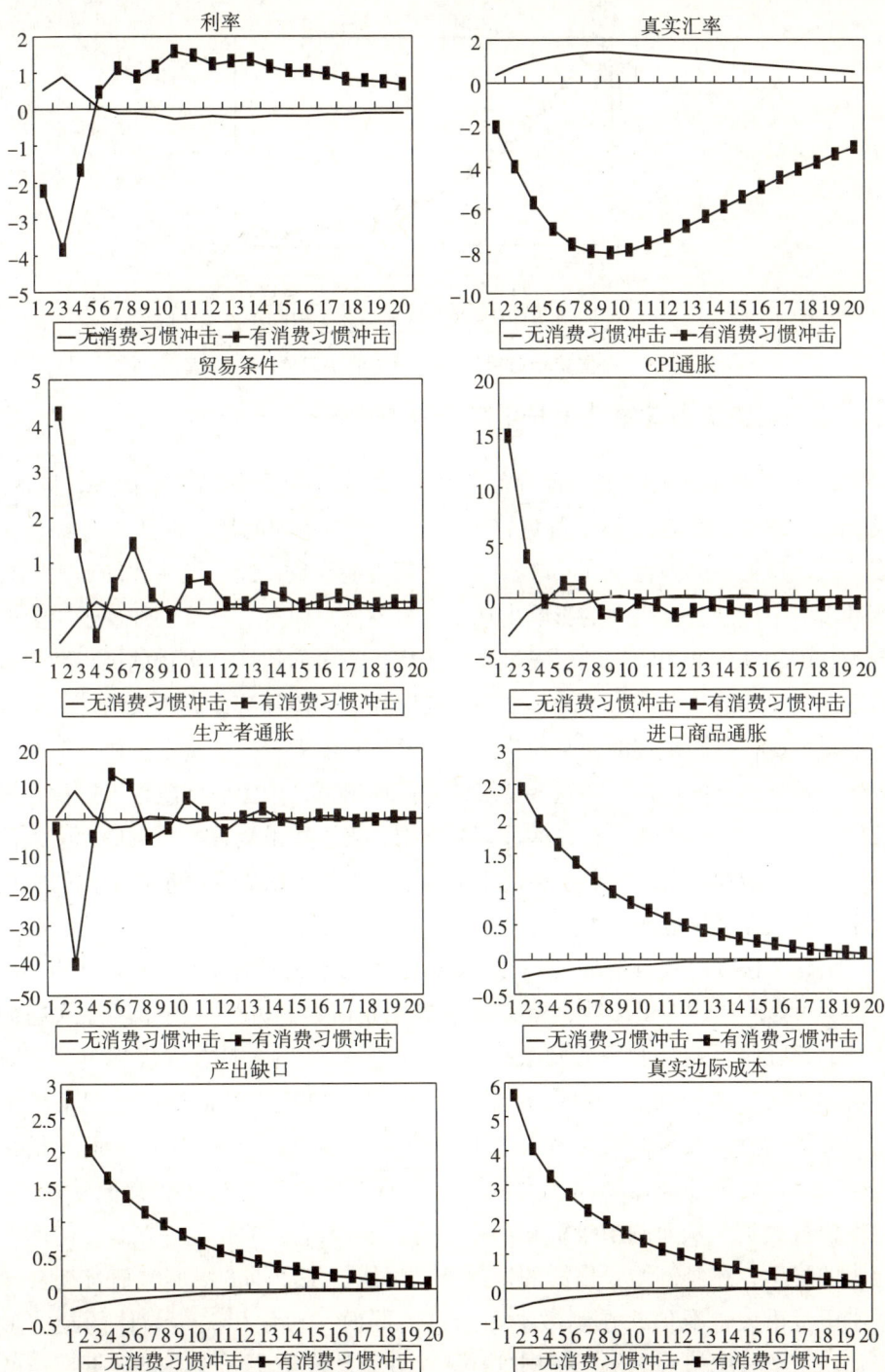

图 3 - 6　美国货币政策冲击与国内消费习惯冲击（续）

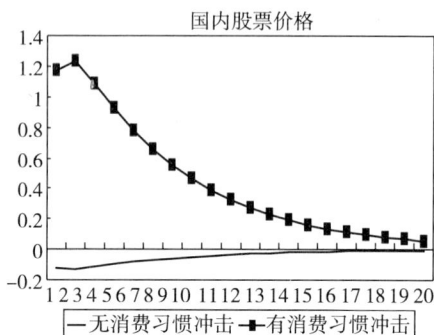

图3－6　美国货币政策冲击与国内消费习惯冲击（续）

四、美国货币政策冲击与中国经济稳定性

2008年金融危机以来，世界经济陷入衰退，贸易保护主义抬头，同时，美元锚变得极不稳定。为了避免锚定美元带来的系列问题，纠正对外经济失衡，人民币汇率的弹性也在不断扩大，这都可能导致人民币汇率波动加大，外部冲击对中国经济稳定性的影响出现了许多不确定因素。这些外部冲击主要表现为：国际油价的大幅波动引发世界经济增长放缓的担忧；次贷危机与欧债危机接踵而至，造成金融市场大幅波动，同时也对实体经济造成极大的冲击。为了应对危机，各国采用的非常规货币政策又导致了大规模的货币投放，形成通胀压力不断上升的局面。在这些持续的外部冲击下，中国经济能否维持稳定增长成为各方关注的焦点。在这些外部冲击中，美国货币政策冲击也最为引人注目。在经济增长乏力，失业率居高不下的压力下，美联储推出量化宽松的货币政策，给世界经济造成了很大的影响。

量化宽松货币政策俗称"印钞票"，是由日本央行在2001年提出的，指一国货币当局通过大量印钞、购买国债或企业债券等方式，向市场注入超额资金，旨在降低市场利率，刺激经济增长。该政策通常是在常规货币政策对经济刺激无效的情况下才被货币当局采用，即存在流动性陷阱的情况下实施的非常规的货币政策。量化宽松货币政策是一把"双刃剑"：一方面，量化宽松的货币政策能向市场注入大量资金，使市场利率维持在非常低的水平，促使银行放贷，从而刺激投资和消费，有助于经济复苏。另一方面，却埋下通胀的隐患，在经济增长停滞的情况下，可能引发严重的滞胀，而且还会导致本国货币大幅贬值，在刺激本国出口的同时，恶化相关贸易体的经济形势，产生贸易摩擦等。对于美国这样一个在全球经济中处于举足轻重地位的国家而言，实施这种激进的政策对其本国和全球经济的影响更是难以估量。

从历史上看，美元霸主地位使得美国货币政策冲击对全球经济产生了影响，同时也导致国际储备货币无限度地超量发行。1970 年以来全球基础货币或国际储备货币从 380 亿美元激增到今天超过 9 万亿美元，增速超过 200 倍，而真实经济增长还不到 5 倍。全球货币或流动性泛滥是今日世界金融和经济最致命的痼疾。美联储量化宽松货币政策则是全球货币或流动性泛滥之根源，也是全球汇率动荡或汇率争端的根源。这些都导致了美国货币政策冲击对中国经济的影响。

仍以浮动汇率为前提，考虑不同资本管制情况下美国货币政策冲击对中国经济稳定性的影响。显然，对于消费、产出、通胀率等经济变量而言，外汇管制能有效隔绝美国货币政策的影响，维护国内经济的稳定性。对利率、汇率而言，外汇管制也能隔绝美国货币政策影响，使得国内利率、汇率保持相对稳定。但国内股票价格的响应则不同，外汇管制并不能很好隔绝美国货币政策冲击对国内股票市场的影响，相反地，存在资本管制时，国内股票价格反而出现更大波动。这说明，股票市场对国外货币政策冲击的响应并不完全由经济基础影响，其影响因素更为复杂（见表 3－2）。

表 3－2　　不同资本管制下美国货币政策冲击对中国经济稳定性的影响

单位：%

	消费	产出	利率	实际汇率	贸易条件	CPI 通胀	生产者通胀	产出缺口	国内股票价格
无资本管制									
$\varepsilon_{m,t}^*$	0.4322	0.2608	0.2810	0.4437	0.1182	0.7828	1.6514	0.0272	0.0272
有资本管制									
$\varepsilon_{m,t}^*$	0.1193	0.0574	0.0332	0.2574	0.0594	0.1521	0.5858	0.0548	0.0549

注：表中所列 $\varepsilon_{m,t}^*$ 为美国货币政策冲击，表中所列为各变量标准差。

脉冲响应分析和国内经济稳定性分析表明，美国货币政策冲击对国内经济、金融变量均能产生影响，同时，也是国内经济稳定的重要影响因素。利率、汇率是美国货币政策跨国传导的重要渠道，不同的汇率制度安排和不同的资本市场管制程度都影响美国货币政策的跨国传导，同时，美国货币政策对中国经济稳定性的影响也受到资本管制程度的影响。固定汇率制下，国内资产价格对美国货币政策有更大的响应；在浮动汇率制下，资本管制并不能减少美国货币政策冲击对国内股票价格的影响，但能提高经济的稳定性。这表明，在人民币弹性逐步扩大的情况下，资本管制虽然不能完全隔绝金融市场的货币政策跨国传导，但能通过稳定实体经济，稳定国内的股票市场。另外，国内货币政策与美国货币政策的协调应该更多注意事前协调，而非事后协调。隔绝美国货币政策冲击对国内经济稳定的影响的根本，在于改革现有国际货币体系，改变美元的霸权地位。

第四章

中国股市对美国货币政策
冲击响应的实证研究

美国作为世界经济中心国,其货币政策通过跨国传导影响了别国的资产定价。2005年汇改后,人民币汇率弹性扩大,中国资产价格的定价更多受到来自外部的影响,美国货币冲击已经成为影响中国资产价格波动的重要因素。股票作为资产的重要组成部分,其波动与美国货币冲击的联系受到许多实证研究的关注。在中国经济对外开放程度不断提高的背景下,美国货币政策冲击也影响了国内资产价格的波动,同时成为中美股市联动的重要因素。但美国货币政策的代理变量有很多,不同的指标与中国股市的关联性不同,因而在选择美国货币政策指标时需要慎重。另外货币政策变量与货币政策冲击的识别存在紧密关联,在指标选取的基础上应进一步分析中国股市对美国货币政策冲击的响应,从实证上明确美国货币政策冲击对中国股市影响的机理。

第一节 中国股市与美国货币政策指标的关联

2005年以来,中国的资产价格出现了大幅度的波动,表明了不确定性的增加,金融风险的扩大。美国货币政策冲击对中国股市存在显著的影响,但哪种指标与中国资产价格波动存在更为显著的相关性却一直是理论研究和实证研究的难点。

一、变量的选取及相关指标的构造

货币政策冲击有多种衡量方法。为了找到更好的影响中国资产价格波动的指标,本文采用三个美国货币政策变量和两个二元货币政策变量。三个货币政策变量以联邦基金利率为基础(Bernanke 和 Blinder, 1992; Patelis, 1997;

Thorbecke，1997），因为 20 世纪 90 年代后，美联储一直以联邦基金利率作为货币政策操作目标。第一个变量是联邦基金月平均利率（*FFR*）。第二个变量是联邦基金利率的一阶差分（*DFFR*），其计算为 t 期的联邦基金利率减去 $t-1$ 期的联邦基金利率。第三个变量是联邦基金利差（*FFSPRD*），以联邦基金月平均利率减去同期的 10 年期国库券收益率的差得到。两个二元货币政策变量基于贴现率和联邦基金利率的变动得到。第一个二元变量（*DSC*）根据贴现率的上升和下降得到美国货币政策宽松还是紧缩的 0～1 变量（Jensen，1996）。如果贴现率下降，直到第一次出现上升，这种情况记为 0，表示宽松的货币政策。如果贴现率第一次上升，直到出现下降，这种情况记为 1，表示紧缩的货币政策。与此类似，以联邦基金利率的变动方向可以构造二元变量 FFRB，作为表示货币政策松紧的另一个指标。

　　除了货币政策指标，考虑到美国货币冲击与全球流动性的关系，还引入全球流动性冲击指标。全球流动性的衡量一般有三种方法，一是全球外汇储备量（Clark 和 Polak，2004；King，2005），二是美国基础货币数（Economist，2005 和 2007），三是主要经济体的货币总量或由此货币总量计算的货币总量指数（Delozier 和 Hissler，2005；Rüffer 和 Stracca，2007；Anderson，2007）。考虑到数据的可得性，本文选择美国基础货币（*USMB*）作为全球流动性指标，以 $USMBGR = (USMB_t - USMB_{t-1})/USMB_{t-1}$ 表示全球流动性的变动率，以 HP 滤波得到全球流动性缺口 *USMBGAP*，以 *USMBTR* 表示美国基础货币的变动趋势，以 *USMBC* 表示周期性变动，则 $USMBGAP = (USMB_t - USMBTR_t)/USMB_t$（$\lambda = 14\ 400$）。

　　为了反映资本流动及国内经济状况的影响，还选取国内出口、人民币实际汇率（*FER*）[①]、外汇储备、贸易差额（同期的出口减进口）、工业增加值、固定资产投资形成、消费物价指数（*P*）、信贷、同业拆借市场隔夜拆借利率（*IBO*1）、金融机构短期贷款基准利率（*R*）、广义货币供应量、狭义货币供应量等变量。除利率、汇率和贸易差额外，所有数据均经季节调整，并以消费物价指数作为平减指数调整为实际值。与 USMB 一样构造出口增长率（*EXPGR*）、出口变动缺口（*EXPGAP*）、汇率变动率（*FERGR*）、汇率变动缺口（*FERGAP*）、外汇储备增长率（*FXRGR*）、外汇储备变动缺口（*FXRGAP*）、贸易差额增长率（*TBGR*）、贸易差额变动缺口（*TBGAP*）、工业生产增长率

---

　　① 计算方法为：$FER = (P^*/P) \times PE$，其中 *FE* 表示名义汇率（人民币/美元），P^* 和 P 分别表示美国和中国的消费物价指数。

（*IPGR*）、固定资产投资增长率（*INVGR*）、固定资产投资缺口（*INVGAP*）、通胀变动率（*DCPIGR*）、信贷增长率（*CRDGR*）、信贷缺口（*CRDGAP*）、广义货币增长率（M_2GR）、广义货币缺口（M_2GAP）、狭义货币增长率（M_1GR）、狭义货币缺口（M_1GAP），同时构造利差变量 *FFRSPRED*（联邦基金利率减去 *R*）和 *FISPREAD*（联邦基金利率减去 *IBO1*）。

所有数据均为月度数据，数据长度为 2002 年 12 月至 2011 年 12 月。

二、相关性及因果关系分析

（一）相关性分析

首先计算中国股市的变动率 ΔSP，以 CL_t 表示上证指数月收盘指数，则

$$\Delta SP_t = (CL_t - CL_{t-1})/CL_{t-1} \tag{4.1}$$

其次，考察美国货币政策指标与中国股票市场波动的相关性（见表 4 - 1）。显然 *FFR*、*DFFR*、*FFSPRD*、*USMBGAP* 与中国资产价格波动表现出了显著的相关性，其中 ΔSP 与全球流动性缺口的相关性表现得最为明显，相关性达到 0.334，而且在 1% 水平上显著；上证指数波动性与 *FFR*、*FFSPRD* 也表现出了显著的相关性。同时，这里选取的几个美国货币政策指标间也存在显著的相关性，*FFR* 与 *FFSPRD* 间的相关性最高，达 0.941；*FFRB* 与 *DFFR* 间也表现出了较高的相关性，达 0.537。而与 *SZZS* 波动相关性较大的 *FFR* 与 *USMBGAP* 间也存在显著的相关，这表明美国货币政策与全球流动性间存在显著关联。而且，除了 *DFFR* 外，*FFR* 与其他指标间都存在显著的相关性。

表 4 - 1　　　　　　美国货币冲击与上证指数波动的相关性

	ΔSP	*FFR*	*FFRB*	*DFFR*	*FFSPRD*	*DSC*	*USMBGR*	*USMBGAP*
ΔSP	1							
FFR	0.259**	1						
FFRB	0.090	0.281**	1					
DFFR	0.199*	0.092	0.537**	1				
FFSPRD	0.258**	0.941**	0.220*	0.016	1			
DSC	0.111	0.242**	0.516**	0.517**	0.273**	1		
USMBGR	−0.112	−0.205*	−0.312**	−0.485**	−0.195*	−0.195*	1	
USMBGAP	0.334**	−0.180*	0.179*	0.419**	−0.204*	0.193*	0.114	1

注：* 表示在 5% 的水平上显著，** 表示在 1% 的水平上显著（单尾）。

最后，考察国内经济变量、利差变量与 ΔSP 之间的相关性（表 4 - 2），

结果表明，ΔSP 与 $IBO1$、R、$EXPGAP$、$CRDGAP$、M_2GAP、M_1GR、FFR-$SPREAD$、$FISPREAD$ 之间存在显著的相关性。其中 M_2GAP 与 ΔSP 之间表现出了最为显著的相关性，国内利率水平、国内信贷缺口、国内与美国的利差都表现出了与股市波动间的较强相关性，出口作为实体经济因素与国内资产价格的波动也存在显著的相关性。这表明国内股票市场波动主要受国内信贷及流动性影响，中美利差反映了资本流动情况，对国内股票市场波动也存在重要的影响。另外，出口缺口直接与国内外汇储备变动有关，能改变国内流动性，并对资产价格波动产生作用。

表 4 - 2 国内经济金融变量与 **ΔSP** 的相关性

	$IBO1$	R	$EXPGR$	$EXPGAP$	$FERGR$	$FERGAP$	FER	$FXRGR$
ΔSP	-0.216^*	-0.234^{**}	-0.002	-0.209^*	-0.074	-0.148	0.086	0.136
	$FXRGAP$	$TBGR$	$TBGAP$	$IPGR$	$INVGR$	$INVGAP$	P	PGR
ΔSP	0.041	0.001	0.075	-0.107	-0.070	0.081	-0.154	0.099
	$CRDGR$	$CRDGAP$	M_2GR	M_2GAP	M_1GR	M_1GAP	$FFRSPRED$	$FISPREAD$
ΔSP	0.111	0.317^{**}	0.128	0.384^{**}	0.164^*	0.149	0.351^{**}	0.311^{**}

注：*表示在 5% 的水平上显著，** 表示在 1% 的水平上显著（单尾）。

（二）因果关系检验

进一步地考察存在显著相关性的变量与 ΔSP 的因果关系（见表 4 - 3）。因为美国货币冲击是中国不能控制的，所以只考察单向的因果关系。结果表明，FFR 在 5% 的显著水平下是 ΔSP 变动的原因，$DFFR$ 在 10% 的水平下是 ΔSP 变动的原因，$USMBGAP$ 在 1% 的水平下是 ΔSP 变动的原因，而 $FFSPRD$ 则在 5% 水平下是 ΔSP 变动的原因。对于国内经济、金融变量，R、$CRDGAP$、M_1GR、$FISPREAD$ 表现出了与 ΔSP 互为因果关系，表明这些变量在影响资产价格波动的同时，也会因为资产价格的波动而发生变化。R 作为国内的基准利率之一受到 ΔSP 的影响，表明国内货币政策已经对资产价格变动作出反应了。同时，ΔSP 是狭义货币供应量变动的格兰杰原因，这从一个侧面反映了我国现阶段货币供给的内生性问题，同时也反映了伴随资产价格波动，国内储蓄在定期存款和活期存款之间转移的事实。$IBO1$、M_2GAP、$FFRSPREAD$ 与资产价格波动存在单向因果关系，作为中美基准利率利差的 $FFRSPREAD$ 对 ΔSP 波动的影响，充分表明中美货币政策相对变动是国内资产价格的波动的至关重要的原因，而 $EXPGAP$ 与国内资产价格波动不存在因果关系。

表4-3　　　　　　　各变量与中国股票价格波动的因果检验

原假设	观测点	F统计值	概率	原假设	观测点	F统计值	概率
美国货币政策指标							
FFR 不是 ΔSP 的格兰杰原因	108	4.337	0.0397	$DFFR$ 不是 ΔSP 的格兰杰原因	108	2.803	0.097
$FFSPRD$ 不是 ΔSP 的格兰杰原因	108	4.257	0.042	$USMBGAP$ 不是 ΔSP 的格兰杰原因	108	12.203	0.0007
国内经济、金融变量							
$IBO1$ 不是 ΔSP 的格兰杰原因	108	4.321	0.040	ΔSP 不是 $IBO1$ 的格兰杰原因	108	0.800	0.373
R 不是 ΔSP 的格兰杰原因	108	5.045	0.027	ΔSP 不是 R 的格兰杰原因	108	9.978	0.002
$EXPGAP$ 不是 ΔSP 的格兰杰原因	108	2.402	0.124	ΔSP 不是 $EXPGAP$ 的格兰杰原因	108	0.598	0.441
$CRDGAP$ 不是 ΔSP 的格兰杰原因	108	5.530	0.021	ΔSP 不是 $CRDGAP$ 的格兰杰原因	108	6.277	0.014
M_2GAP 不是 ΔSP 的格兰杰原因	108	9.700	0.002	ΔSP 不是 M_2GAP 的格兰杰原因	108	1.865	0.175
M_1GR 不是 ΔSP 的格兰杰原因	108	5.008	0.027	ΔSP 不是 M_1GR 的格兰杰原因	108	9.591	0.003
$FFRSPRED$ 不是 ΔSP 的格兰杰原因	108	9.708	0.002	ΔSP 不是 $FFRSPRED$ 的格兰杰原因	108	0.026	0.873
$FISPREAD$ 不是 ΔSP 的格兰杰原因	108	7.354	0.008	ΔSP 不是 $FISPREAD$ 的格兰杰原因	108	2.606	0.109

三、因素分析

上述分析能够说明各变量与中国资产价格波动的相关性，但不能说明各变量对中国资产价格波动的贡献程度及这种影响的变化趋势，因此进一步采用因素分析法提取影响中国资产价格波动的公因子。

（一）基本方法

假设影响中国股票指数收益的各变量，可各自被描绘为一个 p 维的向量系 $(x_1, x_2, \cdots, x_p)$ 并被转换成一维的主成分。主成分将多个变量通过线性变换以选出较少的重要变量，例如，如果 j 代表第 j 组主成分（y）：

$$y_j = \sum_{i=1}^{p} a_{ji} x_{ji}$$

第一组主成分（y_1）是在满足权重平方的和等于 1 的约束下，

$$\sum_{i=1}^{p} a_{1i}^2 = 1$$

方差最大的线性组合。由于 y_1 的方差最大，y_1 与原始变量 x_1，x_2，…，x_p 相关系数的平方和也应是最大的。主成分分析技术通过以上方法选择最佳权重向量（a_{11}，a_{12}，…，a_{1p}），y_1 包含的信息最多。如果第一组主成分不足以代表原来 p 维指标的信息，可考虑选取第二组主成分（y_2）。计算第二组最佳权重向量（a_{21}，a_{22}，…，a_{2p}），在最大化 y_2 方差的同时，为了有效地反映原有信息，y_1 已有的信息就不需要再出现在 y_2 中，Cov（y_1，y_2）=0。如此一来，在所有的线性组合中选取的 y_2 应该有第二大的方差。依此类推可以构造出第三、第四、……、第 p 组主成分，且每一组与前一组无相关性，Cov（y_j -1，y_j）=0，$j=2$，3，…p。

在进行主成分分析前，对所有指数进行标准化处理，这样可以消除不同变量之间量级和量纲之间的影响，使各个指标具有可比性。变量标准化的方法是将所有变量映射到 0 到 100 的区间中。计算方法为

$$X' = (X_{mn} - X_{\min}) \times 100 / S_m$$

式中，X' 表示标准化后的变量数值，X_{mn} 表示第 m 个时期第 n 个变量的数值，$X_{\min}$ 为这些指标的最小值，S_m 为最大值与最小值的差。

本研究先利用动态因素分析法分析影响国内资产价格波动的货币政策及宏观经济、金融因素，随后分析这些因素的动态演变，考察不同阶段各因素对股票价格波动影响的变迁。

（二）分析结果

选择和股票价格波动存在相关性和因果关系的变量，首先对数据进行标准化处理，然后选择 3 个公因子，以主成分分析法提取公因子，得出变量相关系数矩阵 R 的特征值及贡献率（见表 4-4）。变量的相关系数矩阵存在三个最大的特征根主因子，其累计贡献率为 80.189%，因此可以说这三个主因子已经包含了所有变量的大部分信息，而且 $F1$、$F2$ 是影响中国资产价格波动的主要因素。

表 4 - 4　　　　　　　　　　相关系数矩阵的特征值及贡献率

变量	特征值	贡献率（%）	累计贡献率（%）	变量	特征值	贡献率（%）	累计贡献率（%）
1	3.970	36.087	36.087	6	0.446	4.057	97.179
2	3.776	34.324	70.412	7	0.181	1.645	98.824
3	1.076	9.778	80.189	8	0.089	0.813	99.637
4	0.817	7.429	87.619	9	0.040	0.363	100
5	0.605	5.502	93.121				

　　为使因子之间的信息更加独立，对因子负荷阵进行最大方差正交旋转，旋转后得因子载荷矩阵（见表 4 - 5）。显然第一个因子 $F1$ 对 FFR、$FISPREAD$、$FFRSPRED$、$FFSPRD$ 有绝对值较大的相关系数，而这四个变量代表了美国货币政策及中美两国利差，主要包含了美国货币政策冲击和国际资本流动信息。第二个因子 $F2$ 对 $CRDGAP$、M_2GAP、$DFFR$、R、$USMBGAP$ 有绝对值较大的相关系数，主要表现为美国货币政策变动、信贷及全球和国内流动性信息。由于信贷直接与货币供给相关，因而国内信贷缺口、贷款利率及广义货币缺口反映了国内流动性的变化，而 $DFFR$ 反映了美国货币政策的变动方向，能直接对全球流动性产生影响。第三个因子 $F3$ 对 $IBO1$ 和 M_1GR 有绝对值较大的相关系数，货币市场信息。当货币市场资金供给充足时，同业拆借利率下降，同时 M_1 增加，这都会改变投资者的资产选择，并对股票市场波动产生影响。

表 4 - 5　　　　　　　　　　因子载荷矩阵

	主成分				主成分		
	$F1$	$F2$	$F3$		$F1$	$F2$	$F3$
FFR	0.990	-0.054	-0.075	$DFFR$	0.145	0.744	-0.107
$FISPREAD$	0.970	0.045	0.201	R	0.319	-0.728	-0.452
$FFRSPRED$	0.967	0.166	0.059	$USMBGAP$	-0.127	0.662	0.377
$FFSPRD$	0.948	-0.153	-0.089	$IBO1$	-0.168	-0.285	-0.805
$CRDGAP$	-0.010	0.869	0.157	M_1GR	-0.023	0.097	0.775
M_2GAP	0.078	0.853	0.230				

　　描绘三个因子的变动趋势，得到因子变动趋势图（见图 4 - 1），图中可以看出各因子对中国资产价格波动的影响程度的变化趋势。从 2002 年至 2005 年，美国货币政策及国际资本流动因素对资产价格波动的影响程度变化较小，2005 年到 2008 年则明显上升，这正好出现在人民币汇改前后。2006 年到 2007

年，F1 的影响力维持在高位；而 2008 年末至 2009 年，出现了明显的下降。对于流动性因素 F2 来说，也出现了类似变动趋势，只是变动滞后于 F1 的影响变动，这与美国货币政策跨国传导的滞后性和国内货币政策的响应有关。2007 年末，流动性因素的影响力显著下降，这主要是受到全球金融危机的影响，与资产价格波动更多地受到非流动性因素的影响有关。2009 年至 2010 年，流动性因素又成为重要的影响资产价格变动的因素。这主要与危机后的刺激政策有关。为了刺激经济，2009 年初，国务院确立了贷款增长 5 万亿元以上的目标，相对于 8% 的 GDP 增长和 4% 的 CPI 增长是一个适度宽松的货币政策。然而上半年执行情况却是贷款增长 7.37 万亿元。高速的信贷增长，加大了资产价格上涨压力，同时伴随人民币升值预期，为金融风险埋下隐患。总的来说，F3 对资产价格波动的影响力没有很明确的变动趋势，只是在 2008 年至 2009 年间出现了较为显著的上升，特别是在 2008 年末急剧上升，这表明这一阶段中国股票价格波动的影响因素中，货币市场的影响显著加大。这一方面与美元贬值预期对全球资产定价的冲击有关，另一方面与国内出现的货币资产规模大幅变动有关。金融危机爆发后，现金为王成为投资者的重要资产选择，投机性货币需求出现大幅波动，这导致货币市场变动对资本市场波动产生重要影响。

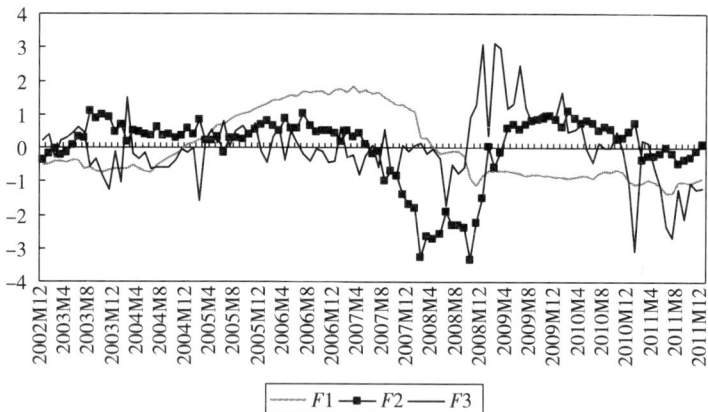

图 4-1 影响因子的变动趋势

第二节 回归分析

相关性分析表明不同的美国货币政策与中国股市的关联不同，因而在选择美国货币政策的代理变量时应该慎重。进一步地，利用计量分析可以确定各指标是如何与中国股市相关联的，而且在不同的货币政策姿态下，中国股市对美国货币政策响应的差异。

一、方法

为了考察不同的美国货币政策指标对中国股市的影响，首先设置计量模型

$$\Delta SP_t = c + \alpha MP_t + \beta IPGR_t^* + \varepsilon_t \qquad (4.2)$$

其中，MP 指美国货币政策指标，IP^* 是美国工业生产指数，作为经济行为的代理变量，这样可以分别考察不同的货币政策指标是如何影响国内股市波动的。

为了进一步考察不同货币政策姿态下国内股市对美国货币政策的响应，以二元变量 $FFRB$ 作为判断标准。当二元变量为 1 时，表明处于紧缩的货币政策环境中。相反地，当二元变量为 0 时，则认为美国货币政策为紧缩的。分别以 P_1、P_2 代表宽松的和紧缩的货币政策姿态，则：

$$\Delta SP_t = c + \alpha_1 [P_1 \times MP_t] + \alpha_2 [P_2 \times MP_t] + \beta IPGR_t^* + \varepsilon_t \qquad (4.3)$$

当二元变量为 0 时，则 P_1 为 1，P_2 为 0；当二元变量为 1 时，则 P_2 为 1，P_1 为 0。这样就可以将回归分为两个时间段，一是宽松的货币政策时期，二是紧缩的货币政策时期。

二、回归结果

表 4-6 列出了方程（4.2）的回归结果。在所有的回归中，中国股市与美国工业生产变动率呈负相关，而且均在 1% 水平上显著，这表明美国的经济增长状况对中国股市存在显著的影响。当美国经济增长的情况下，中国股市月收益率上升；反之，美国经济下滑，会导致中国股市下跌。比较而言，中国股市对全球流动性缺口最为敏感，全球流动性增加一个单位，会导致国内月股市收益率增加 0.265 个单位。美国货币政策指标都与国内股市存在显著的关联，表明中国股市均对这几个指标产生响应。

表 4-6　　　　　　　　方程（4.2）的回归结果（109obs）

	回归 1		回归 2		回归 3		回归 4	
	系数	t 值	系数	t 值	系数	t 值	系数	t 值
常数项	-0.017**	-15.518	0.007**	25.833	0.030**	15.754	0.006**	5.028
FFR	0.011**	38.812						

续表

	回归1		回归2		回归3		回归4	
	系数	t值	系数	t值	系数	t值	系数	t值
DFFR			0.096**	19.168				
FFSPRD					0.014**	20.604		
USMBGAP							0.265**	17.822
IPGR*	-1.201**	-11.929	-1.434**	-26.504	-0.885**	-4.701	-1.417**	-10.161
$\overline{R^2}$	0.9488		0.9507		0.9586		0.9528	
Prob.	0.0000		0.0000		0.0000		0.0000	
D.W.	1.5880		1.5843		1.6118		1.743	

注：** 表示在1%的水平上显著。为了消除异方差，回归均采用加权最小二乘法，权数为普通最小二乘法估计出的残差的绝对值的倒数，即 $1/|\varepsilon|$。

进一步地，估计方程（4.3）。首先考虑 P_1 为1的情况，即美国货币政策姿态宽松的情况（见表4-7）；其次是 P_1 为0，即美国货币政策姿态紧缩的情况（表4-8）。与全样本回归结果相比，宽松的货币政策环境下，中国股市对 FFR 和 FFSPRD 的敏感性下降，但对 DFFR 和 USMBGAP 的敏感性上升，同时对 USIPGR 的敏感性下降。这表明，在美国宽松的货币政策下，国内经济与美国经济的关联有所下降，而市场对美国货币政策目标的关注度下降。在紧缩的货币政策环境下，国内股市对美国货币政策指标的敏感度明显上升，而对 USMBGAP 的敏感度略有下降。

表4-7　　　　　　宽松货币政策环境下的回归结果（55obs）

	回归1		回归2		回归3		回归4	
	系数	t值	系数	t值	系数	t值	系数	t值
常数项	-0.011**	-2.794	0.014**	23.780	0.016**	17.719	0.004*	2.208
FFR	0.007**	7.495						
DFFR			0.125**	3.920				
FFSPRD					0.007**	5.991		
USMBGAP							0.2831**	7.909
IPGR*	-0.730	-1.318	-1.264**	-5.052	-0.705	-1.394	-0.983**	-4.463
$\overline{R^2}$		0.7664		0.9436		0.9020		0.6286
Prob.	0.0000		0.0000		0.0000		0.0000	
D.W.	1.6726		2.0394		1.5952		1.9553	

注：* 表示在5%的水平上显著，** 表示在1%的水平上显著。为了消除异方差，回归均采用加权最小二乘法，权数为普通最小二乘法估计出的残差的绝对值的倒数，即 $1/|\varepsilon|$。

比较宽松的货币政策环境和紧缩的货币政策环境，可以发现在美国货币政策采取紧缩姿态时，国内股市对几个美国货币政策指标的响应显著增强。而且，对美国经济增长的响应也显著增强，而且几种指标中，FFR 的表现最好。这表明，在紧缩的货币政策下，国内市场更易受到美国货币政策的影响。而且在这种情况下，美国经济增长也能通过贸易及对投资者信心的影响反映到中国股市的波动上来。

表 4-8　　　　　　　　紧缩货币政策环境下的回归结果 （54obs）

	回归 1		回归 2		回归 3		回归 4	
	系数	t 值	系数	t 值	系数	t 值	系数	t 值
常数项	- 0.022**	- 46.937	0.0235**	9.5687	0.039**	14.169	0.008*	1.977
FFR	0.013**	37.223						
$DFFR$			- 0.121**	- 10.129				
$FFSPRD$					0.018**	17.559		
$USMBGAP$							0.2232**	5.141
$IPGR^*$	- 2.203	- 29.945	- 1.519**	- 7.039	- 1.665	- 4.570	- 1.733**	- 6.342
$\overline{R}^2$	0.9994		0.6606		0.8533		0.7856	
$Prob.$	0.0000		0.0000		0.0000		0.0000	
$D.W.$	1.8115		1.5482		1.8119		1.4295	

注：* 表示在 5% 的水平上显著，** 表示在 1% 的水平上显著。为了消除异方差，回归均采用加权最小二乘法，权数为普通最小二乘法估计出的残差的绝对值的倒数，即 $1/|\varepsilon|$。

第三节　中国股市对美国货币政策冲击的响应分析

通过分析不同美国货币政策指标与中国股市波动的关联性，可以发现联邦基金利率与中国股市的关联性最强，而且联邦基金利率也与全球流动性存在显著的关联，因而，以联邦基金利率作为美国货币政策的代理变量最为可靠。进一步地，采用 SVAR 模型实证分析美国货币政策冲击对中国股市波动的影响机制。

一、模型及数据

第三章的理论模型表明，中国股市受到来自外部及国内的冲击，以此为基础，构造 SVAR 模型，分析各冲击对中国股市的影响，特别地，分析中国股市对美国货币政策冲击的响应。

（一）SVAR 模型

假设中美两国经济体可以由结构方程描述

$$B(L)y_t = u_t \tag{4.4}$$

其中，$B(L)$ 是滞后算子 L 的 $k \times k$ 的参数矩阵，$B(L) = B_0 - \Gamma_1 L - \Gamma_2 L^2 - \ldots - \Gamma_p L^p$，$B_0 \neq I$。$y_t$ 表示经济体系中的各经济变量。u_t 为结构冲击向量且 $E(u_t u'_t) = I_k$。

结构方程的简化式为

$$A(L)y_t = \varepsilon_t \tag{4.5}$$

其中，ε_t 为白噪声序列，$A(L)$ 是滞后算子 L 的参数矩阵，而且 $A(L) = I_k - \Gamma_1 L - \Gamma_2 L^2 - \cdots - \Gamma_p L^p$。根据方程（4.4）和方程（4.5），可得

$$C(L)\varepsilon_t = D(L)u_t \tag{4.6}$$

其中，$C(L) = A(L)^{-1}$，$D(L) = B(L)^{-1}$，因为 $C_0 = I_k$，所以

$$D_0 u_t = \varepsilon_t \tag{4.7}$$

对方程（4.7）两边平方取期望，可得

$$D_0 D'_0 = \sum \tag{4.8}$$

这表明 SVAR 模型可以通过对 D_0 施加约束来识别，利用传统的基于 Choleskey 分解的递归方法即可获得参数估计。利用 SVAR 模型，首先可以在基本模型中识别四种冲击，即美国供给冲击、需求冲击、货币政策冲击和以国际石油价格指数表示的共同冲击：

$$u'_t = \begin{bmatrix} u_t^s & u_t^d & u_t^m & u_t^c \end{bmatrix}$$

随后，采用边际方法（Uhlig，2003；Kim，2001）逐步添加中国经济变量，进一步分析美国货币政策冲击对中国股市及各经济变量的影响。最后，在一个统一的框架中纳入所有变量，分析中国股市对各种冲击的响应。

（二）基础识别方法

根据相关文献，为了识别美国货币政策冲击及其他外部冲击对中国股市的影响，与 Peersman（2002）相似，假设美国经济为一个大的开放经济体，这样，方程（4.4）可以写为

$$\begin{bmatrix} ip_t^* \\ p_t^* \\ FFR_t \\ wop_t^* \end{bmatrix} = \begin{bmatrix} B_0 - \sum_{i=1}^n B_i \end{bmatrix}^{-1} \begin{bmatrix} u_t^s \\ u_t^d \\ u_t^m \\ u_t^c \end{bmatrix} \tag{4.9}$$

其中，共同冲击以国际油价（ WOP_t^* ）作为代理变量，P_t^* 表示美国物价水平，联邦基金利率（ FFR_t ）作为美国货币政策的代理变量，而 IP_t^* 表示美国经济增长。式中小写字母表示对各变量取对数。这样，利用这一简单模型就可以识别美国货币政策冲击及其他外部冲击。

（三）扩展模型

为了检验美国货币政策冲击对中国变量的影响效应，通过增加中国经济变量扩展基础模型。国内变量包括国内工业生产（ IP_t ）和消费物价指数（ P_t ），用上证指数（SP）作为股票价格的代理变量。其他变量还包括短期贷款利率（ R_t ）和真实双边汇率（ FER_t ）。

数据长度为 2002 年 12 月至 2011 年 12 月。除利率、汇率外，所有数据均经季节调整。数据为月度数据。除利率为年利率外，其余数据均采用对数形式，国内工业生产、上证指数均经物价指数平减为实际值。

二、计量分析

通过在基础模型中逐步增加中国变量的方式，分析美国冲击对中国经济及金融变量的影响。当滞后期为 3 时，所有单位根落于单位圆内，因而系统是稳定的。

（一）美国供给冲击

国内工业生产对美国供给冲击的响应为正。一个标准差的美国供给冲击能立刻引起国内产出增加，随后出现下降，表明美国产出增加也能增加国内产出。美国供给冲击能引起国内物价的小幅上升，随后维持在一定的水平上。正向的美国供给冲击能增加对原材料的需求，进一步影响到国内的物价水平。美国供给冲击能引起国内股票指数的立刻下降，随后出现下降幅度增大的趋势，这和美国供给冲击导致国内物价上涨存在一定关联。国内利率的响应为立刻上升，而且升幅逐步扩大，从冲击后的第七个月开始出现缓步下降。国内贷款利率的上升也使国内信贷趋于紧缩，这也是导致股票市场出现下跌的原因。美国供给冲击导致人民币汇率先降后升；冲击后的第二个月，人民币汇率出现缓慢贬值，随后维持在一定的水平上。人民币汇率的变动对国内资产价格变动的影响较为复杂。首先汇率升值对出口不利，但能吸引外资流入中国；而汇率贬值虽然能扩大出口，但也能引起资本流出。美国供给冲击对汇率的影响不确定，因而其对国内资产价格的波动存在不确定影响（见图 4-2）。

（二）美国需求冲击

正向的美国需求冲击能立刻引起国内产出下降，随后出现上升，到第三个

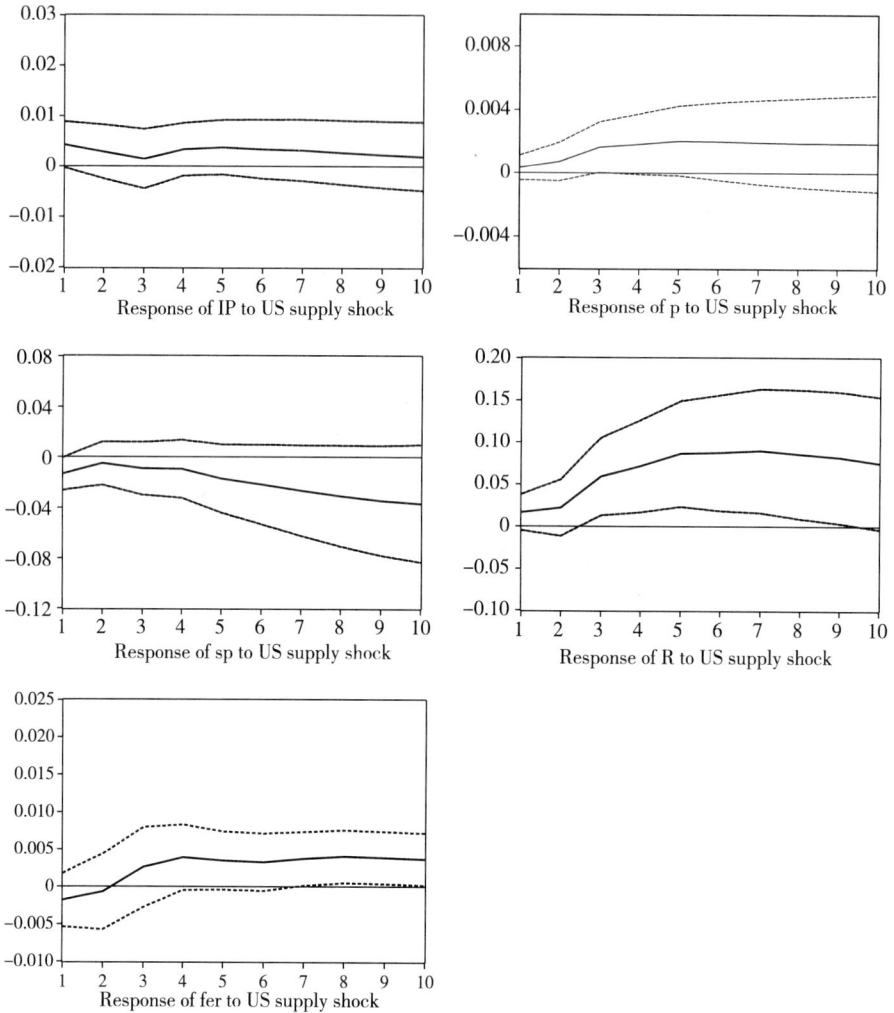

图 4 - 2　国内经济变量对美国供给冲击的响应

月达到峰值，随后出现下降，到第五个月转为负。国内物价对美国需求冲击的响应为正，表明美国需求增加会引起国内物价上涨，这是因为美国需求对国内出口产生正向影响，并对国内物价有拉动作用。美国需求冲击能引起国内资产价格的立刻下降，但幅度极小，随后国内资产价格出现小幅上升。第二个月后，国内资产价格再度下降，这种对美国需求冲击总体为负的响应和国内物价上升及利率水平上升有关。美国需求冲击能引起国内利率水平上升，到第二个月达到峰值，随后出现缓慢下降；对于美国需求冲击，人民币汇率先降后升，在第二个月达到贬值顶峰，随后缓慢升值并基本维持不变（见图 4 - 3）。

Response of IP to US demand shock

Response of p to US demand shock

Response of SP to US demand shock

Response of R to US demand shock

Response of fer to US demand shock

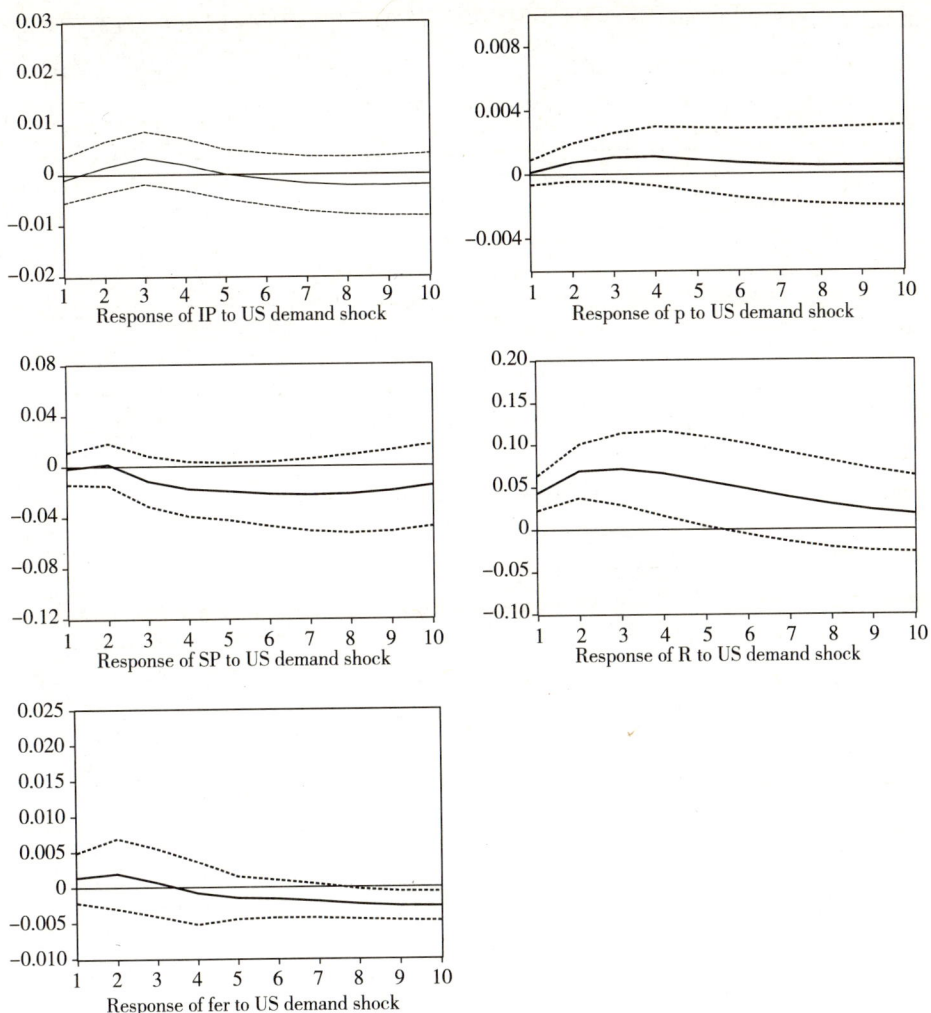

图4-3 国内经济变量对美国需求冲击的响应

（三）美国货币政策冲击

正向的美国货币政策冲击能导致国内产出立刻增加，而且这种效应具有延续性。虽然美国货币政策紧缩能导致美国产出减少，需求下降，但紧缩的货币政策也是对经济增长过快及物价上涨的响应，因而美国利率上升一般是在美国经济增长较快的背景下的政策选择。在这种预期下，美国经济增长也会带动国内产出增加；紧缩的美国货币政策能引起国内物价的立刻下降，而且在第四个月达到谷底，随后缓步回升；国内股价对美国货币政策的响应为正，这一方面因为国内产出增加，另一方面与国内物价的下降有关；美国货币政策的紧缩能导致国内利率的上升，并在第二个月达到峰值，随后国内利率水平缓步下降；人民币汇率对美国货币政策的响应则表现为立刻贬值，随后出现轻微的升值，冲击后的第五个月后又出现贬值趋势（见图4-4）。

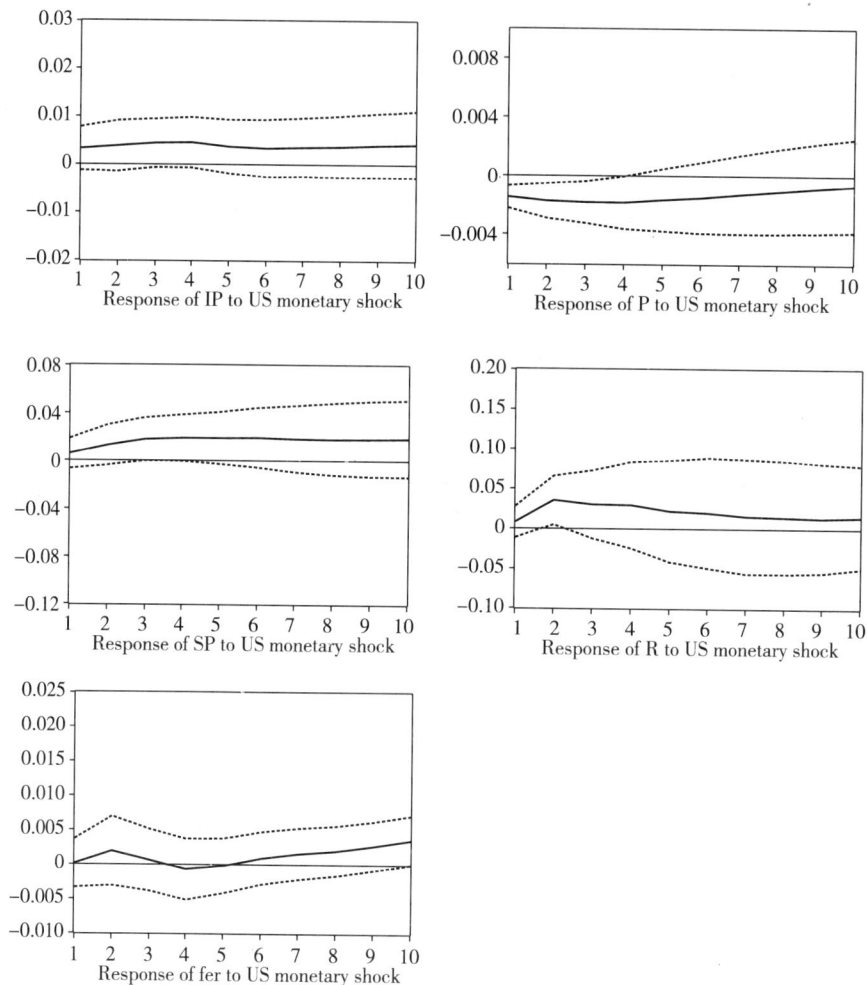

Response of IP to US monetary shock

Response of P to US monetary shock

Response of SP to US monetary shock

Response of R to US monetary shock

Response of fer to US monetary shock

图4-4　国内经济变量对美国货币政策冲击的响应

（四）国际油价冲击

国际油价冲击作为共同冲击能立刻引起国内产出的增加，但冲击后的5个月后，国内产出则出现下降趋势；国内物价的响应也呈现先升后降的态势，表明国际油价上升能立刻反映到国内物价上涨上来，但这种效应并不持久；国际油价上升能导致国内股价短暂小幅上升和较长时期的下降，这是由于油价上涨导致人们对经济增长放缓的预期，同时物价上涨也会使股票价格下降；国内利率对国际油价上涨的响应为立刻上升，到第三个月达到峰值，随后逐渐下降，到第七个月后转为负；国际油价上涨导致人民币汇率立刻升值，随后出现逐步贬值的趋势，到第六个月后，这种效应逐步消退（见图4-5）。

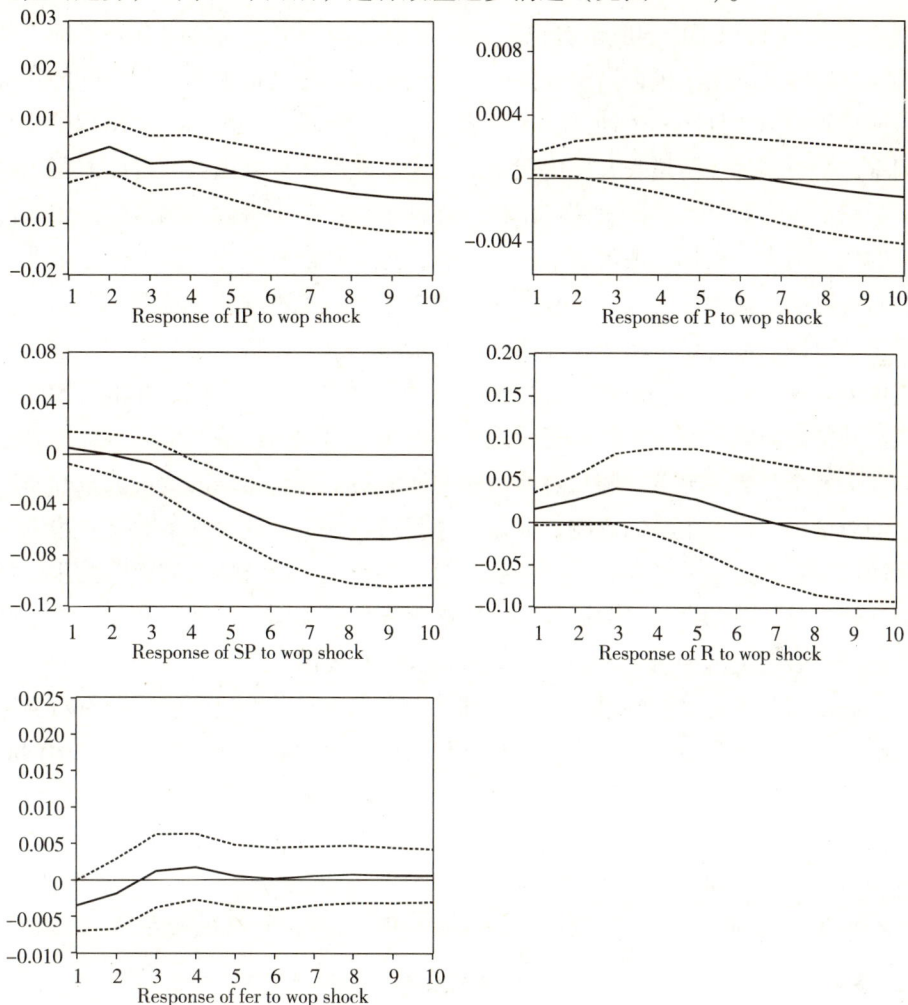

图4-5　国内经济变量对国际油价冲击的响应

（五）中国股市对美国冲击的响应

通过在基础模型中逐步加入国内经济变量的方式，发现国内经济变量对包括美国货币政策冲击在内的各种美国冲击存在显著的响应，而且国内利率对美国货币政策冲击的响应最为明显，这表明美国货币政策冲击主要是通过利率传导到国内的。比较而言，汇率对美国货币政策冲击的响应较小。进一步地，在扩展模型中分析美国货币政策对国内经济变量和股票价格的影响，这样可以同时考虑各种国内和国外变量间的相互影响。同样的，选择滞后期为3，各变量顺序如下：

$$(ip^*,p^*,FFR,wop^*,ip,p,fer,R,sp)$$

表4-9列出了中国股市对包括美国货币政策冲击在内的所有外部冲击的响应，同时还列出了国内产出对外部冲击的响应。用结构因子分解矩阵的正交转换矩阵可以得到结构性冲击，所以通过结构分解可以得出 SVAR 模型中外部因素冲击对国内经济增长及国内股市的影响。显然，外部因素冲击能对国内经济增长产生影响，正向的美国产出冲击在冲击后的三个月内对国内经济增长产生的作用最大。根据一般的商业周期文献，这一冲击表现为供给冲击，表明中国与国际的产业关联度较高，在全球价值链中的位置占据显著位置；美国物价冲击能对国内经济产生影响，在头三个月的影响最大，随后逐步消失，这表明美国需求冲击对国内经济增长的影响并不是长期的，而且，需求冲击的影响比供给冲击的影响要小。另外，货币政策冲击也能对国内经济产生影响，这种影响在头三个月最为显著，随后逐步减小并转为负。美国紧缩的货币政策并不能立即对全国产出产生负向影响，而是在半年后转为负，这反映了美国货币政策跨国传导存在一定的时滞；共同冲击在第一年对中国经济增长的影响为正，但随后转为负。总的来说，共同冲击的影响强度低于美国产出冲击和美国货币政策冲击，表明美国冲击是影响中国经济增长的主要因素。

股票市场作为经济的晴雨表对外部冲击存在明显的响应。中国股市对美国供给冲击的响应为负，并在半年后达到最大值；美国需求冲击能立刻对国内股票市场产生负向效应，半年后，这种效应转为正；美国货币政策冲击对国内股市的影响较大，并在半年后逐步扩大，表明美国货币政策冲击对中国股市的影响较大，而且时间较为持久；国际油价上升能对中国股市立刻产生负向冲击，并在半年后达到最大，随后这种影响逐步减小。

表4-9　　　　　　　　　SP 对外部冲击的脉冲响应

变量＼冲击	时间（月）	国内产出	股票市场
ip^* 冲击	1—3	0.0033	−0.0112
	4—6	0.0019	−0.0083
	7—12	0.0030	−0.0135
	13—24	0.0029	−0.0123
p^* 冲击	1—3	0.0020	−0.0023
	4—6	0.0002	−0.0070
	7—12	−0.0001	0.0169
	13—24	0.0000	0.0299

续表

变量　　　　冲击	时间（月）	国内产出	股票市场
FFR 冲击	1—3	0.0030	0.0100
	4—6	0.0018	0.0090
	7—12	−0.0003	0.0117
	13—24	−0.0012	0.0186
wop* 冲击	1—3	0.0022	−0.0052
	4—6	0.0004	−0.0390
	7—12	−0.0021	−0.0481
	13—24	0.0016	0.0032

注：1—3 表示冲击后三个月的平均值，4—6 表示冲击后第 4 月到第六月的平均值，其他的依此类推。

表 4 - 10 给出了基于方差分解的外部冲击对中国经济增长波动和股市波动的解释力，显然外部冲击对中国的实体经济及股票市场的波动都存在一定解释力。对于实体经济而言，外部冲击对于中国经济增长的影响持续增长，并持续至四年后。在外部影响因素中，美国产出冲击的影响最大。根据一般商业周期文献，这种冲击可以视作供给冲击。因此，供给冲击仍是外部冲击影响国内以及中国经济增长的重要因素。比较而言，需求冲击的影响较小。美国货币政策冲击及油价冲击也都能对国内经济增长产生一定影响，而且，美国货币政策冲击能在较短的时间里对国内产出产生影响。外部冲击对国内股市的影响相对较强，在半年内能解释国内股市波动的约 14%。到第二年后，能解释国内股市波动的 42% 以上。在影响国内股市波动的因素中，油价冲击是最重要的因素，最多能解释国内股市波动的 25% 以上；其次是需求冲击，最多能解释国内股市波动的 13%；最后是美国货币政策冲击，能解释国内股价波动的 2% 至 5%。总的来说，外部冲击对国内实体经济的影响力不大，对国内股市的影响较大，而且国内股市的主要影响因素仍来自于国内。这表明，外部冲击对国内的影响主要源自金融渠道，国内金融市场更易受到外部冲击的影响，而实体经济所受影响仍然有限。值得注意的是，在影响中国股市的各外部因素中，国际油价与美元币值存在紧密的关系，美元币值与全球美元供给或全球流动性存在关联，美元供给与美国货币政策松紧存在关联。美国需求能通过贸易渠道影响国内的外汇储备，进一步影响国内的流动性，而美国需求也与美国货币政策松紧存在关联（Bems、Dedola 和 Smets，2007；Bracke 和 Fidora，2008）。所以综合考虑各种因素后，可

以认为美国货币政策冲击能对国内股市波动产生至关重要的影响。

表4-10　基于预测方差分解的外部冲击对国内股票市场波动的解释力

冲击	时间（月）	国内产出	国内股市	冲击	时间（月）	国内产出	国内股市
外部冲击	1—6	10.7472	13.8302	P*冲击	1-6	1.6120	0.7429
	7—12	12.8857	37.8743		7-24	1.4385	7.9521
	13—18	13.4216	41.5092		25-48	1.6686	13.2504
	19—24	14.0999	42.8756	FFR冲击	1-6	3.2210	2.4752
	25—30	15.4377	42.6507		7-24	2.4717	3.4888
	31—48	17.3693	44.5392		25-48	3.7765	4.6844
Ip*冲击	1—6	4.3810	3.7384	Wop*冲击	1-6	1.5332	6.8738
	7—24	6.6929	3.4425		7-24	2.8660	25.8696
	25—48	8.2216	7.1160		25-48	3.2196	19.0163

注：1—6表示冲击后6个月的平均值，7—12表示冲击后第7月到第12月的平均值，其他的依此类推。

　　既然美国货币政策冲击是影响国内股市的最重要的外部因素，可以在扩展模型中进一步分析美国货币政策冲击对传导渠道的影响力大小。首先考虑利率渠道（见图4-6）。紧缩的美国货币政策冲击能立即导致国内利率水平上升，并在第二个月达到顶峰，随后国内利率水平逐步下降。到28个月后，则转为负值。国内利率水平上升，能对国内经济产生紧缩效应，同时也能影响国内流动性，这都会对国内股市波动产生影响。其次考虑汇率渠道（见图4-7）。美国货币政策紧缩能导致人民币的立刻贬值，随后人民币逐步升值。到28个月后，人民币汇率则比冲击前小幅升值，并持续到2年后。人民币汇率变动能影响对外贸易、资本流动及国内的相对物价，这会对国内实体经济及股票市场波动产生实质影响。

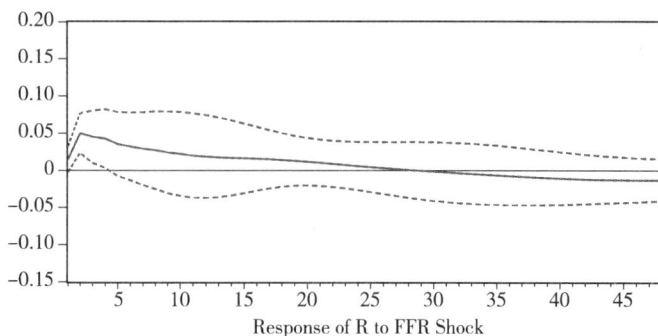

Response of R to FFR Shock

图4-6　国内利率对美国货币政策的响应

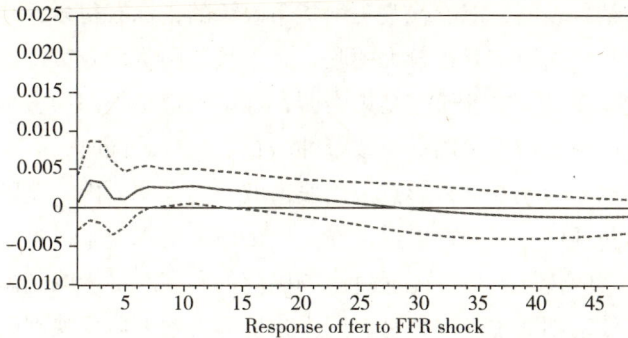

图 4 - 7　人民币汇率对美国货币政策冲击的响应

表 4 - 11 列出了基于预测方差分解的美国货币政策冲击对利率和汇率的解释力。外部冲击对国内利率水平的影响较为迅速，在半年内即能解释国内利率变动的 31.88%；对汇率的影响则随着时间逐步增强，到一年后才达到 30% 以上。短期内，美国货币政策冲击是影响国内利率水平的最重要的外部因素，在半年内即能解释国内利率变动的约 12%。美国需求冲击也能较快影响国内利率水平，在半年内即达到 11%。美国货币政策冲击对人民币汇率的影响到第二年逐步显现出来，能解释人民币汇率的 7.54%。因此，美国货币政策冲击对国内经济及国内股市的影响更多是通过利率渠道传导的，而且利率渠道的影响在短期内就能显现出来。汇率渠道的作用相对较弱，而且产生影响所需要的时间较长，这和人民币尚不能自由兑换有关。随着人民币国际化进程的加快，汇率渠道的作用也会逐步加大。

表 4 - 11　　基于预测方差分解的外部冲击对利率和汇率波动的解释力

冲击	时间（月）	利率	汇率	冲击	时间（月）	利率	汇率
外部冲击	1—6	31.8772	12.1627	P* 冲击	1—6	11.0784	1.9983
	7—12	29.5922	25.5834		7—24	10.3008	4.8636
	13—18	34.2705	34.9378		25—48	8.8676	7.2153
	19—24	34.6756	39.4386	FFR 冲击	1—6	11.7275	2.6436
	25—30	32.4941	40.2850		7—24	6.7949	7.5408
	31—48	31.9631	41.9258		25—48	5.0757	6.2053
Ip* 冲击	1—6	2.0090	4.9740	Wop* 冲击	1—6	7.0624	2.5467
	7—24	7.9647	18.3412		7—24	7.7858	2.5744
	25—48	7.9976	18.5905		25—48	10.1550	9.5045

注：1—6 表示冲击后 6 个月的平均值，7—12 表示冲击后第 7 月到第 12 月的平均值，其他的依此类推。

上述分析结果表明，能够代表美国货币政策的指标有很多，与联邦基金利率相关的指标与国内股市存在较大关联，是反映美国货币政策冲击对中国股市影响的较好代理变量。实证研究结果表明，金融渠道是外部冲击影响国内经济的重要渠道，国内股市对美国货币政策冲击存在响应。同时，因美国货币政策冲击引起的全球流动性变化是影响国内股市波动的重要原因。美国货币政策跨国传导的渠道包括汇率和利率渠道。在人民币尚未实现完全可自由兑换的情况下，利率是重要的传导渠道，能通过影响国内的利率水平影响到国内的资产价格变动。汇率波动则通过影响贸易、国内物价等因素最后反映到国内资产价格变动上来。

第五章
金融危机与中美股市联动

股票市场波动是金融风险的重要指针，股票价格的跨市场联动表现为金融危机期间的风险传染。既然外部冲击跨国传导更多的是通过股票市场传导到国内来的，就有必要进一步分析金融危机期间，中美股市联动的特征及其影响因素。第四章的研究更多的是分析较长时间内中国股市对美国货币政策冲击的响应，本章则进一步将研究重点放到金融风险上，研究短期内风险的跨国传导及美国货币政策冲击作为风险源，是如何影响中美股市联动的。

第一节　金融危机、美国货币政策与中美股市联动

2008 年金融危机是中国金融市场逐步走向开放后首次遇到的全球性金融危机，为我们分析危机期间股票市场间跨市场联系的变化提供了很好的样本。许多研究在全球金融危机爆发的背景下，分析了国际股票市场间的联动，其中包括中国和美国股票市场之间的联动分析（如：Kenourgios、Samitas、Paltalidis，2011；Aloui、Aïssa、Nguyen，2011），而且证实中美股票市场存在联动。Luo、Brooks 和 Silvapulle（2011）研究了 2002 年允许外国人投资中国 A 股市场后的效应，特别是 A 股金融指数回报与其他新兴市场回报间的相依性，发现 A 股除了与美国、日本和韩国存在显著的尾部依赖外，与其他市场不存在显著的关联。国内一些研究也证实了中美股票市场间的相依性（西村友作，2009；游家兴、郑挺国，2009；张兵、范致镇、李心丹，2010），表明中美股市之间确实存在联动，而且这种联动是时变的，主要表现为危机期间联动的显著增强（李晓广、张岩贵，2008）。

然而现有研究极少涉及中美股市间联动产生的原因及危机期间联动时变的

动因。这些研究要么将联动时变的原因归结为传染，即分析联动的尾部特征，要么将其归结为中国股市开放度的不断提高（游家兴、郑挺国，2009），都没有在分析中纳入宏观经济变量。为了分析美国货币政策与中美股市联动间的内在关联，可以通过在第一章提出的 DCC（GARCH）模型中加入宏观经济变量的方式，分析包括美国货币政策在内的各种宏观经济变量与中美股市联动间的关联。

一、分析框架

同样的，假设中美股票市场收益率二维向量为 r_{it}（$t = 1, 2, \cdots, T$），则：

$$r_{it} = \mu_i + \sum_{n=1}^{N} r_{i,t-n} + b_{it}x_{t-l} + \eta_i CR_t + \varepsilon_{it}, (i = 1, 2) \tag{5.1}$$

$$b_{it} = b_{i0} + \gamma_i CR_t \tag{5.2}$$

式（5.1）中，x_t 为包括全球、美国及中国的宏观经济和金融变量，CR_t 为危机哑变量。n 和 l 分别代表滞后期，根据数据特征选择。首先，分析相互依赖模型，即平静时期的中美股市联动问题。作为一个特例，模型中不包括 CR_t，即中美股市收益率的变动由宏观经济因素影响；通过在式（5.1）中加入 CR_t，可以分析包括传染后 b_{it} 的变化，如果这种变化显著，则说明相互依赖模型不能完全反映危机效应，与 Harvey 和 Ng（2005）一致，我们称这种现象为净传染，称这一模型为净传染模型；进一步地，包括式（5.2），允许 b_{it} 时变，即在危机期间存在宏观经济因素跨国传导的结构性变化，分析是否危机期间股市对宏观经济因素的响应变化导致传染。η_i 反映的是与宏观经济变量无关的传染，γ_i 为系列宏观经济因素对股市收益变动影响的条件系数，反映了通过宏观经济因素引起的传染，我们称这一模型为理性传染模型。通过这种方法，还可以区分传染来源于全球、美国还是国内因素，并理解传染的渠道。采用与第一章相同的设定，可得波动方程，并进一步估计均值方程、波动方程和时变条件相关。

二、变量选取及数据描述

选取 2002 年 12 月 1 日至 2011 年 7 月 1 日的中美股票市场日收益率，这样就包括了危机前、危机期间及危机后的时间段。全球冲击指两国国内共同面临的宏观经济因素，这里选取石油价格（*OIL*）和全球流动性（*USMB*）为月度数据；选取联邦基金利率（*FFR*）和国内七天同业拆借市场利率（*DR*）日数据作为两国的短期利率指标。之所以选择国内七天同业拆借市场利率，是因为许多研究认为七天银行间同业拆借交易比例较高，且利率走势比较平稳，可以作为市场利率的代理变量，并能反映中国货币政策的松紧（刘志明，2006；张屹山，张代强，2007）；分别选择美国的工业产值（$USIP$）、通胀指数（USP）、货币供应量 M_2 及 M_1（USM_2、USM_1）和国内工业产值（DIP）、通胀指数（DP）、货币供应量 M_2 及 M_1（DM_2、DM_1）作为两国的宏观经济变量，反映本国因素对股票收益率的影响；另外，在中国股市收益率均值方程中引入汇率（FE），反映汇率变动对股市收益率的影响，同时作为反映中国经济开放度的代理变量。由于当月宏观经济数据是在下月公布的，所以宏观经济信息数据采用滞后一个月的数据。利率、汇率是高度市场化的数据，能被投资者即时观察到，采用即时数据。另外，国际油价能即时为投资者感知，因而不采用滞后数据。

这些数据基本包括了两国的货币政策及经济周期等因素。为了保证序列的平稳性，利率数据采用一阶差分，其余数据则采用对数差分，分别用小写字母表示。根据 Luo、Brooks 和 Silvapulle（2011）的研究，将中国的开放政策以 QFII 执行日为分水岭，而且许多研究也表明中美股市在 2002 年后表现出了明显的联动。同时，为了排除 2011 年美债危机及欧债危机的影响，时间段的选取从 2002 年 12 月 1 日至 2011 年 6 月 30 日。这样就包括了 2008 年危机前后的时间段。危机时间段的划分参照 Bekaert、Ehrmann、Fratzscher 和 Mehl（2011）的研究，定为 2007 年 8 月 7 日至 2009 年 3 月 15 日。

由于待估参数众多，必须在变量数和自由度限制之间作出选择。因此，在分析两市联动之前，先利用单变量 GARCH 模型选取对两市股市收益变动影响较为显著的变量，剔除不太显著的变量。

三、计量分析结果

（一）单变量 GARCH 模型回归结果

由于单变量 GARCH 模型是施加了两市没有联动性的约束的方程，即 H_t 矩阵中只有方差方程，没有协方差方程，因而单变量 GARCH 模型的估计结果可以与二元 GARCH 模型估计结果对比，同时也能找出对单个市场有显著影响的变量。这样做还能减少 DCC 模型中的变量，提高自由度。估计结果见表 5 - 1（表中只列出了均值方程估计结果）。由回归结果可知，中美股市收益率对国际油价的响应是不同方向的，而且国际油价变动对美国股市影响较为显著，油价上升能引起美国股市收益率下降，却能导致中国股市收益率上升，但这种影响并不显著。之所以会出现这种情况，主要因为国内对油价的管制导致了投资者预期对油价变动并不敏感。因而国际油价不是中美股市联动的共同冲击因素。相反，全球流动性冲击对两市的影响虽然方向一致，但均不显著；美国宏观经济变量中，美国货币政策对中美股市收盘收益率的影响显著，而且方向都为负。特别地，中国股市对美国货币政策的响应强于美国股市对美国货币政策的响应，这与 Conover、Jensen 和 Johnson（1999）的结论一致，充分说明美国货币政策是中美股市联动的重要增强因素。美国工业生产对中美股市影响方向不同，但都不显著。美国物价变动对中美股市的影响方向均为负，而且对中国股市收盘收益率的影响在 5% 的水平上显著。由于美国物价上涨对美国经济增长存在负向影响并引发货币政策紧缩预期，进一步对美国经济产生不利影响，而这种影响能通过贸易影响中国的产出，并进一步通过影响投资者预期影响中国股市波动。美国国内的 M_2 变动对中美股市收益率存在负向影响，但其对美国股市的影响并不显著，对中国股市收盘收益的影响在 5% 水平上显著。一些国内因素对中国股市收盘收益率存在显著影响，工业生产对收盘收益率存在显著影响，而国内物价变动的影响并不显著；汇率变动对中国股市收盘收益及开盘收益均存在显著的影响，人民币升值能导致中国股市上涨，反之则引起下跌。比较而言，中国股市开盘收益率受到更多国内宏观经济信息的影响，同时更多地受到股市自身运行动态的影响。

比较而言，美国国内因素对美国股市收益率的影响不太明显，更多地受到股市自身变动的影响。只有联邦基金利率能显著影响美国股市收益变动。紧缩的货币政策能导致股市下跌，反之，则引起股市上涨。

根据单变量 GARCH 模型的回归结果，去掉不太显著的变量，并根据 $\overline{R}^2$ 最大选择进入二元 GARCH 模型的变量，进一步分析中美股市存在联动条件下的各变量的参数估计（见表 5 - 1）。

表 5 - 1　　　　　　　单变量 GARCH 模型估计结果（均值方程）

变量	美国	中国	
	R_CL_{1t}	R_CL_{2t}	R_OP_t
常数项	- 0.0002（ - 0.8710）	0.00043（1.0128）	- 0.000001（ - 0.1116）
R_CL_{it-1}	- 0.0975 *** （ - 3.7330）	- 0.0156（ - 0.6595）	0.0650 *** （13.7505）
R_CL_{1t-2}	- 0.0385 * （ - 1.7150）		
R_CL_{2t-6}		- 0.0449 ** （ - 1.9937）	
R_OP_{2t-1}			- 0.0617 *** （ - 2.5577）
$usip_{t-l}$	0.0057（0.1954）	- 0.0547（ - 1.1085）	- 0.0014（ - 0.1073）

续表

变量	美国	中国	
	R_CL_{1t}	R_CL_{2t}	R_OP_t
usp_{t-l}	-0.0447（-0.7685）	-0.1979^{**}（-1.9514）	-0.0339（-1.5366）
$usm2_{t-l}$	-0.0179（-0.3337）	-0.1673^{**}（-1.9925）	-0.0008（-0.0482）
$usm1_{t-l}$	0.0125（0.4199）	-0.0152（-0.3560）	-0.0158（-1.5729）
ffr	-0.0019^{*}（-1.8136）	-0.0051^{***}（-2.5900）	-0.0003（-0.7680）
oil_t	-0.0052^{**}（-1.9718）	0.0053（1.2454）	0.0004（0.4430）
$usmb_{t-l}$	0.0014（0.1329）	0.0026（0.2166）	-0.0002（-0.0338）
dr	0.0001（0.5775）	-0.0005（-1.2603）	-0.0001（-0.8625）
dip_{t-l}	0.0063（0.8070）	0.0242^{*}（1.8047）	-0.0057^{***}（-3.3641）
dp_{t-l}	0.0621（1.2541）	-0.0245（-0.2668）	-0.0421^{***}（-2.4266）
$dm2_{t-l}$	0.0498（1.1833）	0.0307（0.4655）	0.0124（0.7707）
$dm1_{t-l}$	0.0198（0.8996）	-0.01176（-0.2887）	-0.0062（-0.6021）
fe	-0.2365（-1.5482）	-1.5280^{***}（-2.8412）	-0.4224^{***}（-3.4940）
$\bar{R}^2$	0.0122	0.0063	0.0241
AIC	-8.0821	-7.1183	-9.6227
SC	-8.0294	-7.0655	-9.5699

注：***表示1%水平上显著，**表示5%水平上显著，*表示10%水平上显著。括号中的为z值。

（二）二元 GARCH 模型估计结果

1．（CCC）GARCH 模型估计结果。根据单变量 GARCH 模型的估计结果，发现选择美国股市收益率滞后 2 期及中国股市滞后第 6 期较为合理，并纳入较为显著的宏观经济变量，控制 $\gamma_i = 0$，分析（CCC）GARCH 模型，估计结果见表 5-2。由估计结果可知，在所选的样本期内，中美股市间存在显著的联动。其引致因素并非来自全球而是来自美国。中美股市收益率对国际油价的响应是不同方向的，而且国际油价变动对美国股市影响较为显著。油价上升能引起美国股市收益率下降，却能导致中国股市收益率上升，但这种影响并不显著。之所以会出现这种情况，主要因为国内对油价的管制导致了投资者预期对油价变动并不敏感，因而国际油价不是中美股市联动的共同冲击因素。中美股市对美国货币供应量的响应方向相反，但美国股市收益率对货币供应量的响应不太显著。中美股市收益率变动对美国物价变动、联邦基金利率变动的方向相同，可见这些因素是中美股市联动的引致因素。其中，美国货币政策对中美股市收益率的影响均显著，而且方向都为负。特别地，中国股市对美国货币政策的响应强于美国股市对美国货币政策的响应。美国物价变动对中美股市的影响方向均为负，而且对中国股市收盘收益率的影响在 1% 的水平上显著。由于美国物价上涨对美国经济增长存在负向影响并引发货币政策紧缩预期，进一步对美国经济产生不利影响，而这种影响能通过贸易影响中国的产出，并通过影响投资者预期影响中国股市波动；汇率变动对两市均产生显著影响，人民币升值或美元贬值能引起中美股市收益率的同向变动，说明汇市是中美股市联动的重要传导渠道。许多研究也都涉及了汇市股市联动效应（丁建平、赵亚英和杨振建，2009），指出汇率变动能通过影响经济基础及资产组合再平衡而影响股市。比较而言，美国国内因素对美国股市收益率的影响不太明显，其股市收益率变动更多地受到股市自身变动的影响；危机对中美股市的影响是同向的，对美国股市的影响更为显著，对中国股市收益率的影响约在 11% 的水平上显著，表明传染确实是中美股市危机期间联动增强的原因。中国股市除受到自身运行规律的影响外，也受到国内经济基础的显著影响，这反映为中国股市收益率对国内工业生产变动的显著响应。Bollerslev 检验结果显示，ρ_t 的常数假设被拒绝，应该选择 DCC 模型刻画中美股市间协动的时变动态。为了与后面的（DCC）GARCH 模型作比较，表中还列出了相互依赖的（CCC）GARCH 模型（控制 $\eta_i = 0$）估计结果。

表 5 - 2　　　　　　　　（CCC）GARCH 模型估计结果 （2020obs）

	净传染模型		相互依赖模型	
	r_{1t}（美）	r_{2t}（中）	r_{1t}（美）	r_{2t}（中）
均值方程				
常数项	0.0003 ** (2.1881)	0.0005 ** (2.1066)	0.0003 *** (2.4581)	0.0005 *** (2.0219)
r_{1t-1}	− 0.0997 *** (− 3.8616)		− 0.0984 *** (− 3.8066)	
r_{1t-2}	− 0.0375 * (− 1.6998)		− 0.0353 * (− 1.6088)	
r_{2t-6}		− 0.0387 * (− 1.6951)		− 0.0380 * (− 1.6820)
$usm2_{t-l}$	0.0009 (0.0172)	− 0.1324 * (− 1.7118)		− 1.1390 * (− 1.8224)
usp_{t-l}	− 0.0479 (− 0.8211)	− 0.2222 *** (− 2.3526)	− 0.056 (− 0.9734)	− 0.2155 ** (− 2.2949)
ffr	− 0.0022 ** (− 2.0819)	− 0.0052 *** (− 2.6616)	− 0.0021 ** (− 1.9725)	− 0.0052 *** (− 2.6280)
oil_t	− 0.0044 * (− 1.6828)	0.0041 (0.9763)	− 0.0047 * (− 1.7907)	0.0044 (1.0626)
dr				− 0.0005 (− 1.2928)
dip_{t-l}		0.0204 * (1.8282)		0.0210 ** (1.9034)
fe	− 0.2557 * (− 1.7598)	− 1.4986 *** (− 2.7544)	− 0.2276 (− 1.5257)	− 1.4879 *** (− 2.7414)
CR	− 0.0006 ** (− 2.2695)	− 0.0006 (− 1.3812)		

续表

	净传染模型		相互依赖模型	
	r_{1t}（美）	r_{2t}（中）	r_{1t}（美）	r_{2t}（中）
方差方程				
α_{i0}	0.0000 *** (5.0660)	0.0000 *** (3.5945)	0.0000 *** (5.1853)	0.0000 *** (3.5693)
α_{i1}	0.0793 *** (8.4230)	0.0620 *** (8.7937)	0.0784 *** (8.5442)	0.0622 *** (8.7765)
β_{i1}	0.9090 *** (89.9598)	0.9307 *** (124.69)	0.9102 *** (93.61)	0.9304 *** (122.56)
相关性估计				
ρ	0.1053 *** (4.4536)		0.1077 *** (4.589)	
估计效果				
对数似然值	AIC	SC	对数似然值	AIC	SC
15 396.53	− 15.2193	− 15.1499	15 395.41	− 15.2202	− 15.1563
Bollerslev 检验				
$i = j$	44.7015 (0.0000)	5.6978 (0.0000)	17.6495 (0.0000)	6.0321 (0.0000)
$i \neq j$	36.8889 (0.0000)		37.4676 (0.0000)	

注：***表示1%水平上显著，**表示5%水平上显著，*表示10%水平上显著。括号中的为 z 值；Bollerslev 检验中报告的是 F 值，括号中的为 P 值。

2. （DCC）GARCH 模型。首先控制 $\eta_i = 0$，$\gamma_i = 0$，估计相互依赖模型；然后控制 $\gamma_i = 0$，估计净传染模型。估计结果见表 5 – 3。与 CCC 模型相比，各宏观经济变量的参数估计区别不大，但美国物价和汇率变动对中国股市的影响有所上升，而美国货币政策、美国货币供应量及国际油价变动的影响有所下降，这表明允许中美股市联动时变后，美国和国际宏观经济因素跨国传导对中国股市的影响也相应出现了变化。同时，国内短期利率和国内工业生产的影响力也有所下降，即金融渠道时变的反馈作用能对宏观经济因素的影响力产生影响，不仅影响外部冲击的跨国传导，也影响国内宏观经济变量的影响方式。特别地，由于美国物价和汇率变动能通过贸易渠道影响国内的经济基础，其影响程度的上升反映了金融渠道影响强度的上升能反过来强化贸易渠道的传导，分散货币市场传导。比较相互依赖模型与净传染模型，b_{it} 有所变化，但变化不大。相关性估计中，两市长期平均相关约为0.1，均在1%水平显著，α 和 β 值均显著，表明中美股市联动存在显著的时变性。取消 $\eta_i = 0$ 的控制后，α 和 β 值出现了小幅下降，但并不明显，表明净传染并没有显著改变中美股市联动的时变特征。

表5-3　　　　　　　　　　（DCC）GARCH模型估计结果（2020obs）

	相互依赖模型		净传染模型	
	r_{1t}（美）	r_{2t}（中）	r_{1t}（美）	r_{2t}（中）
均值方程				
常数项	0.0003 *** （2.5950）	0.0005 ** （2.0894）	0.0003 *** （2.7962）	0.0005 ** （2.1542）
r_{1t-1}	-0.1069 ***（-3.9443）		-0.1031 ***（3.9949）	
r_{1t-2}	-0.0331 （-1.5142）		-0.03527 * （1.6065）	
r_{2t-6}		-0.0399 * （-1.7706）		-0.0400 * （-1.7674）
usp_{t-l}	-0.0540（-0.9288）	-0.2166 **（-2.3189）	-0.045（-0.7761）	-0.2244 ***（2.3981）
$usm2_{t-l}$		-0.1342 * （-1.7585）		-0.1278 * （-1.6575）
ffr	-0.0022 **（-2.1307）	-0.0046 ***（-2.3556）	-0.0023 ** （2.2589）	-0.0047 ***（-2.4132）
oil_{t-l}	-0.0049 * （-1.8585）	0.0037 （0.8806）	-0.0046 * （1.7488）	0.0034 （0.8054）
dr		-0.0005 （-1.2294）		-0.0005 （-1.2315）
dip_{t-l}		0.0204 * （1.8587）		0.0200 * （1.8064）
fe	-0.2293 （-1.5358）	-1.4365 ***（-2.6643）	-0.2569 * （1.7723）	-1.4387 ***（-2.6593）
CR			-0.0006 ***（-2.3633）	-0.0005 （-1.0639）
方差方程				
α_{i0}	0.0000 *** （5.2430）	0.0000 *** （3.5799）	0.0000 *** （5.1308）	0.0000 *** （3.5524）
α_{i1}	0.0777 *** （8.6891）	0.0611 *** （8.7239）	0.0787 *** （8.5802）	0.0608 *** （8.6621）
β_{i1}	0.9172 *** （95.9383）	0.9312 *** （123.70）	0.9094 *** （91.7507）	0.9316 *** （123.85）
相关性估计				
$\bar{\rho}_{12}$	0.0979 *** （3.0446）	似然值　16.1643	$\bar{\rho}_{12}$　0.0954 *** （3.0171）	似然值　15.557
α	0.0166 ** （1.8384）	AIC　-0.0130	α　0.0166 ** （1.8140）	AIC　-0.0124
β	0.9408 ***（22.0332）	SC　-0.0047	β　0.9405 ***（21.5823）	SC　-0.0041

注：***表示在1%水平上显著，**表示在5%水平上显著，*表示在10%水平上显著。括号中的为z值。

取消 $\gamma_i = 0$ 的限制后，估计理性传染模型，结果见表5-4。允许股市收益率对宏观经济因素的响应时变后，两市的波动性及相关性估计发生了较大变化。宏观经济变量中未预测到的冲击对两市波动性变化的影响出现下降，联动时变的影响则显著下降，表现为 α 值变得不显著，而且 β 值的不显著也反映了危机期间两市条件相关的时变持续性也不复存在，即在考虑了宏观经济变量冲击的结构性突变后，两市的时变条件相关动态出现了显著的变化。各宏观经济变量的 η_i 值估计表明，除联邦基金利率和汇率外，其他宏观经济变量对两市收益率变动的影响均较为稳定，危机期间不存在明显的时变特征。汇率对美国股市的影响存在明显的变化，对中国则表现并不明显，而且两市对汇率变动响应的方向在平静时期与危机时期相反。比较而言，联邦基金利率则对两市都表现出了时变影响。这一方面因为金融危机爆发后，美国实施量化宽松货币政策，货币政策规则出现了显著变化，不仅目标规则发生变化，而且工具规则也显著地变化［Taylor（1993）发现1987年股灾期间这种规则值与目标值之间的偏差］，导致美国货币政策目标即联邦基金利率对市场的冲击发生了结构性的变化，美国货币政策跨国传导的机制随之而变。同时，危机期间投资者也更加关注美国货币政策动向，这也促使市场对美国货币政策的响应发生变化。比较相互依赖模型和理性传染模型捕捉的两市条件时变动态（见图5-1），可以发现，相互依赖模型估计的两市联动在危机期间显著增强，而理性传染模型估计的危机期间联动增强则不太明显，这反映了Forbes和Rigobon（2002）型的无传染判断。当然，开放度的不断提高也影响了中美股市联动的时变动态，这反映在理性传染模型和相互依赖模型估计的两市联动在2010年后都有一定增强，这与2010年6月19日中国汇改的进一步深化有关。

表5-4　　　　　　　　　　理性传染模型估计结果（2020obs）

	r_{1t}（美）	r_{2t}（中）		r_{1t}（美）	r_{2t}（中）
均值方程					
常数项	0.0003 *** (2.6197)	0.0005 ** (2.0337)	η 值估计		
r_{1t-1}	-0.0992 ***(-3.8461)		η^{usp}	0.0158 (0.0945)	0.0539 (0.2099)
r_{1t-2}	-0.0372 * (-1.6993)		η^{usm2}		0.3010 (1.1520)
r_{2t-6}		-0.0405 * (-1.7596)	η^{ffr}	-0.0059 ***(-2.8621)	-0.0061 * (-1.5768)
b_{i0}^{usp}	-0.0496 (-0.7837)	-0.2033 * (-1.8769)	η^{oil}	0.0098 (1.4494)	0.0011 (0.0994)
b_{i0}^{usm2}		-0.1559 **(-1.8885)	η^{dr}		0.0006 (0.7781)
b_{i0}^{ffr}	-0.0002 (-0.0909)	-0.0026 (-0.8890)	η^{dip}		-0.0209 (-0.5419)
b_{i0}^{oil}	-0.0054 * (-1.8532)	0.0040 (0.8379)	η^{fe}	2.3360 ***(4.2227)	1.3594 (1.0754)
b_{i0}^{dr}		-0.0007 (-1.2299)	方差方程		
b_{i0}^{dip}		0.0296 ** (1.8834)	α_{i0}	0.0000 *** (5.3179)	0.0000 *** (3.4901)
b_{a0}^{fe}	-0.4783 ***(-4.0601)	-1.5737 ***(-2.4870)	α_{i1}	0.0803 *** (8.5757)	0.0607 *** (8.4808)
CR	-0.0005 (-1.2285)	-0.0012 (-1.2523)	β_{i1}	0.9070 *** (89.0762)	0.9319 *** (122.85)
相关性估计					
$\overline{\rho}_{12}$	0.1066 *** (4.7121)	α	0.0255 (1.2134)	β	-0.3863 (-0.5807)
似然值	11.9554	AIC	-0.0089	SC	-0.0005

注：***表示在1%水平上显著，**表示在5%水平上显著，*表示在10%水平上显著。括号中的为z值。

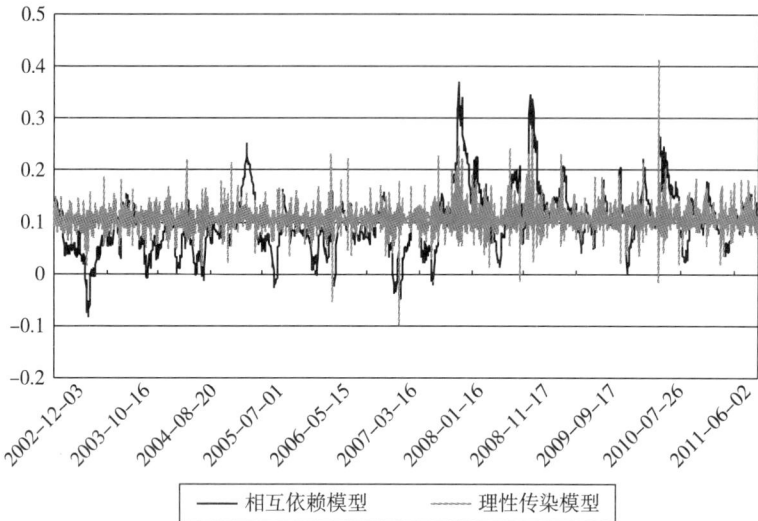

图 5 - 1　相互依赖模型与理性传染模型的联动时变

（三）结论稳健性检验

由于前述研究在危机期间的选择上完全依赖人为判断，这样造成对宏观经济变量冲击的结构性变化的时间段划分缺乏稳健性，所以这里以 2008 年 9 月 15 日雷曼兄弟倒闭事件作为另一个危机开始的选择，重新估计（DCC）GARCH 模型，得出的结果基本一样（为了节省篇幅，此处省略）。另外，利用均值方程拟合值计算两市相关性，将之与相互依赖的 DCC 模型估计的两市联动动态进行比较，结果见表 5 - 5。显然，相互依赖模型的拟合值能较好拟合危机前及危机后的两市联动，也能很好拟合理性传染模型估计的两市相关性，但明显低估了相互依赖模型估计的危机期间两市的联动，表明不考虑宏观经济变量跨国传导的结构性变化，确实忽视了引起联动增强的冲击变化因素。拟合值的计算以估计的式（1.1）和式（1.4）计算，假设拟合的两市的收益率为 $\hat{r}_{1t}$ 和 $\hat{r}_{2t}$，用 $\hat{r}_{2t}$ 对 $\hat{r}_{1t}$ 回归即得拟合的两市相关性。

表 5 - 5　　　　　　　　模拟值与模型估计值比较

时间段	相互依赖模型	理性传染模型	拟合的相依性
危机前	0.0732	0.1047	0.0760
危机中	0.1563	0.1105	0.1142
危机后	0.1157	0.1075	0.1038

第二节　2008 年金融危机与欧债危机比较

2008 年金融危机后，接踵而至的是欧债危机，这两次危机都对中国经济产生了较大的影响。上面的研究排除了欧债危机。为了进一步比较不同危机的跨国传导机制，可以从国际风险分散与国际风险传染的角度比较 2008 年金融危机与欧债危机期间，何种因素是导致传染的主因。

一、相关研究

过去的几十年里，经济、金融全球化得到了快速发展，特别是全球金融市场日益融合。跨境股票组合的持有从 20 世纪 70 年代的低于全球 GDP 的 2% 发展到 2005 年的超过 25%。这有重要的宏观经济和金融含义：金融全球化减弱了储蓄和投资决策的联系，便利了经常项目融资，推动了更有效的资源配置，并以此刺激了经济增长。与此同时，投资者通过跨境资产组合可以分散风险、平滑回报。然而，由于现实中存在交易成本及不完全市场，风险不能像标准模型预测的那样完美分散。这表现为，资产的边际效用增长受到经济基础的各种冲击的影响，表现出高度的波动性和相关性，即资产的边际效用增长必须高度波动才能解释股票风险升水（Hansen 和 Jagannathan，1991），同时资产的边际效用增长必须高度相关才能解释汇率变动的相对平滑（Brandt 等，2006）。许多研究强调了更高的跨国资产边际效用变动的同步性，据此认为更多的国际风险分散（如 Brandt 等，2006；Iwata 和 Wu，2009），较少注意危机期间，由于市场不完全造成的危机跨国传染。

危机能通过贸易和金融渠道传染，现有研究存在三种假设解释危机为何全球可达。一是"竞争性贬值"。这种解释强调了贸易联系，即一国货币出现贬值，为了保证消费不向贬值国转移，本国出口不减少，各国竞相贬值，导致危机传染。二是流动性假设。信贷市场特别是银行间市场变得高度缺乏流动性，导致一些金融机构倒闭或接近倒闭，减少了实体经济的可用资金（如 Adrian 和 Shin，2010；Brunnermeier 和 Pedersen，2009）。三是与风险定价相联系的假设。金融危机触发了私人资本的反向流动（"逃往质量"现象），如新兴市场国家的资本从风险相对较高的金融资产流向更加安全的资产如美国国债。这种与风险再定价相关的全球资本的再配置可以传播危机，甚至于传导到那些较少暴露于流动性渠道的国家和地区。第一个假设与商品市场相联系。当一国经济受到某种冲击时会导致国内消费减少、产出下降，货币贬值能使国外消费转向国内，本国经济波动将变得平滑，风险通过消费转移而分散。危机期间则不同，当国内面临某种冲击时会导致产出下降，而国外也同时受到冲击，则双方为了改善贸易条件竞相贬值，其结果不是分散风险，而是风险跨国传染。第二个假设与货币市场相连。由于金融机构越来越多地跨境交易，使不同国家的金融体系日趋全球化。通过跨市场的风险分散，它们提高了国际金融体系应对异质性冲击的弹性。但是，如果银行很大程度上依赖银行间市场缓冲流动性冲击，金融风险传染也从国内层面扩展到国际范围。比如，2008 年 9 月雷曼兄弟倒闭，出现了关键市场的流动性枯竭，增加了金融机构跨境获取流动性的行为并使主要金融中介暴露于更大的风险中。这样，一个金融机构倒闭，作为一个严重的国内冲击，传导至全球化的银行间市场，使那些开始没有受到影响的金融机构也受到冲击。其结果是，危机依次传导，各国流动性出现同时收紧的现象。第三个假设与风险资产（主要指股票）相关。投资者跨境持有股票能分散风险。对于新兴市场国家而言，开放股票市场的主要利益来自更好的国际风险分散，降低股票风险升水。但危机事件能导致非正常的冲击外溢（Markwat 等，2009），各国股票市场出现更为显著的联动，而 Forbes 和 Rigobon（2002）将这种危机事件后国际资产间的相关性显著增加解释为传染。因而当危机冲击足够强大时，跨境资产组合不但不能分散风险，反而导致各国资产价格的更大波动和风险的跨国传染。

许多实证研究也指出，现实中既存在消费相关困惑[①]，也存在股票升水迷惑[②]，平静时期，这种迷惑导致了风险更多地分散（尽管不一定提高福利）。在危机事件冲击下，市场不完全导致冲击跨国传染，国际风险分散的收益被跨国风险传染成本所取代。然而在不同的危机中，究竟什么风险导致了危机的扩散；对于不同种类的国家，究竟什么风险的跨国传染的影响更大，却是一个难以识别的问题。本研究利用 Brandt 等（2006）提出的国际风险分散指数来比较 2008 年金融危机与欧债危机期间，中、美和欧洲地区的风险传染，分析这两个接踵而至的危机期间什么风险对中国的影响更大，危机传导机制存在什么差异。

---

① 即国家间产出增长比消费增长存在更高的相关性（Backus 等，1995；Lewis，1996）。

② 即国家间风险资产波动的相关性高于双边汇率波动（Brandt 等，2006）。

二、国际风险分散与风险跨国传染

根据第三章的两国模型，假设资产市场没有套利，则国内任何资产都存在一个正向的随机折现因子 M_{t+1}（Harrison 和 Kreps，1979），即

$$1 = E_t(M_{t+1}R_{t+1}) \tag{5.3}$$

R_{t+1} 是国内资产在 t 和 $t+1$ 期间的国内资产总回报率，预期与投资者在 t 时的信息相关。在各种版本的消费基础的资产定价模型中，M_{t+1} 等于 $u'(c_{t+1})/u'(c_t)$，这里 $u'(c_t)$ 是 t 时的消费效用。这样，$\ln M_{t+1}$ 就是国内投资者边际效用的增长率。假设金融市场完全开放，则任何国外资产均能被国内投资者购买，表明：

$$1 = E_t\left[M_{t+1}\left(\frac{S_{t+1}}{S_t}\right)R_{t+1}^*\right] \tag{5.4}$$

这里 S_t 为真实汇率，R_{t+1}^* 是国外资产的真实回报率。但对外国投资者，没有套利也表明存在一个外国随机折现因子满足：

$$1 = E_t(M_{t+1}^*R_{t+1}^*) \tag{5.5}$$

如果市场是完全的，M_{t+1} 和 M_{t+1}^* 是唯一确定的。这样式（5.3）和式（5.5）表明：

$$\frac{S_{t+1}}{S_t} = \frac{M_{t+1}^*}{M_{t+1}} \tag{5.6}$$

或者，写成对数形式：

$$\ln S_{t+1} - \ln S_t = -(\ln M_{t+1} - \ln M_{t+1}^*) \tag{5.7}$$

假设只存在一种无风险债券，并以 i_t 和 i_t^* 分别表示一期无风险债券的真实利率，根据式（5.3）和式（5.5）即可得到：

$$i_t = -\ln(E_t M_{t+1}) \tag{5.8}$$

$$i_t^* = -\ln(E_t M_{t+1}^*) \tag{5.9}$$

在完全市场的条件下，式（5.7）可以写为标准模型中的利率平价条件：

$$\ln S_{t+1}/S_t = i_t - i_t^* \tag{5.10}$$

如果市场不完全，则贴现因子不确定，会随各种经济基础冲击而波动。假设对数贴现因子服从正态分布，即 $\ln M_{t+1} = \mu_t - \lambda_t \varepsilon_{t+1}$，$\ln M_{t+1}^* = \mu_t^* - \lambda_t^* \varepsilon_{t+1}$。$\varepsilon_t$ 代表了来自经济体系的冲击向量，并假设服从 N（0，1）分布。这样，就存在对利率平价条件（UIP）的偏离（如 Kollmann，2005），即

$$\ln(S_{t+1}/S_t) = i_t - i_t^* + \varphi_t \tag{5.11}$$

UIP 的离差 φ_t 可以表示为国内和外国市场风险价格 λ_t 和 λ_t^* 的二次函

数，即

$$\varphi_t = \frac{1}{2}(\lambda_t^2 - \lambda_t^{*2}) \tag{5.12}$$

φ_t 还可以分解为 $u_t + v_t$，根据 Iwata 和 Wu（2009）：

$$u_t = \lambda_t \cdot Cov_t(\Delta \ln S_{t+1} - (i_t - i_t^*), \varepsilon_{t+1}),$$

$$v_t = -\frac{1}{2} Var_t[\Delta \ln S_{t+1} - (i_t - i_t^*)]$$

u_t 即为投资于外汇市场的风险升水，v_t 没有任何经济显著性并在持续的时间设定中消失。这样，在资本管制程度不变的情况下，对 UIP 的偏离可以因风险价格增加而增加。同时，汇率变动与两国真实利率之差与经济基础冲击的相关性增加也会导致 φ_t 增加。在金融市场开放的情况下，一国经济基础冲击导致的流动性紧缩可以通过跨国借贷缓解。这样在汇率基本稳定的情况下，两国利率差缩小，流动性风险得以缓解，市场很快恢复正常。如果危机事件出现，市场出现流动性枯竭现象，形成非正常的流动性冲击外溢，投资于外汇的风险升水上升，对 UIP 的偏离显著增加，此时，汇率变动与两国真实利率之差随冲击扩大。假设汇率波动相对平滑（正如 2008 年金融危机所表现的，虽然危机爆发于美国，但美元与其他国家的双边汇率并未出现大幅度贬值），那么两国真实利率之差必然出现更大缩小才能保证 u_t 增加。这就表明，危机期间两国银行间市场上出现了更为显著的利率水平的同向变动，一国流动性冲击向其他国家蔓延。

对于股票市场，假设国内和外国真实股票指数回报为 R_t 和 R_t^*，也都有对数正态分布，则

$$\ln R_{t+1} = E_t(r_{t+1}) + \sigma \varepsilon_{t+1} \tag{5.13}$$

$$\ln R_{t+1}^* = E_t(r_{t+1}^*) + \sigma^* \varepsilon_{t+1} \tag{5.14}$$

其中，$r_{t+1} = \ln R_{t+1}$ 而且 $r_{t+1}^* = \ln R_{t+1}^*$，$\sigma$ 为股指回报波动的标准差，并假设为常数。同样利用式（5.3）和式（5.5）可得

$$r_{t+1} - i_t = -\frac{1}{2}\sigma^2 + \sigma \lambda_t + \sigma \varepsilon_{t+1} \tag{5.15}$$

$$r_{t+1}^* - i_t^* = -\frac{1}{2}\sigma^{*2} + \sigma^* \lambda_t^* + \sigma^* \varepsilon_{t+1} \tag{5.16}$$

对式（5.15）和式（5.16）中的超额股票回报有相似的解释。类似于投资于外汇市场的风险升水，国内和国外股票指数的风险升水能解释为

$$E_t(r_{t+1} - i_t) + \frac{1}{2}\sigma^2 = Cov_t(r_{t+1} - i_t, -\ln M_{t+1})$$

$$= \lambda_t \cdot Cov[r_{t+1} - i_t, \varepsilon_{t+1}] \tag{5.17}$$

$$E_t(r_{t+1}^* - i_t^*) + \frac{1}{2}\sigma^{*2} = Cov(r_{t+1}^* - i_t^*, -\ln M_{t+1}^*)$$

$$= \lambda_t \cdot Cov_t[r_{t+1}^* - i_t^*, \varepsilon_{t+1}] \tag{5.18}$$

在平静时期，一国经济基础的冲击产生的风险能通过投资者跨境资产组合分散。但在危机时期，由于"逃往质量"，投资者纷纷放弃高风险资产，选择低风险资产，这样风险升水因共同冲击同步上升，两国股指超额回报与冲击的协动性增强，这就表现为两国股指超额回报的联动增强，资产再配置行为导致风险的跨国传导。

Brandt 等（2006）提出了一个风险分散指数来衡量国际风险分散程度：

$$1 - \frac{Var_t(\Delta \log S_{t+1})}{Var_t(\ln M_t^*) + Var_t(\ln M_t)} \tag{5.19}$$

但这一指数主要强调了股票市场，对于货币市场没有涉及。同时，这一指数强调了平静时期的风险跨国分散，没有考虑危机时期因为危机事件冲击导致的风险跨境传染。如果风险分散是金融全球化的收益，那么危机时期，流动性冲击与风险冲击导致了危机的全球扩散，则成为金融全球化的成本。对于货币市场而言，利用式（5.19）和式（5.8）、式（5.9），可得货币市场风险传染指数：'

$$C1 = 1 - \frac{Var_t(\Delta \ln S_{t+1})}{Var_t(i_t^*) + Var_t(i_t)} \tag{5.20}$$

对式（5.11）两边取方差，当 $\varphi_t = 0$ 时，如果两国货币市场真实利率不存在同向变动，则 $C_1 = 0$，此时不存在国际风险分散。如果金融机构可以跨境获取流动性，那么两国真实利率波动可能与本国流动性变动脱离，这时两国真实利率出现同向变动，$0 < C_1 \leq 1$。此时，风险被完美分散。当市场不完全时，两国利率差与汇率波动受到来自经济基础冲击的影响，经济体系的各种冲击还能导致这种离差 φ_t 的扩大，金融机构更加依赖于跨国银行间市场获得流动性[①]。一旦危机事件出现，流动性枯竭，$Var(\Delta \ln S_{t+1})/[Var(i_t^*) + Var(i_t)]$ 进一步缩小，C_1 增大则反映了流动性风险的跨境传染。

对于股票市场而言，同样的，利用式（5.20）和式（5.3）、式（5.5）可

---

① 对式（5.1）两边取方差，可得，$Var(\Delta \ln S_{t+1}) = Var(i_t^*) + Var(i_t) - 2Cov(i_t^*, i_t) - 2Cov(i_t - i_t^*, \phi_t)$，表明双边汇率波动进一步与两国利率差的波动脱钩，两国真实利率出现更多的同向变动，这是由于金融机构依赖更多的跨境行为获取流动性导致的。

得股票市场风险传染指数：

$$C_2 = 1 - \frac{Var_t(\Delta\ln S_{t+1})}{Var_t(\ln R_t^*) + Var_t(\ln R_t)} \tag{5.21}$$

注意，这里直接以超额股指回报替代边际效用增长，主要从两国股票市场超额回报的协动性增强即为传染的概念出发，即股票市场超额回报波动比双边汇率波动有更大的偏离，因而 C_2 增加可以表明危机事件冲击后，股票市场出现跨国风险传染。但这一指数越高，并不必然表明两国股票市场协动性越高。因为这一指数是一个相对概念，即股指波动与汇率波动的相对变化。如果因为固定汇率制汇率波动很小，即使两国股指回报的相关性较小，也可能出现传染指数较大的情况，即固定汇率制使本国对抗冲击的弹性下降。相反地，浮动汇率制能增强本国对冲击的弹性。

除了金融市场风险传染外，贸易渠道也可以传导危机，它反映为两国消费效用变动的同步性。以跨国消费增长表示的风险传染指数为

$$C_3 = 1 - \frac{\sigma^2(d\ln c_t^* - d\ln c_t)}{\sigma^2(d\ln c_t) + \sigma^2(d\ln c_t^*)} \tag{5.22}$$

这一指数表明，危机期间两国消费效用变动越同步，C_3 越大。如前所述，各种实证研究指出，各国产出增长的同步性高于消费变动的同步性。这样，C_3 越大表明一国产出冲击的跨境传导增强，一国因为危机冲击导致的经济增长放缓会引起其他国家经济增长的放缓，直接产生实体经济的危机传导。

三、数据描述及风险跨国传染比较

（一）数据描述

本文选取中国、美国及欧盟的月度数据进行计算，数据长度为 2005 年 1 月至 2011 年 12 月，数据分别来源于国泰安数据库、美国总统经济报告和欧洲央行网站。为了比较 2008 年金融危机与欧债危机，将样本期划分为三个：一是平静时期，2005 年 1 月至 2007 年 7 月；二是 2008 年金融危机时期，2007 年 8 月至 2009 年 11 月；三是欧债危机时期，2009 年 12 月至 2011 年 12 月。这一划分参照了 Chudik 和 Fratzscher（2012）的研究。选取联邦基金利率和国内七天同业拆借市场利率以及欧洲一月期同业拆借利率作为无风险债券利率指标。之所以选择国内七天同业拆借市场利率，是因为许多研究认为七天期银行间同业拆借交易比例较高，且利率走势比较平稳，可以作为市场利率的代理变量，并能反映中国货币政策的松紧（如刘志明，2006；张屹山、张代强，

2007)，将利率数据剔除各地区的通胀率即可得到真实利率。分别选取上证指数（SZZS）、标准普尔500（BP500）和道琼斯欧洲指数（DJEURO）作为三个地区的股票指数，经通胀率平减后得到真实股票指数，以对数差分计算各股指的回报率，并剔除真实利率后获得超额股指回报。汇率以一单位外国货币表示的本国货币表示。在中美及中欧的计算中，以中国作为本国，在欧美中则以美国作为本国。以 P_t 和 P_t^* 分别表示本国的物价指数，真实双边汇率 $S_t = e_t \times (P_t^*/P_t)$，其中，$e_t$ 为名义双边汇率。将消费边际效用变动理解为物质资产的价格变动，则物价指数变动可以近似反映消费效用增长。物价指数为环比定基指数，均调整为以 2005 年的物价指数为 100。所有数据均经季节调整。

首先比较真实汇率变动与超额股票回报（见表 5 - 6）。从超额股票回报来看，国内股市在 2005 年至 2007 年 7 月间表现出了上涨的趋势，而且涨幅大于美国和欧盟。在 2008 年金融危机期间及随后的欧债危机期间，均出现了下跌，而且 2008 年金融危机后跌幅更大。美国股市则在 2008 年金融危机中的跌幅更大，欧盟股市也出现类似情形。标准差代表了波动性，中国股市的波动性明显大于欧美股市。在 2008 年金融危机中波动性最强，达 12.24%。而在欧债危机期间，波动性则低于欧美股市，表明中国股市受欧债危机影响相对较小。欧盟股市在欧债期间则表现出了更大的波动性。人民币/美元、人民币/欧元双边汇率一直表现出升值的态势，美元/欧元汇率则在 2008 年金融危机期间出现贬值，其他时期美元则相对于欧元升值。汇率波动明显小于各国股市波动。人民币/美元汇率表现出最小的波动性，这与人民币软盯住美元有关。美元/欧元及人民币/欧元的波动性相对较大，但仍低于各国股市的波动幅度，这表明各国股市确实表现出了较高的风险升水。三个国家和地区的股市均表现出了相关性。其中，欧美股市的相关性显著高于中美股市及中欧股市的相关性，表明欧美间的经济、金融联系更为紧密。中美股市相关性高于中欧股市相关性，而且中美股市在欧债危机期间表现出了最强的相关性，高达 0.61。而且危机期间中美股市的联动性显著高于平静时期，这反映了传染的存在。中欧股市回报间的相关性较低，在 2008 年金融危机期间这种相关性最大。欧美股市回报间的相关性无论是在平静时期还是在危机时期都较高，在 2008 年金融危机时期相关性最高，欧债危机期间略有下降。

表 5 - 6   描述性统计

		中国	美国		欧盟		
		SZZS	BP500	X - rate	DJEURO	X1 - rate	X2 - rate
超额回报（%）							
均值	2005M1—2007M7	4.03	0.07	-0.21	1.05	-0.02	-0.24
	2007M8—2009M11	-1.45	-1.17	-0.44	-1.90	0.40	-0.05
	2009M12—2011M12	-2.07	0.43	-0.51	-1.11	-0.41	-0.92
标准差	2005M1—2007M7	7.24	2.58	0.57	2.96	1.72	1.72
	2007M8—2009M11	12.24	5.74	0.82	5.58	2.86	2.90
	2009M12—2011M12	3.98	5.08	0.44	6.31	2.75	2.57
超额回报相关性							
中国股市	2005M1—2007M7		0.16		-0.03		
	2007M8—2009M11		0.39		0.36		
	2009M12—2011M12		0.61		0.34		
美股	2005M1—2007M7				0.50		
	2007M8—2009M11				0.66		
	2009M12—2011M12				0.62		

注：$X - rate$ 表示人民币/美元的双边汇率的变动率，$X_1 - rate$ 表示美元/欧元的双边汇率，$X_2 - rate$ 表示人民币/欧元的双边汇率。

（二）风险传染比较

首先计算式（5.19）的风险传染指数（见表 5 - 7）。中美股市间的传染高于美欧与中欧，这主要因为人民币汇率僵硬，导致国内股市对外部冲击的响应缺乏弹性，这也是许多实施固定汇率制的国家更易在危机期间受到冲击的原因。对于中美股市而言，2008 年金融危机期间中美股市间的风险传染更强，欧债危机期间的传染则略有下降。中欧股市间的传染也在 2008 年金融危机期间显著上升，但到欧债危机期间则出现明显下降，这表明总的来说中国在欧债危机期间表现出了对外部冲击更大的弹性。欧美股市在 2008 年金融危机期间也表现出了明显的传染，但在欧债危机期间则出现明显下降。显然，源自美国的危机无论对中国还是欧洲都产生了更大的影响，而源自欧洲的欧债危机对其他国家的传染则相对较小。

表 5 - 7   股票市场风险传染指数

时间段　＼　国家	中美	美欧	中欧
2005M1—2007M7	0.9944	0.9637	0.9759
2007M8—2009M11	0.9962	0.9933	0.9935
2009M12—2011M12	0.9953	0.9321	0.9342

　　以银行间市场衡量的风险传染指数见表5－8，这一指数反映了跨国间利率水平同向变动导致的风险传染。显然，欧债危机期间，国内利率水平与美国利率水平表现出了完全的同步性，表明欧债危机期间风险传染的来源主要是流动性冲击。相反，2008年金融危机期间，这一流动性冲击对于危机的传导下降。中欧之间也存在类似情况。欧债危机期间，货币市场的风险传染上升，而2008年金融危机期间流动性冲击对国内货币市场的影响反而有所下降，这和国内对资本流动的管制存在关联。同时，2008年危机期间，国内为了配合财政刺激政策出台的宽松货币政策也缓解了国内流动性不足问题，抵御了全球流动性冲击对国内经济、金融的影响。美欧的情况则完全不同。显然2008年金融危机期间欧美间的货币市场风险传导显著增加，即美国的流动性冲击快速传导至欧洲，并引发了欧洲市场的动荡。欧债危机期间，欧美间因流动性导致的风险传染则显著下降。这是因为，欧美国家普遍实施量化宽松的货币政策导致了流动性的大量注入，有效防止了危机通过银行间市场的传导。

表5－8　　　　　　　　　　　银行间市场风险传染指数

时间段＼国家	中美	美欧	中欧
2005M1—2007M7	0.9999	0.9815	0.9988
2007M8—2009M11	0.9998	0.9955	0.9983
2009M12—2011M12	1.0000	0.8929	0.9992

　　以消费效用增长衡量的风险传染指数见表5－9，显然，以跨境贸易衡量的风险传染显著低于以股票市场跨市场衡量及以银行间市场衡量的传染。中美及中欧间的贸易联系并非危机传导至国内的主要渠道，只在2008年金融危机期间，贸易渠道的风险传染有所上升。美欧间的情况则不同，2008年金融危机期间欧美间的贸易渠道传染显著增强，欧债危机期间这种联系进一步增强，说明欧美间的实体经济联系更为紧密，而中国的实体经济相对独立于欧美国家。

表5－9　　　　　　　　　消费效用增长衡量的风险传染指数

时间段＼国家	中美	美欧	中欧
2005M1—2007M7	0.0616	0.2318	0.0083
2007M8—2009M11	0.1195	0.4242	0.0336
2009M12—2011M12	0.0290	0.6609	0.0144

　　综合比较不同危机传导的渠道，可以发现，2008年金融危机期间，危机

对中国产生冲击的效应主要来自资产再配置和贸易渠道的传导效应，而欧债危机期间流动性效应则是风险跨国传导至中国的主要原因。对于欧美而言，流动性和资产再配置效应都对危机的传染起到重要作用，而且由于欧美间的紧密经济联系，贸易渠道也是发达国家间风险传导的重要渠道。而且，欧债危机对实体经济的影响更大，因而其对世界经济产生的冲击更强。发达国家量化宽松的货币政策缓解了流动性冲击，有效遏制了危机的跨国传导。但实体经济的危机传导则难以在短期内阻止，因而欧债危机给各国实体经济造成的影响更大。

中美股市联动反映了风险跨国传染的金融渠道。在影响中美股市联动的诸因素中，全球因素国际油价并非中美股市联动的动因，美国宏观经济及金融变量是中美股市联动的主要引致因素。净传染是中美股市联动增强的原因，但其作用低于理性传染。受美国货币政策影响的联邦基金利率是中美股市联动时变的主要动因，同时股市、汇市联动也是中美股市联动的一个重要原因，这表明利率、汇率渠道是中美股市联动的主要传导渠道。比较而言，宏观经济变量的跨国传导对中美股市联动的影响力较低。危机期间联动增强的原因来自未预测到的利率、汇率冲击的结构性变化，表明其传导机制的显著变化导致了危机期间中美股市联动的时变。其中，美国货币政策规则的变化是导致中美股市联动增强的主要原因。风险跨国传染使得危机全球可达，2008 年金融危机及欧债危机的风险跨国传染各有不同的特点。股市间的风险传染是危机跨国传导的重要因素，其表现是股市回报的跨市场联动高于外汇资产的回报波动。伴随着改革开放，中国股市与其他国家股市间的联动已经成为传导危机的重要渠道。

第六章

中美货币政策协调

美国货币政策冲击不仅能对中国的实体经济产生影响，同时也能对中国股市波动产生影响，这意味着美国货币政策冲击不但是中美经济协动的引致因素，同时也对两国金融市场产生影响，能导致风险的跨国传染。2008 年金融危机爆发后，世界各国加大了经济、金融领域的跨国协调力度，增加了合作范围，纷纷采取了"救市"计划。货币政策方面，连续降息的"传统调控手段"被各国频繁使用，同时西方国家还推行了"量化宽松"的货币政策，给市场注入大量流动性。这一举动在国际社会特别是新兴市场国家引起强烈反响，凸显了政策协调背后国家利益之间的博弈与竞争。如何有效协调各国货币政策，使中国经济能够稳定增长，并有效抵御金融市场的风险传导，成为各方关注的焦点。

第一节　国际货币政策协调的理论与实践

国际货币政策协调理论以经济相互依存理论为基础，其基本思想脉络为，研究国际关系不能仅仅以国家为中心，要重视国家间的相互联系和相互依存。这种相互依存关系存在两个明显发展趋势：一是从单一型到复合型，即从研究经济上的单一相互依存到研究包括政治、经济、军事和外交在内的复合相互依存；二是从区域型到全球型，即从研究仅限于发达资本主义国家范围内的相互依存到研究包括发展中国家在内的全球范围的相互依存。中美货币政策协调正是在经济全球化的背景下，维持中国经济稳定增长，维护中国金融安全的重要一环。

一、国际货币政策协调的理论分析

与国际宏观经济政策协调相关的学术文献起始于 Meade（1951）所作的研究，他最早强调了国际货币政策协调问题的重要性。Cooper（1968）研究了固定汇率制度下，国际间货币政策策略相关性的问题，并认为由于国家间经济联系的加深，一国实现本国宏观经济政策的难度加大，缺乏国际间的经济政策协调将会代价高昂。Buiter 和 Marston（1985）也指出，由于外部性和公共产品的存在，一国的政策行为会对另一国产生溢出效应，这种溢出效应可能来自财政、货币、税收、贸易、产业政策的变动，因此货币政策的国际协调是必需的。Frenkel、Goldstein 和 Masson（1990）认为通过贸易与投资的流动，一国货币和财政政策的变化会对他国的经济增长与通货膨胀造成影响。要达到一国就业与通货膨胀的优化组合，就需要在决策的过程中，将政策的外部变量充分考虑进来。开展国际间政策协调，可以减轻或化解一国在独立采取行动时所面临的不利局面。比如，当一国使用货币扩张手段解决高失业率问题时，会担心经常账户平衡可能因此受影响。在此情况下，如果该国的贸易伙伴国同意采取类似的手段刺激经济，则该国经常账户平衡的潜在压力就可以减轻。Robert E. Keleher（1993）也指出，经济体之间的日益趋同一方面表明，随着市场的开放和分工的加强，需要调整原有的价格体系在合作的世界范围内配置资源；另一方面，经济的日益融合也意味着各国政策的独立性渐渐减弱，传统的国内经济政策无法在开放的市场下实现本国内外均衡的目标。许多开放经济模型也讨论了货币政策协调问题，如 MFD 模型、NOEM 模型及动态博弈模型等，为分析跨国货币政策协调提供了强有力的工具。

随着理论研究的深入，越来越多的经济学家对货币政策协调的有效性提出了疑问：国际货币政策协调可能带来合作成员的净福利增进，但也可能是反作用，参与者的福利函数较之不合作的相机抉择的效果反而恶化了。这种效应产生的原因可以分为七种：

1. 市场理性预期抵消货币政策协调效果。该理论认为市场主体的理性预期会使政府制定的政策趋于无效，或者使政策产生的效果与政府的预期偏离。Rogoff（1985）将理性预期理论运用于研究货币政策的国际协调问题，指出，如果两个国家的货币当局采取货币政策协调，试图通过扩张性的货币政策来减少失业和促进经济增长，但在市场主体的理性预期下，通货膨胀预期被调高，货币幻觉消失。即向上移动的菲利普斯曲线使得产出和就业维持现状，过剩的货币供给只能转化为物价的攀升，因而扩张性的货币政策是无效的。

2. 政策制定者非经济动机干扰合作成效。Feldstein（1987）对七国集团的货币政策协调进行了研究，认为其协调基本无效，原因主要在于政策制定者的行为往往掺杂了政治动机。即使经济的失衡源自不恰当的国内政策组合或生产力冲击，政客们为转移矛盾也常常指责和抨击外国的经济政策。货币政策的国际协调为政客们提供了一个将国内问题国际化的借口，不仅协调无效，还有可能降低政策制定者改善国内政策的激励。

3. 国家实力差异带来非平衡协调。Henning（1987）认为，由于不同国家的经济实力不同，因此强势国家对弱势国家的压制会使得国际货币政策协调产生反生产效应。例如：美国凭借其经济实力以及美元在国际货币金融体系中的主导地位，往往出于自身利益的需要，迫使其他国家实施协调措施。其他国家被动地接受美国的货币政策，美国则根据自身经济周期及战略目标随时调整货币政策的方向，被动协调国即使在经济周期与美国相左时也无法自行其是，因而对于弱势国家来说，货币政策协调是反向的。

4. 对于经济运行机制及状况的判断存在差异。Frankel（1988）等认为，货币政策协调有效性的前提是：各国政府对货币政策理论有类似的看法，对于经济运行内在机制有着统一的认识。他指出，由于各国进行经济预测时所采用的计量经济模型并不相同，因此各国对国际经济协调的成本和收益的估计就不尽一致；此外，即使就世界经济运行机制存在的问题，各国的看法也很难一致。这些因素导致了"协调中的不确定性"，使其很难就政策协调达成一致，因此，货币政策的国际协调很难在各国之间顺利实施。

5. 合作博弈存在固有缺陷。将博弈论引入国际货币政策协调时，导致货币政策协调反生产效应的原因有两个："搭便车"行为与国际货币政策协调的持续性及可置信度问题。在国际货币政策协调过程中，由于机会主义的盛行和可置信威胁的缺失，每个国家在无约束的政策协调下都存在违约的激励，从而使政策协调步入僵局。对此，Miller 和 Salmon（1985）曾证实，政策协调如果缺乏信誉将产生经济效率的损失。Cevine 和 Currie（1987），Currie、Cevine 和 Vidalis（1987）考虑了国际间溢出效应的存在并构建了一个标准的分析模型得出相似结论。而解决政策失信产生的协调无效的有效途径只能通过国家主权部分让渡建立超国家机构来管理政策协调，从而使得惩罚措施的置信度提高。Canzomevi 和 Henderson（1988）对类似制度设计作过研究，并认为主权让渡确实可以强化政策协调。但现实中只有欧盟做到了这一点，其他国家及地区之间的主权让渡由于政治、经济、宗教、文化等方面的异质性，尚未实现。

6. 宏观经济模型受制主观因素干扰。Ghosh 和 Masson（1988）则认为，由于宏观经济是一个复杂的"噪音系统",存在很多干扰因素,因此,政府无法非常客观地制定其经济政策。而当人为主观因素在宏观经济模型的修正以及政策制定中发挥重要作用时,这种建立在主观判断基础之上的国际货币政策协调的效果就十分值得怀疑。

7. 货币政策自身问题。Eichengreen(2000)认为,由于各国的货币政策最终目标可能存在冲突,从而使国际货币政策协调面临极大的阻碍。货币政策无效性理论则认为,如果货币政策在一国之内都是无效的话,那么在国际之间的效力就更加有限,甚至是反向效应。

因而,货币政策协调的效应是复杂的,要视具体的情况具体分析。全球金融市场联系的日益紧密,给跨国货币政策协调带来更多的不确定性。

二、国际货币政策协调的实践

货币政策跨国协调的实践不外乎两种类型:一是制度化的协调机制,布雷顿森林体系以及欧洲货币体系就是这一类型的主要代表;二是相关经济体在面临世界经济冲击和金融市场动荡时临时采取相机抉择的共同干预,这是危机管理的重要手段。2008年金融危机爆发后,各国均采用了这种货币政策协调模式。从国际货币政策协调的历史来看,主要经历了国际合作的起源→古典金本位下的国际合作→两次世界大战之间的国际合作→布雷顿森林体系下的国际合作→后布雷顿森林体系下的国际合作等几个阶段。现有国际金融合作的组织机构与决策机制主要包括国际货币基金组织框架下的国际合作、G8首脑会议、G20峰会、七国财长和中央银行行长会议协调机制、欧洲货币体系等组织协调机制、决策程序、运行机制和危机管理措施。

(一)现行国际货币协调体系的基本框架

布雷顿森林体系解体后,西方主要经济体相继实行了浮动汇率制,恢复了货币政策的独立性。在布雷顿森林体系解体前,虽然经济失衡时常在一些经济体发生,但由于凯恩斯主义主导了各国经济政策的制定,货币政策尚未受到足够的重视,因此,各国对于货币政策独立性的要求并不迫切。然而,随着凯恩斯主义需求管理政策逐渐面临滞胀等问题的困扰,对于货币政策独立性的要求日益突出,固定汇率制度也不再被视为金科玉律。因此,布雷顿森林体系的解体不仅为各国政府对付国内经济问题增加了重要的政策工具,而且在浮动汇率制下,从长期来看,外国的通货膨胀被隔绝,中央银行可以自主地确定本国的货币供应量,从而使货币主义理论得以实践。然而,由于汇率在宏观经济中是如此重要的变量,中央银行不可能不顾及货币政策对汇率的影响。如汇率贬值尤其是较长期的贬值对国内价格水平的影响越来越为人们所认识，进口越多，汇率波动对国内价格水平的影响就越大和越明显。并且，在全球化的背景下，大国货币政策的变化对小国实际利率和汇率水平的影响也越来越大，产生着重要的"溢出效应"。有鉴于此，各国决策者也不得不采取措施避免汇率过度波动对经济的负面影响。为了弥补这种缺失，西方国家在布雷顿森林体系解体后不久便开始考虑如何通过加强国际间经济政策协调的方式来降低各国"各自为政"的政策行为对相互间造成的负面影响，加之 1974—1975 年间，这些国家的经济大多陷入不同程度的经济不景气和衰退，加强经济政策协调的意愿和期待变得更为强烈，于是便出现了布雷顿森林体系解体后西方国家经济政策协调的新时代，这一时期国际货币政策协调的主要形式可归属于第二类型国际货币政策协调。

布雷顿森林体系解体后的国际货币协调体系可以描述为以美国为中心、欧日为主体的"寡头协调体系"。在这样的国际货币协调框架下，美元享受着超越其经济地位的特权，享受着由于其主导地位带来的不对称利益。同时，美国也掌握着控制全球货币态势的主动权，并通过国际货币基金组织和世界银行等重要国际金融组织的组织制度来主导国际金融事务，单边主义的美国金融霸权和美元垄断制度仍然继续存在。欧元出现使得国际货币体系中出现了新的能与美元抗衡的力量，日元国际化也使日本在国际货币协调体系中占据了一定地位。这些寡头国成为国际金融体系竞争格局中的内围国家，是格局中强势一方。从国际政治经济学的角度考虑，寡头国参与制定国际金融游戏规则，在博弈中对他国（或主权政府）施加有效的政治及经济影响，获取最大化国际利益。现代国际政治经济的实践表明，国际金融合作是在一定的游戏规则之下进行的。其中有些游戏规则是国家层面的，即作为一国（或主权政府）可以自主确定的；有的游戏规则是国际层面的，即多国乃至全球共同遵循的。这些规则本身可能是在所有相关国家平等参与下制定的，更有可能是其中部分甚至个别国家独断控制下形成的。不言而喻，游戏规则本身的形成方式对其实施效果具有重大影响。一般说来，寡头国参与国际游戏规则制定和安排的话语权大，占据国际货币政策协调的优势地位。而这些国家的货币政策则对外围国家能产生重要的影响。

（二）新兴市场国家的崛起及话语权的寻求

货币政策协调体系总是伴随着经济实力的变化。近几年新兴经济体，特别是"金砖国家"（中国、印度、巴西、俄罗斯、南非）的经济飞跃是有目共睹的。以"金砖四国"为例，这四国占据着世界 26% 的陆地、42% 的世界人口以及 14.6% 的世界生产总值。近几年来，"金砖四国"为全球经济增长所作出的贡献超过了 50%。根据 2011 年 4 月 12 日《金融时报》的独家报道，随着南非加入"金砖国家"合作机制，"金砖五国"占世界经济总量的比例已逾 25%。继亚洲"四小龙"创造的"东亚奇迹"之后，"金砖国家"正在创造一个"世界奇迹"。

"金砖国家"中，中国的成长最为引人注目，中国正在国际社会上发挥越来越大的影响力。2009 年，以中国、印度为首的发展中国家首次取代西方国家而成为全球经济的最大引擎，强大的经济实力使新兴经济体在国际上的影响力日渐增强。包括中国、印度、巴西等新兴经济体在内的二十国集团（G20），开始取代八国集团（G8）在全球发挥着越来越大的作用。尽管国际金融秩序正不断朝着公平、公正、包容、有序的方向发展，国际货币协调体系向多元化、合理化迈进，但新兴经济体参与到相对公平、合理的制度建设，是一个逐步而漫长的过程。国际金融新秩序和金融货币体系的重塑是一个全球性的博弈过程，金融新秩序的重建很难在短期内得以实现。新兴经济体还无法取代欧美成为世界的主导力量，"金砖国家"作为推进金融秩序改革的重要力量也存在一定的利益分歧。自"金砖国家"2009 年 6 月在俄罗斯召开第一次峰会后，货币问题并没有取得实质进展。新兴经济体对话语权的诉求是建立在既有的国际政治经济大框架基础上的，尚未涉及根源性问题，并未撼动美元霸权地位。短期内寻求与美国货币政策的协调仍然是维护本国经济稳定增长的重要手段。

第二节　中美货币政策协调的模拟及实证分析

布雷顿森林体系解体后，金融自由化迅速进展，资金的国际流动日益加快。在宏观层面上，国际资金流动除了受到利率影响外，还要受到各种风险，如汇率变动风险以及资产总量等存量因素的影响；在微观层面上，国际资金流动还表现为投资者为实现风险与收益的最佳组合在国际金融市场上选择最优资产组合。在此情形下，一国对资本项目管制的难度越来越大，机会成本也越来越高。一国发生的金融危机极易通过利率、汇率和金融资产波动传播到其他国家。这样，旨在确保金融安全，降低风险的货币政策协调也就日益受到各国的普遍重视。因此，在此背景下，对中美两国来说，进行货币政策协调显得尤为重要。

一、模拟分析

利用第三章提出的 NOEM 模型，可以模拟分析中美货币政策协调或不协调时的经济稳定性及金融市场稳定性。设置两种基本情形：一是两国货币政策协调，即两国采取同向的货币政策措施，这里假设为同时采取紧缩的货币政策；二是两国货币政策不协调，即两国采取相反的货币政策措施，这里假设美国采取紧缩的货币政策，中国采取宽松的货币政策。这样，在中美两国货币政策冲击同时出现时，可以比较分析两种情况下中国经济及金融市场的稳定性。模拟结果见表 6－1。显然，当中美两国采用同向的货币政策措施时，除真实边际成本和国内股票价格外，其他主要经济变量的波动性减小，这表明中美两国采取一致的货币政策有利于增强国内经济的稳定性，两国采取货币政策协调是有必要的。但金融市场稳定性并没有因为货币政策协调得到提升，这表明美国货币政策作为中国金融风险的一个引致因素，光靠简单的货币政策协调难以有效消除其影响。

表 6－1　　　　不同货币政策协调情境下的中国经济、金融稳定性

	消费	产出	利率	实际汇率	贸易条件	CPI 通胀	生产者通胀	真实边际成本	国内股票价格
协调	0.3726	0.3075	0.2998	0.3391	0.1620	0.8010	1.9399	0.1663	0.0443
不协调	0.3859	0.3168	0.3050	0.3326	0.1855	0.8372	2.2245	0.1389	0.0370

注：表中所列为各变量标准差，单位为%。

进一步模拟分析货币政策协调及不协调情境下，各种冲击对中国经济及金融稳定的影响。当国内出现消费习惯冲击时，中美货币政策是否协调不会对国内经济、金融稳定产生明显影响，这表现在两种情境下，国内各经济金融变量对 $\varepsilon_{g,t}$ 的响应变化不大；不同货币政策协调情境下，国内生产率冲击对经济变量的影响存在一定差异。货币政策协调时，国内各经济变量的稳定性增强，但股票市场稳定性则下降，这表明货币政策协调时，两国利率水平趋于一致变动，能平滑投资与消费，对经济稳定性产生较好影响，但金融市场稳定性并不因为两国利率水平的同向变动而增强；UIP 冲击是因为市场不完全及交易费用等引起的，两国货币政策协调并不能提升中国经济稳定性，但能一定程度提高金融市场稳定性，这表明两国货币政策协调在资本管制等情况下，能促进金融市场的稳定，即一定的资本管制是维护金融市场稳定的重要手段，货币政策协调本身难以达到稳定国内金融市场的目的；国外生产率冲击是重要的外部冲

击，在外部冲击出现时，保持两国货币政策协调能维护国内经济稳定性。在货币政策协调的情境下，国内消费、产出等经济变量均较为稳定，但金融市场稳定性则出现下降。这是因为两国利率水平趋于一致使得两国金融市场的波动也更趋于一致，短期内这种市场波动大于实体经济变量的波动，当外部冲击出现时，外部风险也更易传导至国内。

表6-2　　　　　　　　不同货币政策协调情境下各冲击的影响

	消费	产出	利率	实际汇率	贸易条件	CPI 通胀	生产者通胀	真实边际成本	国内股票价格
货币政策协调									
$\varepsilon_{g,t}$	2.0141	1.4760	1.4111	1.8475	1.0034	3.5920	10.4952	1.4647	0.3904
$\varepsilon_{a,t}$	0.3192	0.2674	0.2598	0.2889	0.1395	0.7049	1.6567	0.1233	0.0329
$\varepsilon_{UIP,t}$	0.1812	0.1171	0.1188	0.1918	0.0875	0.2355	1.2473	0.2730	0.0728
$\varepsilon_{a,t}^{*}$	0.3726	0.3075	0.2998	0.3391	0.1620	0.8010	1.9399	0.1663	0.0443
货币政策不协调									
$\varepsilon_{g,t}$	2.0004	1.4660	1.4060	1.8551	0.9802	3.5532	10.1944	1.4921	0.3977
$\varepsilon_{a,t}$	0.3331	0.2771	0.2651	0.2827	0.1640	0.7416	1.9425	0.0959	0.0256
$\varepsilon_{UIP,t}$	0.1785	0.1202	0.1159	0.2019	0.0897	0.2230	1.0650	0.3003	0.0801
$\varepsilon_{a,t}^{*}$	0.3859	0.3168	0.3050	0.3326	0.1855	0.8372	2.2245	0.1389	0.0370

注：表中所列为各变量标准差，单位为% 。

从金融市场稳定性角度考察，2008 年金融危机出现后，国内股票市场出现大幅下跌，下跌的幅度甚至超过欧美股市（见图6-1）。这表明虽然中国不是危机来源国，但外部冲击对中国金融市场产生了巨大的冲击，金融风险通过资产再平衡效应及流动性效应快速传染至中国，导致国内金融市场的大幅波动，这种波动幅度比欧美股市都更剧烈。尽管中国在危机爆发后采取了积极的财政政策及货币政策，很好地保持了经济增长，但在稳定金融市场方面则面临严峻的挑战。事实上，金融市场波动反过来能通过财富效应及企业融资对实体经济产生影响。2008 年金融危机及随后的欧债危机引起国内股市长期低迷，股市的融资能力受到限制，国内投资者得不到正常的投资回报，这都给中国经济稳定性带来影响，维持经济的稳定增长也成为危机余波影响下中国面临的首要经济问题。

二、实证研究

"寡头协调体系"下的中美货币政策协调必然是中国货币政策的被动协

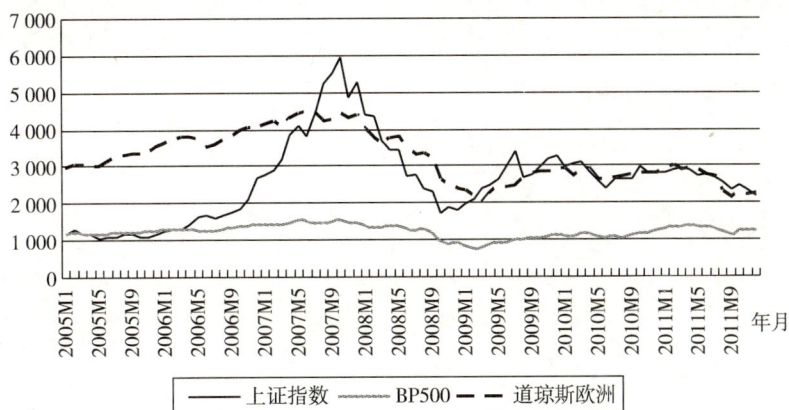

图 6 - 1　中国、美国、欧洲股票市场走势

调。首先利用格兰杰因果关系检验考察联邦基金利率与国内七天同业拆借市场利率间的因果关系，随后利用单变量 GARCH 模型和（DCC）GARCH 模型分析短期内中美利率水平的相关性及波动外溢。数据长度为人民币汇改后即 2005 年 7 月 21 日至 2011 年 6 月 30 日。同样地将整个数据分为三个阶段：第一阶段为危机前 2005 年 7 月 21 日至 2007 年 8 月 7 日；第二阶段危机期间从 2007 年 8 月 8 日至 2009 年 3 月 5 日；第三阶段为危机后，2009 年 3 月 16 日至 2011 年 6 月 30 日。

（一）格兰杰因果关系检验

选取联邦基金利率（FFR）和国内七天同业拆借市场利率（DR）日数据作为两国的短期利率指标，格兰杰因果关系检验结果见表 6 - 3。同样的，为了确保结果的稳健性，表中列出了滞后期 1—5 阶的所有检验结果，并以 SC 准则判断的最佳滞后阶数为准，同时参考其他的滞后阶数下的检验结果。显然，危机前的第一阶段，美国货币政策对中国货币政策有显著的引导作用，这反映在危机前美国进入加息周期，中国货币政策也随之收紧，以控制国内越来越高的通胀预期。2008 年金融危机期间，美国货币政策也对中国货币政策存在明显的引导作用。但由于国内经济增长较为稳定，尽管美国采取了量化宽松的货币政策，中国并没有在货币政策上采取过度宽松的态度，而是主要依赖财政刺激应对危机，因而这一阶段美国货币政策对中国货币政策的引导作用有所减弱。危机后，美国继续实施宽松的货币政策，而中国因为财政刺激及原材料价格大幅上涨等原因，国内出现较为严重的通胀。为了抑制通胀，中国采取了紧缩的货币政策，因而美国货币政策的引导作用消失。相反地，中国货币政策起到一定的引导作用。这表明，随着人民币国际地位的提升，人民币汇率弹性加大，中国货币政策自主性上升，由被动地与美国货币政策协调，逐步转向主动调整货币政策以适应国内经济发展。

表 6 - 3　　　　　　　　　　　格兰杰因果检验结果

原假设	滞后期	第一阶段		第二阶段		第三阶段	
		F 值	p 值	F 值	p 值	F 值	p 值
FFR 不是 DR 的格兰杰原因	1	15. 0508	0. 0001	11. 3547	0. 0008	0. 0370	0. 8475
	2	**10. 5440**	**0. 0000**	**6. 7378**	**0. 0013**	**1. 1335**	**0. 3227**
	3	8. 9014	0. 0000	4. 0616	0. 0074	1. 2378	0. 2953
	4	6. 2981	0. 0000	3. 0739	0. 0164	0. 9729	0. 4219
	5	4. 4788	0. 0005	2. 2047	0. 0533	0. 8907	0. 4869
DR 不是 FFR 的格兰杰原因	1	0. 9239	0. 3370	1. 5039	0. 2208	3. 5241	0. 0610
	2	**1. 2938**	**0. 2752**	**2. 0452**	**0. 1308**	**2. 3006**	**0. 1012**
	3	1. 2900	0. 2772	1. 7613	0. 1541	1. 6912	0. 1679
	4	0. 7321	0. 5704	1. 7765	0. 1329	1. 4163	0. 2272
	5	0. 6371	0. 6715	1. 8845	0. 0962	1. 3044	0. 2605

注：以 SC 准则最小确定滞后期，分别以粗体显示。

（二）中美利率间的溢出效应

既然美国货币政策对中国货币政策存在引导作用，即中国货币政策与美国货币政策的被动协调，进一步地，可以利用 GARCH 模型分析中美两国利率在一阶矩（均值）和二阶矩（方差）上的关联性，即均值溢出效应和波动溢出效应。此外，还可以考察中美利率间的条件相关。

1. 计量模型。考虑到滞后相关，VaR - GARCH 模型为

$$ffr_t = \mu_1 + \sum_{i=1}^{p} \gamma_{1,i} ffr_{t-i} + \sum_{i=1}^{p} \varphi_{1,i} dr_{t-i} + \varepsilon_{1,t} \tag{6.1}$$

$$dr_t = \mu_2 + \sum_{i=1}^{p} \gamma_{2,i} ffr_{t-1} + \sum_{i=1}^{p} \varphi_{2,i} dr_{t-i} + \varepsilon_{2,t} \tag{6.2}$$

其中，$\varepsilon_{i,t} | I_{t-1} \sim N(0, H_t)$，$i = 1, 2$，$t = 1, 2, \cdots, T$，假设每一个条件方差服从 GARCH（1，1）过程，即

$$h_{ij,t} = \alpha_{i0} + \alpha_{i1} \varepsilon_{ij,t-1}^2 + \beta_{i1} h_{ij,t-1}, (i = j)$$

利用 VaR - GARCH 模型即可分析两国利率对两国货币政策变动的响应。

进一步地，利用第一章中涉及的 DCC（GARCH）模型即可分析中美利率间的波动外溢问题。

2. 数据描述。表 6 - 4 给出了中美利率序列统计量的数值。次贷危机后，中美利率的均值水平明显靠近，波动水平显著上升。偏度和 JB 统计量显示两国利率均为非正态分布，其中危机前美国利率呈现左偏，其余为右偏。各序列峰度均不等于 3，呈现非正态的尖峰厚尾分布。ADF 检验结果说明除危机后阶段，所有序列均平稳。

表 6 - 4　　　　　　　　　　　中美利率序列的统计描述

	危机前		危机期间		危机后	
	FFR	*DR*	*FFR*	*DR*	*FFR*	*DR*
均值	4. 7890	2. 2059	2. 4173	2. 9206	0. 1567	2. 2375
标准差	0. 6238	0. 6198	1. 6549	1. 2340	0. 0374	1. 3949
偏度	− 1. 0293	1. 3242	0. 1623	1. 2951	− 0. 2836	2. 4642
峰度	2. 6250	5. 2139	1. 8000	7. 5356	2. 2343	9. 7764
JB 统计量	87. 9295 ***	239. 29 ***	24. 4023 ***	430. 80 ***	20. 6573 ***	1 594. 3 ***
ADF 检验形式	（c，0，3）	（c，0，1）	（c，t，0）	（c，0，0）	（c，0，2）	（c，t，10）
ADF 统计量	− 3. 2847 **	− 5. 0534 ***	− 4. 0959 ***	− 5. 2881 ***	− 2. 4646	− 2. 1824

3. 估计结果。由于危机后数据的不平稳性，这里只估计危机前及危机期间的中美利率之间的相互影响。依据 AIC 和 SC 信息准则，选取最优滞后阶数为 8。表 6 - 5 为危机前后中美两国 GARCH 模型的估计结果。结果显示：中美利率均受到自身滞后项的显著影响，危机后，美国利率变动的延续性显著增强。危机前，国内利率几乎对美国利率不存在显著响应，但危机后，则对滞后4 期和滞后 7 期的美国利率存在响应。美国利率对中国利率在危机前不存在响应，但危机后则对中国利率有了一定程度的响应，但响应的程度远远低于中国利率对美国利率的响应程度。这说明危机后两国货币政策出现了更为明显的协调，但更多表现为中国货币政策对美国货币政策的被动协调。

表 6 - 5　　　　　　　　　　VAR - GARCH 模型估计结果

	危机前		危机期间	
	ffr	*dr*	*ffr*	*dr*
均值方程				
常数项	0. 0987 *** （5. 3066）	− 0. 0448 （− 0. 6769）	− 0. 0020 （− 0. 2498）	0. 0344 *** （2. 7972）
ffr_{t-1}	0. 5162 *** （7. 9447）	− 0. 1003 （− 0. 7254）	0. 9328 *** （19. 7411）	0. 0077 （0. 2337）
ffr_{t-2}	0. 0676 （0. 9139）	− 0. 1752 （− 1. 0564）	− 0. 1325 ** （− 1. 9445）	− 0. 0195 （− 0. 4831）
ffr_{t-3}	0. 1005 （1. 3538）	0. 3037 （1. 3618）	0. 01889 （0. 3226）	− 0. 0476 （− 0. 8541）

续表

	危机前		危机期间	
	ffr	dr	ffr	dr
均值方程				
ffr_{t-4}	0.1350 * (1.9298)	-0.2103 (-1.1184)	0.1638 *** (3.6233)	0.1085 * (1.8460)
ffr_{t-5}	0.0250 (0.3310)	0.0811 (0.4166)	-0.0862 ** (-2.2038)	-0.1292 ** (-1.9692)
ffr_{t-6}	0.0833 (1.2606)	-0.0283 (-0.1480)	0.1363 *** (3.6983)	0.0419 (0.6544)
ffr_{t-7}	-0.0027 (-0.0438)	0.2570 (1.3063)	-0.0801 ** (-2.3896)	0.0844 * (1.7789)
ffr_{t-8}	0.0526 (1.1013)	-0.0532 (-0.3134)	0.0420 * (1.8465)	-0.0250 (-0.8763)
dr_{t-1}	0.0068 (0.8348)	0.6850 *** (13.2261)	0.0195 *** (3.2444)	0.6781 *** (13.6970)
dr_{t-2}	-0.0068 (-0.5322)	0.0525 (0.7894)	-0.0019 (-0.1634)	0.0026 (0.0473)
dr_{t-3}	-0.0080 (-0.6982)	0.1155 (1.5855)	-0.0213 ** (-2.3576)	0.1662 *** (4.0411)
dr_{t-4}	0.0193 * (1.8394)	-0.1043 (-1.4733)	-0.0067 (-1.2518)	0.0301 (0.7544)
dr_{t-5}	-0.0120 (-1.1479)	0.1160 * (1.7128)	0.0232 *** (4.0252)	0.1601 *** (4.7102)
dr_{t-6}	-0.0060 (-0.5270)	-0.0731 (-1.3205)	0.0224 *** (2.7745)	-0.0815 ** (-2.1241)
dr_{t-7}	0.01128 (1.0084)	0.0483 (0.9366)	-0.0266 *** (-3.7534)	0.1040 *** (3.5961)
dr_{t-8}	0.0036 (0.5248)	0.0149 (0.3101)	-0.0074 (-1.4755)	-0.1003 *** (-5.7712)
方差方程				
α_{i0}	0.0002 *** (2.8215)	0.0029 *** (3.0267)	0.0008 *** (4.4652)	0.0026 ** (2.3937)
α_{i1}	0.3687 *** (5.5143)	0.22776 *** (5.4884)	2.1524 *** (9.0043)	2.0669 *** (9.4805)
β_{i1}	0.6467 *** (11.6274)	0.7005 *** (14.16)	0.1161 *** (2.8249)	0.1523 *** (4.8114)
估计效果				
对数似然值	793.8254	94.0421	296.75	-94.70
AIC	-3.2651	-0.3124	-1.4604	0.6053
SC	-3.0895	-0.1368	-1.2526	0.8131

注：***表示在1%水平上显著，**表示在5%水平上显著，*表示在10%水平上显著。括号中的为 z 值。

均值方程中加入了各变量滞后项后，消除了货币政策消息对市场波动性的冲击，因而利用方程（1.1）—方程（1.9）进一步估计货币政策消息导致的两国货币政策冲击的外溢效应（见表6-6）。相关性估计表明，危机前两国利率的条件相关存在显著的时变性，危机前的相关性与危机后的相关性相似。但危机后两国利率的条件相关的时变性显著降低，表明危机后两国利率的波动溢出效应的变化降低，体现了危机后在各国货币政策趋同的大背景下，中美两国利率协调常量化，两国危机管理的一致性使得两国利率水平的波动溢出随市场消息的变化显著下降。

表 6 - 6　　　　　　　　两国利率的（DCC）GARCH 模型估计结果

	危机前		危机期间	
	ffr	dr	ffr	dr
均值方程				
常数项	5.2577 *** (14 115.38)	1.8210 *** (1095.33)	1.9949 *** (2.9844)	3.0374 ** (12.24)
方差方程				
α_{i0}	0.0003 *** (5.4460)	0.0021 *** (8.8255)	0.0030 (0.0294)	0.0011 (0.0119)
α_{i1}	0.6560 *** (59.6729)	0.3573 *** (28.43)	0.1868 ** (1.9303)	0.8482 ** (2.0271)
β_{i1}	0.0258 *** (2.6933)	0.4938 *** (41.92)	0.4617 (1.2758)	0.3617 *** (3.9381)
相关性估计				
$\bar{\rho}_{12}$　0.7899 *** (72.3597)		似然值　- 1 027.17	$\bar{\rho}_{12}$　0.7723 *** (4.0038)	似然值　- 1 022.7
α　0.0524 *** (39.1863)		AIC　4.3167	α　0.0700 (1.5318)	AIC　5.4691
β　0.4160 *** (11.6235)		SC　4.4122	β　0.2513 (0.6872)	SC　5.5836

注：***表示在 1% 水平上显著，**表示在 5% 水平上显著，*表示在 10% 水平上显著。括号中的
为 z 值。

事实上，自 2005 年 7 月 21 日汇改以来，中国有意保持中美两国的利差以避免国际"热钱"的过度涌入，防止金融风险的过快积累。2008 年金融危机爆发前的一段时间内，中美两国利率持续走高，整体上呈现同方向变动，且联动性相对较小。2008 年危机爆发后，为缓解市场流动性紧缺问题，同时为了刺激经济，美联储曾在极短的时期内连续多次大幅度降息，并将联邦基金利率维持在一个接近于零的水平（见图 6 - 2）。而我国为防止通货膨胀进一步加剧以及经济过热，人民银行在 2007 年连续 6 次上调基准利率，中美利差一度"倒挂"。而 2008 年下半年以来，随着国际金融危机对我国经济的影响日渐加深，人民银行适时调整货币政策，连续多次下调利率以维护经济平稳运行（见图 6 - 3）。比较图 6 - 2 和图 6 - 3，可以看出两国利率变动的不同步性。2008 年金融危机以后，中美两国利率的协动关系增强，表现为 2008 年 7 月以后，两国利率水平均出现了快速下降，这反映了危机期间的变动货币政策协调。从 2010 年 1 月以后，这种情况又出现了变化。特别是美国推出第二轮量化宽松货币政策后，中美两国利率水平出现较大背离，美国利率水平持续维持在低位，而中国利率水平自 2010 年 1 月后缓慢上升，2010 年 10 月后则出现快速上升。

经济全球化背景下中美间的经济关联性日益加深，开放经济条件下货币政

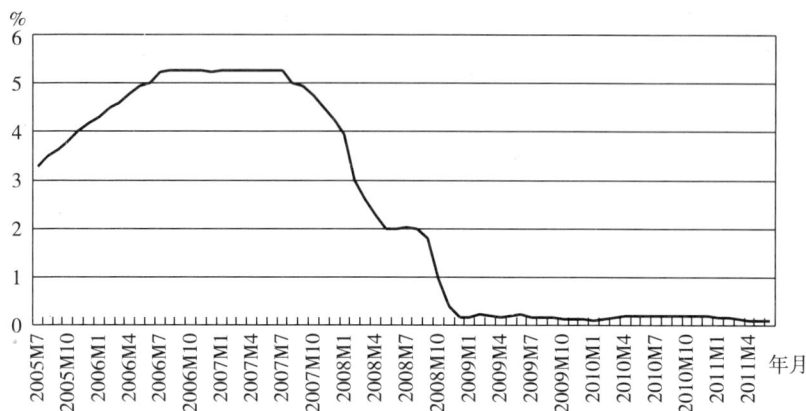

图 6 - 2   美国联邦基金利率走势

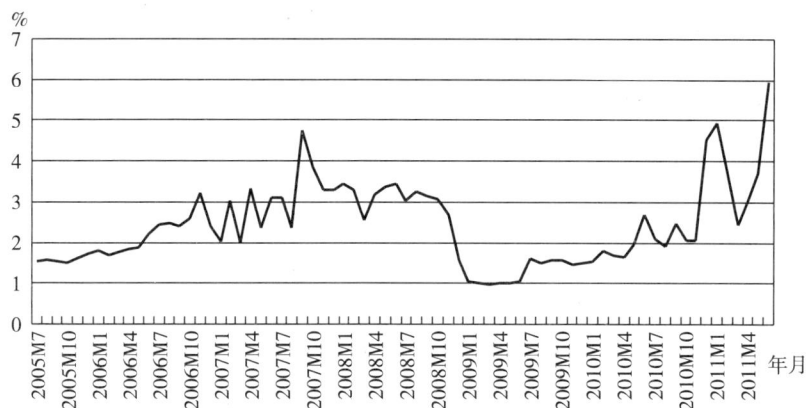

图 6 - 3   中国同业拆借利率走势

策传导的溢出效应使得中国货币政策不能仅以本国经济状况为依据来制定，也需要兼顾国际经济因素的影响，这凸显了中美两国在货币政策上进行协调与合作的必要性。危机后，各国政策出现了不同步现象，可能对全球经济产生诸多不利影响，并引起一系列负面效应。因此，进一步协调好货币政策，对于确保中国经济稳步发展和健康运行有着极为重要的意义。美国作为最大的发达国家，其货币政策尤其是利率政策有更多自主性，并且对其他国家货币政策的实施有着重要的制约作用。因此，仅仅被动地与美国货币政策协调也可能带来系列问题，需要进一步增强我国货币政策自主性，更大地发挥货币政策在稳定经济中的作用。

第三节　中美两国货币政策协调的机制及模式选择

一、货币政策国际协调的分类

依据进行政策协调的程度，国际货币政策协调可由低到高划分为以下六个层次：

第一，信息交换（Information Exchange）。信息交换是各国政府相互交流本国为实现经济内外均衡而确定的政策目标范围、政策目标侧重点、政策工具种类、政策搭配原则等信息，但仍在独立、分散的基础上进行本国决策。通过信息交换，各国政府可以避免对他国货币政策调控活动作出错误估计，更好地分析本国经济与外国经济之间的溢出效应。信息交换是一种最低层次的国际货币政策协调形式。

第二，危机管理（Crisis Management）。危机管理是指针对世界经济中突然出现的、带来特别严重后果的事件，各国进行联合的货币政策协调以缓解、渡过危机。危机管理这一协调形式是比较偶然出现的、临时性的措施，主要目的在于防止各国独善其身的政策选择使得危机更加严重或蔓延。如前所述，2008年由美国次贷危机而引发的全球金融危机，大部分国家的中央银行相互主动相互协调，利用货币政策进行危机管理。

第三，避免共享目标变量的冲突（Avoiding Conflicts Over Shared Targets）。共享目标变量是指两国所要面对的同一目标，例如浮动汇率制下两国之间的汇率。由于两国共享目标是同一个，因此如果两国对之设立了不同的目标值，这就意味着两国之间将出现直接的冲突，两国之间的相应政策便成为具有竞争性的"以邻为壑"的政策。国家间的竞争性贬值是共享目标变量冲突的最典型的形式。

第四，合作确定中介目标（Cooperation Intermediate Tageting）。两国国内的一些变量的变动会通过国家之间的经济联系而形成一国对他国的溢出效应，因此各国有必要对这些中介目标进行协调合作，以避免它对外产生负面的溢出效应。这一中介目标既有可能是共享目标变量，也有可能是其他变量，例如固定汇率制下一国的货币供给量。

第五，部分协调（Partial Coordination）。部分协调是指不同国家就国内经济的某一部分目标或工具进行协调。例如，仅对各国的国际收支状况进行协调，而国内经济的其他变量则不纳入协调范围。再例如，仅对各国的货币政策进行协调，而听任各国根据各自的具体情况独立使用财政政策。

第六，全面协调（Full Coordination）。全面协调是指将不同国家的所有主要政策目标、工具统统都纳入协调范围，从而最大限度地获取政策协调的收益。依据进行政策协调的方式，国际货币政策协调有两种机制，即相机性协调（Discretion—based Coordination）与规则性协调（Rule—based Coordination）。所谓相机性协调是指根据经济面临的具体条件，在不存在规定各国应采取何种协调措施的规则的情况下，通过各国间的协商确定针对某一特定情况各国应采用的货币政策组合。这一方法实际上是一国经济调控中相机决策的推广。一般认为，这一方法的优点在于可以针对不同的条件就更为广泛的问题进行协调，并且这一方法也较为灵活，而缺点在于可行性与可信性较差。从可行性看，每次政策协调行动实际上意味着各国政府间的一次讨价还价。这样一次次的政策协调会带来很高的决策成本，并且也难以对各国政府进行制约，易于产生竞相违约及"搭便车"现象，缺乏可持续性。从可信性来看，这种方式下的协调措施完全由各国协商决定，缺乏一套明晰的规则，这便会产生较大的不确定性，从而难以通过影响公众的心理预期而发挥政策效力。

所谓规则性协调是指通过制定出明确规则来指导各国采取政策措施进行协调的协调方式。以规则为基础的协调机制是以各种制度为基础的，因此也称为制度性协调。规则性协调的优点在于决策过程清晰，已制定的规则对于各参与国具有一定的约束力与强制性，从而保证协调能够在较长时间内稳定进行，具有较高的权威性和可信性。但这种协调机制的缺点在于，参与国货币政策运用的自由度受到极大的限制。

二、中美货币政策协调模式的发展趋势

20世纪80年代末以来的30年间，世界经济格局因为中国的崛起而悄然发生改变。现在，中国经济无疑已成为当今世界经济舞台一支不可忽视的力量。但随着中国经济地位的提高，中国在国际货币金融领域的话语权仍然未受到美国主导的国际货币金融体系的认同。在国际货币政策协调这一问题上，美国有着矛盾的思维。一方面，随着中国在经济上的崛起，美国面临着当初日本经济崛起时其所遇到的相似问题，即如何遏制中国经济势力的扩张，这是一个国家战略层面的问题。但问题的复杂性在于中国并非像日本一样在政治与经济上高度依附于美国，中国经济实力的增强使得单边的被动货币政策协调越来越难以实现。另一方面，美国对于中国贸易依存度的不断提高，中国经济长期高

速增长而形成的巨额外汇储备，使得中国的货币政策对于美国经济及金融市场的溢出效应逐渐放大，因而与中国进行货币政策协调的重要性逐步显现。这种矛盾的思维也反映在了美国政策制定者的实践中。为了遏制"中国制造"，汇率问题成为美国要求单方面货币政策协调的焦点。美国国会的一些势力认为，如果中国不实行浮动汇率制，不使人民币较大幅度地升值，美国就应当对中国进行贸易制裁，例如提高对中国商品的进口关税，以此报复中国"操纵人民币汇率"。尽管生产力水平的相对提高会带来实际汇率的升值，但实际汇率的升值并不意味着名义汇率的必然升值，也可以表现为国内物价水平的上涨。蒙代尔（2003）明确支持稳定的人民币汇率，认为人民币的快速升值会严重打击中国的制造业，造成中国经济衰退，外商直接投资减少，经济增长大幅放缓，银行的不良贷款及国有企业亏损问题更严重，人民币自由兑换的时间表推迟，失业率增加，农村地区出现严重通缩，更会影响东南亚国家的稳定。美国对于人民币汇率问题的歪曲理解其目的在于阻止中国的崛起。同时，美国已经意识到国际货币政策协调的中国因素无法回避，务实的策略是试图分阶段和分步骤地将中国纳入美国主导的非正式协调机制中。首先，中国受邀参加七国集团的重要会议，其中讨论的主要议题是人民币汇率。七国集团的策略是有意将人民币汇率与世界经济与美国经济的失衡问题挂钩，将中国拉进七国集团协调机制。这些努力背后的根本目的是首先使人民币汇率问题国际化，在人民币升值与汇率改革问题上迫使中国让步或就范，'"加强与中国在货币政策问题上的协调"。

因而现阶段的人民币汇率问题，不仅反映了中国经济的外部均衡问题，更多地反映了中美货币政策如何协调的问题。中美货币政策协调则是在人民币逐步实现国际化的背景下，由被动协调逐步走向自主的双边协调过程。

三、从被动协调到双边协调

虽然布雷顿森林体系已崩溃数十年了，世界经济金融贸易格局也发生了巨大的变化，但美元作为国际主要储备货币的地位尚未受到根本性挑战，在国际债券、投资、贷款、进出口票据、大宗商品等领域美元的定价能力仍未受到撼动。因此，美元仍然享受着超越其经济地位的特权，美国仍掌握着控制全球货币态势的主动权。而美国货币政策的制定与实施必然是以国内利益为出发点，不会考虑货币政策对于其他经济体的"溢出效应"。美元的贬值或升值和美联储的调息行动完全服从美国的经济周期性变化与国家经济利益的需要。而当他国的经济发展和政策走势有可能不利于美国时，美国的最优策略是要求他国作出让步，承担调整成本。当前的国际货币体系和美国一贯的霸权式合作态度和思维是经济政策国际协调无法取得实质性进展的深刻制度与思想根源，这也使得美国的单边主义无法得到有效遏制。伴随着中国经济的崛起，中国应从以下几个方面努力，在中美货币政策协调中把握主动权，实现货币政策的双边协调。

（一）实现货币政策独立性

对于中美两国来说，货币政策在稳定价格的基础上还承担了促进经济增长的重要使命，对于我国尤为如此。内需主导的经济结构使得货币政策的主要目标是维护国内经济的正常运行及促进自身的经济发展。

但近年来，中国货币政策的独立性受到严重损害，调控国内经济运行的重要工具反而成为妨碍经济正常发展的掣肘。2001 年底的降息行动就是典型的例子。"9·11"之后美国的降息，也引发了人民币利率的下调，从而为 2003 年之后的结构性通胀埋下隐患。2004 年的情况更是如此。动用利率政策手段抑制通货膨胀是十分有效的货币政策措施，但是受制于国际社会和金融市场对人民币升值的强烈预期，一旦加息，将会相应降低"热钱"的流入成本，使更多的"热钱"进入国内市场。于是人民银行只有通过上调银行存款准备金率同时大规模发行央行票据，来抑制货币供应量的过快上涨，结果导致年底央行票据市场的市场存量数倍于上年同期，总量近 2 万亿元，货币政策愈发被动。在原有的中心——外围协调格局下，中国被动地接受美国根据其自身经济周期波动而制定的货币政策，几乎承担了"协调"的全部成本。随着中国经济发展带来自身周期重要性的增强，在未来资本账户及金融体系开放程度进一步提高的背景下，上述矛盾和问题将继续存在，并呈不断加大的趋势。中国必须要改变这种单边协调、被动承受美国货币政策外部性的局面，重掌货币政策自主权。

（二）退出软盯住实现有管理的浮动汇率制

固定汇率制度的最大好处是政府帮助个人及企业消除了汇率风险，降低了国际贸易及投资的交易成本。第二次世界大战后，布雷顿森林体系就是一个固定汇率制度。由蒙代尔倡导的欧元体系在欧盟各国之间也是一个固定汇率制度。港元与美元的挂钩及人民币与美元在 1994—2005 年期间的硬盯住，也属于固定汇率制度。显然，固定汇率制度对促进国际贸易与投资功不可没，中国的外贸及外商直接投资的迅速发展主要发生在 1994 年实行人民币与美元挂钩之后。固定汇率的另一个好处是对本国的货币政策加以限制，使得本币的利率及通胀与国际主要货币的利率与通胀不会无缘无故地相差太多。对于像中国这样的发展中国家，当中央银行的货币政策制定及执行能力还不成熟时，固定汇率也有利于稳定通胀预期及宏观经济环境。1994 年人民币与美元挂钩之后，中国的通胀预期很快就得到控制，在亚洲金融风暴期间甚至出现轻微的通缩。

汇率稳定的好处是显而易见的，但其中最大的一个风险就是丧失了货币政策的自主权。一种汇率制度是否适合于一个国家，主要取决于该国特定的时期和特定的经济环境，如对外贸易和金融资本流动的规模和开放度，金融部门和金融市场的发展阶段，可能面临的自然资源冲击和该国的政治目标等。目前中国面临新的经济环境，继续维持硬盯住汇率制度，成本很高。根据克鲁格曼的"不可能三角"，对一个国家而言，独立的货币政策、固定汇率和资本自由流动，三者不能同时存在。即在货币政策独立、汇率稳定和完全的资本流动这三个目标一国不可能同时实现，必须放弃其中的一个。由于长期以来中国实行的实际上是一种固定汇率制，所以，在目前资本不完全流动的前提下，推进汇率制度的改变，能增强我国货币政策的独立性。

随着中国经济开放程度的提高，资本管制将逐渐放松，要保持货币政策的独立性，有必要退出软盯住的汇率制度。但自由浮动不适合中国这样一个处于经济结构不断变动和经济不断发展的国家。从国际上看，俄罗斯卢布在实行自由浮动后，重新选择了有管理的浮动，就是因为汇率剧烈浮动给经济带来了巨大冲击。有管理的浮动汇率不需要政府率先公布或宣布汇率目标，而是通过积极干预来达到目的，避免了盯住汇率制度的公信力问题。

2005 年 7 月 21 日，中国人民银行正式宣布实行以市场供求为基础、参考一篮子货币进行调节、有管理的浮动汇率制，标志着我国逐步形成更加富有弹性的人民币汇率机制。2005 年 9 月 23 日，中国人民银行重新调整了银行间外汇市场和外汇指定银行的汇价管理办法。改革后的人民币汇率形成机制的特点是，人民币汇率不再单一盯住美元，而是按照我国经济发展的实际，选择若干种主要货币，赋予相应的权重，组成一个货币篮子。同时，根据国内外经济金融形势，以市场供求为基础，参考一篮子货币计算人民币多边指数的变化，对人民币汇率进行管理和调节。参考一篮子货币表明外币之间的汇率变化会影响人民币汇率。但参考一篮子货币不等于盯住一篮子货币，前者还需要将市场供求关系作为汇率决定的另一重要依据，据此形成有管理的浮动汇率。受 2008 年全球金融危机影响，人民币的波动弹性再度缩小。直到 2010 年 6 月 19 日，人民银行宣布进一步推进人民币汇率形成机制改革，增强人民币汇率弹性。至此，人民币汇率制度改革进一步走向纵深。这样，中国宏观调控的工具中增加了汇率工具，可以更有效地对中国的国际收支的不平衡进行调节，使内外均衡的同时实现更有保障。

（三）建立两国货币政策协调的"汇率目标区"机制

在人民币弹性逐步扩大的情况下，建立"汇率目标区"制度可以兼顾稳定性和灵活性，较好地实现两国的货币政策协调。

首先，"汇率目标区"制度可以增强两国货币政策协调的灵活性。假定交易者确信汇率永远将在目标区内变动，货币当局仅在汇率变动到目标区的上下限时才进行干预，基本经济因素的变动是完全随机的。当汇率的变动逐渐接近目标区边界时，交易者预期汇率将作反向调整，重新趋于中心汇率。在目标区内边界附近，虽然交易者预期货币当局可能会进行干预，但是干预的时间、力度和频率均无从知晓。因此，多数交易者会赶在货币当局干预前，顺应预期的干预方向进行市场交易，因而在很大程度上减轻了货币当局干预的负担。货币当局在目标区内对汇率进行干预的自由度提高，增加了两国货币政策协调的灵活性。

其次，"汇率目标区"制度可以增强两国货币政策协调的稳定性。在汇率目标区制下，汇率自由浮动的余地相对增大了，货币当局具有相机干预的自主权，在其认为无必要时就不必变动货币供给量来维持一个内在固定的汇率水平（如当本币名义汇率下降时，不必通过减少货币供给量和提高本国相对于他国的利率，使本币升值，从而使名义汇率重新回到期初水平）。运用货币政策手段来维持汇率，意味着在汇率目标区制内的两国不得不寻求货币政策方面更多的协调，有助于增加货币政策协调的稳定性。

（四）采取适度的资本管制

根据三元悖论，放弃了固定汇率之后，货币政策即可独立。在第三章的NOEM 模型中，可以发现在浮动汇率制度下，在不同的资本管制程度下，国内货币政策冲击的影响是不同的。但现实中一国是否真的能够实现货币政策独立性，则存在诸多争议。一些实证研究指出，世界上除最大的四五个国家外，其他国家的货币政策都不独立，不论这些国家实行固定汇率或是浮动汇率。在存在价格黏性的情况下，存在汇率的不完全传递，因此货币政策的变动在浮动汇率制度下会带来汇率超调。汇率超调造成的波动有可能造成国内外资源配置不当和外汇市场上的过度投机，这无疑会扰乱汇率变动影响总需求的机制，中央银行不得不应用货币政策去干预汇率的过度波动。弹性汇率制下，利率平价机制作用使国际市场利率变化的经济冲击随资本管制度降低而增强，更易发生汇率超调。因而人民币汇率弹性扩大后，资本项目开放必须更加审慎，否则货币政策受制于金融市场的波动，其独立性仍然难以实现。因而资本管制不能轻易放弃，这样才能保持国内外利率的协调一致，以防范资本盲目流动引发汇率超调、金融危机和经济动荡。

（五）灵活应对中美货币政策冲突的策略

中国愿意在公正、平等、合理的环境和条件下与美国等西方国家就包括货币政策在内的经济政策展开必要的国际协调。然而，在现行不公正和不合理的国际经济金融秩序下，难度较大，关键是美元是主要国际货币，而美国又不愿意承担维持美元基本稳定的责任和义务，也不愿意承认政策失误并承担调整的责任，因而美国经常面临经常项目逆差不断扩大、债务不断积累的情形。为了缓解国内经济矛盾，美国往往要求他国承担调整成本和负担，这种行为事实上干涉了包括中国在内的国家的货币政策制定和实施的主权。

随着中国经济的崛起，货币政策独立性的要求将逐渐与美国的货币政策协调主张发生冲突，这一冲突无可回避。如何应对这一冲突关系到我国是否能够和平崛起，改变现有的国际经济、政治格局。中国现阶段的对策与策略是参与对话，掌握一定的话语权，消除国际社会对于中国货币政策的误解。既然七国集团有意加强与中国对话，中国则可以把加强与七国集团的对话作为第一步，通过有效的双边和多边对话与协商加强双方的沟通和理解，增强互信，消除分歧与冲突，化解矛盾，求同存异，尽可能在人民币汇率问题与改革议题以及在关乎世界经济金融整体发展利益和国家相互间利益的重大问题上与七国集团达成共识。事实证明，中国现阶段的对策与策略是成功的，至少使七国集团不得不承认美国贸易逆差的扩大与人民币汇率的变化无关，人民币汇率变化难以解决全球经济和美国经济失衡问题，只有美、欧、日及包括中国在内的亚洲其他经济体有信用地协调联手行动才可能缓解全球经济失衡。中国的中长期策略，一是通过持续快速稳定的经济增长来增强中国的经济"硬实力"；二是广泛开展区域货币政策协调加入货币政策国际协调游戏规则的制定行列中，并努力推动建立在一定规则基础上的有效、公正、合理的新的国际货币协调机制。为此，中国需要承担与其当前经济实力和地位不太相称的责任。1997年亚洲金融危机后，中国主动承诺人民币汇率不贬值就是最好的例证。这种协调行动对维护世界经济金融稳定作出了重要的贡献，也为我国进行对外货币政策协调积累了信誉。

第七章

美国货币政策与中国金融风险

美国货币政策冲击不仅能影响中国的宏观经济变量，也是短期内引起中美股市联动的重要因素。因而，美国货币政策与中国金融风险存在关联，这也是危机跨国传导的原因之一。历史上，美国货币政策突变也是一些国家金融危机爆发的重要原因。因而，正视美国货币政策冲击带来的金融风险，改革国际货币体系，实现多边协调机制，也是防范中国金融风险的重要措施。

第一节　美国货币政策与金融危机

20 世纪 90 年代后，金融危机愈演愈烈，频率有明显加快的趋势。首先是因金融衍生品投机失利的"巴林银行事件"和"大和银行事件"震惊了世界，随后发生了北欧银行危机，且有十余个欧洲发达国家在一批投机者攻击下发生了欧洲货币体系危机。时隔不久，作为新兴市场经济国家典范的墨西哥发生了"新兴市场时代的第一次大危机"。1997 年 7 月爆发的亚洲金融危机，则成为"全球化时代的第一次大危机"。20 世纪 80 年代末 90 年代初原苏联东欧集团的解体，使全球金融危机蔓延到"转轨国家"之中。据 Lindgren、Garcia 和 Saal（1996）的统计，自 1980 年到 1996 年，共有 133 个国际货币基金组织成员国发生过银行部门的严重问题或危机。正如 Honohan（1996）指出的，20 世纪 90 年代以来发生的金融危机的频度和规模，是"史无前例的"。与此同时，金融危机的国际传导机制也发生了变化。

一、美元的国际地位与全球流动性

货币政策与金融危机存在关联。以弗里德曼为代表的货币主义认为，造成金融体系的内在脆弱性的原因，是货币政策的失误和过量的货币供给。正是货币政策的失误导致了金融风险的产生和积累，并使得微小的和个别的金融困难演变为剧烈的和全局性的金融动荡。金融危机是对错误的货币政策的纠正过程，必然伴随着货币数量的显著下降，可能使小的扭曲酝酿成极为恶劣的后果，从而导致金融不稳定。通过对美国从1867—1960年间发生的六次金融大震荡和经济大衰退的研究发现，其中四次金融震荡和经济衰退与银行或货币因素有关。美元的国际地位使得美国货币政策不仅是美国金融风险的一个来源，也是全球金融风险的一个重要引致因素。

（一）国际货币体系与美元本位制

布雷顿森林体系确认了美元的国际地位，但这种货币体系存在致命的缺陷，即"特里芬难题"。"特里芬难题"最先由罗伯特·特里芬（1960）提出。该观点主要认为布雷顿森林体系时代作为中心国家的美国保持本国经常账户赤字与盈余的必要和矛盾将瓦解固定汇率制。具体的，一方面，美国需要保持经常账户逆差来不断地输出美元，以满足其他国家将美元作为结算货币、储备货币的需求；但另一方面，美元作为国际储备货币必须保证币值的长期稳定与坚挺，因此需要保持本国经常账户盈余。这两个相互矛盾的内在要求决定了布雷顿森林体系最终难以避免的崩溃。

但从具体数据来看，布雷顿森林体系崩溃之后，美元作为主要国际储备货币的角色依然没有改变。尽管欧元的兴起对美元形成了一定挑战，美元在国际官方外汇储备中所占的比重依然居于主导地位。因而，目前仍然面临"新特里芬难题"（MeCaule，2003），即，美国作为国际金融中介，通过发行相对安全的国债来吸引贸易盈余国资本，以方便为其经常账户逆差融资。一些贸易盈余国因此成为美国的"准银行"。但是源自这些"准银行"的美元货币供给又依赖于美国的经常账户逆差。如果美国的经常项目赤字不可持续，"准银行"的"货币供应"就会收缩，这又反过来威胁美国国际金融中介的地位。Dooley等（2003）更是直接指出布雷顿森林体系自20世纪90年代以来已经复活，并且认为中心国家经常账户的长期赤字与新外围国家经常账户的长期盈余的模式仍然是可以持续的，亦即新时代的"特里芬难题"还将长期存在。

如凯恩斯所言，美元本位制下，美国享受了一国本位币与国际本位币相结合的绝大部分好处，即世界使用美元，美国生产美元，美国俨然成为经营美元纸币的全球中央银行。美国通过美元纸币可以换取世界上任何有价值的商品和服务。武建东（2007）对此有精彩的论述：几十年来，美国发行的美元纸币已经远远超过了美国的资产，美国实际上是一个严重"资不抵债"的国家。

倘若已发行的全部美元纸币要求兑换为美国的实体资产，美元纸币体系必然崩溃。然而，美国却创造了另一个伟大的奇迹来弥补这种缺憾，即"美国创造了有史以来最庞大的分红资本、生息资本和以丰富的衍生品为主体的虚拟经济市场运行美元，也就是让过剩的美元有一个'钱能生钱'的场所"。它为过剩的全球美元找到了生存空间，为经营美元纸币和创造与此相关的利润提供了强大的支持。美元本位制的运行体现为"两个体系"、"两个差额"、"两项资产体系"、"两项稳定"、"两个管理优势"、"两个渠道"、"两个保障"。"两个体系"即实体经济和虚拟经济。"两个体系"维持着美元纸币体系宽广的运行空间，是美元本位制的存在保障。"两个差额"即资本项目顺差和经常项目逆差。"两个差额"构建了美元本位制紧密的全球化体系，是美元本位制的全球化运行的稳定机制。"两大资产体系"即以美元计价的和以投资国本位币计价的国内和国外资产体系。"两大资产体系"精巧地平衡了顺差国的美元纸币债权，两项资产成为构建美元纸币体系全球权利平衡的"剃刀"。"两项稳定"即国际军事力量威慑与国内经济发展。"两项稳定"政策成为美元信用的崇高表现。"两个管理优势"即美元的国内本位币与国际本位币，"两个管理优势"成为美元全球地位的证明。"两个渠道"即银行和基金。"两个渠道"解决了货币从储蓄者到需求者的转移，当期收入与预期收入的转换。"两个渠道"使美元成为拥有高额回报的食利手段。"两个保障"即美联储货币管理和电子支付系统的国内和国际支付机制，"两个保障"成为挽救美国金融机构破产的道德保障。美元本位制从机制上完成了全球体系的成熟运行，这是比金本位制和布雷顿森林货币体系时代更重大的货币革命和金融创新。它使美元成为当代世界最强大的货币本位币。这是目前全球最复杂、最精密、最有功效的复式纸币体系。从美元本位制的运行机制来看，美元就是经营美国利益的核心工具。美国成功地在全球范围内运转美元本位制是美国财富增长的核心，以美元纸币换取全世界最有价值的实体资源是其关键。"从某种角度而言，美国的意义已经不大了，美国的利益代表是美元，美国已经成为一项投资工具，美国也成为融资主体。"

(二) 美国货币政策与全球经济失衡

美元本位制维持了二战后的国际经济发展，但也存在着重大的缺陷：一方面，美元本位导致全球经济对美国经济的过度依赖，另一方面也造成了无法持续的资产价格泡沫，这不仅对有国际收支盈余的国家来说是如此，对美国这个主要的赤字国家也是如此。正是美国货币政策通过降低世界真实利率，刺激了全球总需求，驱动了全球经济失衡、流动性过剩及资产价格的大幅度上涨

（Bems、Dedola 和 Smets，2007；Bracke 和 Fidora，2008），因此，美国货币政策与全球经济失衡联系在一起，因而也是全球金融风险的一个重要引致因素。

2005 年 2 月 23 日，国际货币基金组织总裁罗德里戈·拉托在题为《纠正全球经济失衡——避免相互指责》的研究报告中首次正式提出"全球经济失衡"的概念。同年，在河北香山召开的 G20 央行行长会议上的联合公报中也明确指出：全球经济正处在失衡的状态中，这种失衡表现为：一方主要是以美国为首的长期贸易赤字，另一方主要是东亚各国特别是中国长期的对外贸易盈余。这种世界经济失衡表现出了突出的时代特征：一是失衡日益集中于几个对世界经济有重要影响的大国；二是失衡与增长相伴而行，使调整失衡的难度加大；三是失衡涉及世界经济的各个方面和领域，包括贸易失衡、结构失衡、增长失衡等，形成了全球经济运行的整体失衡和利益冲突。解释全球经济失衡的研究有很多，这包括 Bernanke（2005）的全球储蓄过剩观点，Dooley 等（2002）最早提出的布雷顿森林体系 II 的观点，Hausemann 和 Sturzenegger（2005）的金融暗物质观点，Noubini 和 Setser（2004）的最悲观论调观点，以及 Caballero 等（2008a）的全球"硬资产"短缺观点，等等。而 McKinnon（2005）的研究则将全球失衡归咎于国际美元本位。由于历史原因，国际间的产品贸易和资本流动主要以美元计价，这使得美国成为"唯一可以有本国货币巨额负债的国家，它不易遭受债务以外币定值的其他国家一般会遭到的风险"。美国国际借款面临的是软约束，这最终造成了美国的低储蓄率。因此，与其说美国可以提供"硬资产"，不如说美元的特殊地位，美国面临的是国际借款的软约束。

（三）全球流动性过剩与资产价格泡沫

美元本位制时代，由于中心国美国经济结构在全球分工格局下已经逐渐"去工业化"、"空心化"、"过度虚拟化"，美联储通过长期实施违背泰勒规则的宽松货币政策，在对实体经济产生直接刺激效果的同时，更借助股市和房市等资产价格膨胀带来的财富效应、托宾的 Q 效应、资产负债表效应等，最终借由经常账户赤字消费全球实物商品，并由此输出美元流动性。美元在全球以及美国境内实现了多轮循环，全球失衡和全球流动性过剩由此产生并持续循环。

Caballero 等（2008a）利用 CFG 模型将全球失衡和全球流动性过剩的关联模型化。他们的最关键假设是"硬资产"短缺，即只有美国、欧洲和日本才能提供具有安全性和流动性的储蓄工具，大量的新兴市场经济体则缺乏这种能力。模型显示，欧洲和日本的经济增长越慢，其他国家的金融资产提供能力越弱，美国的经常账户赤字就越大，其资产在全球资产组合中所占的比例就越大，全球的利率水平也就越低。这一研究建立了失衡和流动性之间的关联，即二者是全球经济结构变化的共同产物。随着国际金融危机的爆发和蔓延，Caballero 等（2008b）对上述模型进行了扩展，重点探讨流动性过剩如何导致资产价格泡沫和大宗商品价格的剧烈波动。

综上所述，当某个主权国家的货币成为国际本位币时，为了向全球经济注入流动性，该国必须保持经常账户赤字，这同时也意味着该国向全球注入铸币税。同时，由于其货币具有双重性，中心国家的货币政策会对全球资产市场造成巨大影响。当该国的货币发行超过一定限度时，会给全球经济带来巨大风险。

二、美国货币政策在金融危机中的角色

翻开 20 世纪的经济发展史，金融危机如影相随，像"幽灵"一样伴随着世界经济发展的全过程。尤其是，随着 1974—1975 年爆发的世界范围的经济衰退，加上 80 年代金融形势紧张，金融危机迅速增多。20 世纪 80 年代以来，短短十几年间，发展中国家就爆发了数次较大的金融危机，即 1982 年的拉美国家债务危机，1994 年的墨西哥金融危机，1997 年开始的亚洲金融危机，1998 年的俄罗斯金融危机以及 1999 年的巴西危机等。发达国家也未能幸免，爆发了 1987 年的股灾，20 世纪 80 年代到 90 年代日本泡沫经济的形成及破裂，1992 年的欧洲汇率机制危机，2008 年由次贷危机引发的美国金融危机以及随后的欧债危机。这些危机还迅速在全球蔓延，给国际经济造成沉重的打击。

当代金融危机不但爆发频繁，而且金融危机的蔓延和传染性效应增强，速度加快，并且呈全球性特征。纵观 20 世纪 80 年代以来发生的几次大的金融危机，货币危机已经成为金融危机的先导，并处于核心环节。由此可见，从一国国内来看，金融危机的发生必与一国的货币制度有关；从国际来看，金融危机的发生必定与货币本位制有关系。鉴于布雷顿森林货币体系崩溃以来，美元本位制已名副其实地成为货币本位制的典型代表，所以，20 世纪 80 年代以来的金融危机也与美元本位制及美国货币政策存在关联。

1. 货币错配与发展中国家金融危机。在权益的净值或净收入（或二者兼而有之）对汇率的变动非常敏感时，就出现了所谓的"货币错配"。从存量的角度看，货币错配指的是资产负债表（即净值）对汇率变动的敏感性；从流量的角度看，货币错配则是指损益表（净收入）对汇率变动的敏感性。净值/净收入对汇率变动的敏感性越高，货币错配的程度也就越严重（莫里斯·戈

登斯坦、菲利浦·特纳，2005）。

在美元本位制下，美元作为本位货币，不管是在国际计价、国际清算方面，还是在国际借贷以及国际储备方面，均占绝对的主导地位。因此，对于广大的发展中国家来说，其经常项目交易和资本项目交易很难用本币来定值，更难用本币来实施。从负债/支出来看，在本国出现供应不足，且资本市场发展滞后的情况下，发展中国家的企业不得不到海外去筹资，或通过本国的银行到国际市场筹资。由于在国际资本市场上基本不可能筹到以本国货币计值的债务，这些企业或银行只能借入外币资金（主要是美元），于是自然就陷入货币错配困境，货币错配引起的金融脆弱性会因期限错配而变得更加严重。因为，相对于银行贷款和其他资产，存款的期限一般都很短。一旦发生货币攻击，国内借款人将不得不立即偿还短期美元债务，可能引发货币贬值。此时国内企业的银行债务急剧上升，甚至出现资不抵债，纷纷走向破产。显然，在盯住美元的固定汇率制度下，需要通过严格监管，防止银行持有较大净外汇敞口头寸。从资产/收入方面来看，由于发展中国家普遍实行出口导向型发展战略，因此，在这些发展中国家普遍存在贸易顺差。在美元本位制下，贸易顺差则意味着外币计值债权即美元债权的积累；同时，由于发展中国家普遍存在较高的储蓄率，加之国内债券市场发展滞后，致使过剩的储蓄很难有效地在国内转化为资本，不得不通过贸易顺差和资本外流两种方式大量流向美元市场或欧洲货币市场，结果，发展中国家仍难逃货币错配的困境，这就是所谓的"高储蓄两难"。"高储蓄两难"是指任何无法以本币提供信贷的国际债权国都将出现的货币错配问题。

具有高储蓄"优点"的国家通常会出现经常项目顺差。随着时间的推移，经常项目顺差将会出现两种情况：（1）随着美元权益的积累，国内美元资产持有者越来越担心美元资产价值，因此会不断将美元转成本币，迫使本币升值。（2）外国人开始指责顺差国的货币低估。当然，这两种情况往往交织在一起。国外要求本币升值的压力越大，国内美元资产持有者就越忧心忡忡。当美元资产开始转成本币资产时，政府就会左右为难。"因为，如果允许本币升值，就会引发通货紧缩，经济最终陷入零利率的'流动性陷阱'，尤其在国内物价水平已经走稳的情况下更是如此。但如果债权国不让本币升值，国外就会以贸易制裁相威胁。因此，债权国的'高储蓄两难'与债务国的'原罪'问题实属异曲同工"（McKinnon，2005）。

由此可见，在美元本位制下，无论是对债务国，还是对存在高储蓄两难的债权国而言，都会产生金融不稳定，进而引发金融危机。为了持续向全球提供美元，不仅多发美元，而且必然存在间歇性的贬值和升值，同时伴随周期性的紧缩和扩张的货币政策。当强势美元实施一段时期，经常项目逆差积累到相当程度时，部分来自于市场的压力和自发调整，美国往往间歇性地采取弱势美元政策。弱势美元可以在一定时期内、一定程度上改善贸易赤字。美国周期性的扩张和收缩的货币政策，引发全球流动性扩张和收缩。当流动性扩张时，货币错配问题不会引起发展中国家政府和企业的重视。一旦流动性收缩，这种货币错配问题就会凸显出来，引发危机。拉美债务危机、亚洲金融危机中都有这一引发因素。

2. 美国货币政策与2008年金融危机。首先，2008年美国金融危机爆发与美国的债务积累紧密相关。美国的债务经济是众所周知的，由于美元的储备货币地位，美国的债务一直没有引发国内的金融动荡，甚至美国的负债还成为其发展经济的重要资金来源。然而，是谁借了那些债务，是政府、公司还是家庭部门，对于维持美国的经济增长和就业是至关重要的。随着世界其他地区的需求下降和财政需求减少，到20世纪90年代末，支撑美国全部有效需求的唯一力量就是私人部门的持续繁荣。1993年的家庭部门当时有3 000亿美元的债务（约翰·伊特韦尔、艾斯·泰勒，2001）。到了2004年，这一数字上升到约10 015亿美元（根据2006年美国总统经济报告第370页的数据估算），占国内负债的52%。家庭债务总额在GDP中所占的比重不断上升，高达85%。与此同时，居民的净储蓄率不断下降，债务支付率也接近14%（项卫星、刘晓鑫，2007）。因此，世界经济已不得不为美国的巨量借款特别是美国家庭的购房借款融资，这为美国次级债危机的爆发埋下了伏笔；创新的金融衍生产品又进一步增加了不确定性，引发全球金融风险的共振。最近几年，美国的银行家们在一股狂热的创新热潮中，利用次级抵押贷款创造出了过多复杂的金融工具——然后将这些新产品出售给全球各地的投资者。因而，当次级抵押贷款借款人（家庭部门）无法偿还债务时，相关证券价值暴跌，从而给全球各地的投资者带来损失。以往，银行发放贷款，然后将它们保留在自己的账上，这样在信贷出现问题时，很容易知道谁在遭受损失。但现在这些信贷已被再次打包，卖给全球各地的投资者，没人知道谁在蒙受损失。因此，整个金融体系被恐惧气氛所笼罩，通过自我实现的多重均衡迅速传导到全球金融市场，即使是离危机源头很远的新兴国家市场也无一例外地遭受了冲击。

持续宽松的货币政策助长了美国债务积累，一方面低利率刺激了各种借款活动，导致债务扩大；另一方面，为了获得更高的利润，各种复杂的金融衍生工具被创造出来，并且制造了更高的流动性。宽松的货币政策还引起通胀预期，进一步刺激各种借款活动，债务以空前的速度积累。

其次，市场失灵导致风险的成倍扩大。在一个有效的市场中，价格体系能够保证在每一种状态下有充足的流动性供给，并且资产能够被合理定价。而在不完全市场中，资产价格由可用的流动性决定。一旦流动性供应无效，资产价格就可能迅速归零，这将刺激投资者持有货币以获得更为廉价的资产。这种正反馈效应可以迅速放大金融风险，导致金融市场的定价功能失效，危机由此爆发。Allen 和 Gale（2008）指出了三种市场失灵的表现：泡沫、金融脆弱性和传染。

一是泡沫问题。可用的流动性是决定资产价格的重要因素。全球经济失衡、美国的货币政策和金融创新导致了流动性过剩，引发资产泡沫。在目前的国际货币体系下，失衡的国际经济必然带来大量的剩余货币。首先，贸易盈余回流美国，可以为美国的经济发展提供资金，促进国内投资，实现国民收入的增长，进而增加美国对外国商品和服务的需求。在贸易赤字增加的情况下，凭借发达的金融市场，吸引大量的国外资金流入，为其贸易逆差或国内债务提供融资，这直接导致美国信贷市场的扩张，并进一步通过美国的对外投资，引发全球性的流动性扩张。其次，信贷扩张直接导致美国国内资产的价格上扬，其突出表现就是美国房地产市场的繁荣。资产价格的上扬进一步激发信贷扩张，这成为资本流入后所激发的自我推动的流动性扩张。最后，金融创新又进一步地创造了流动性。金融创新使得一些流动性不强的资产也变得越来越具备货币特征，其结果就是资本被越来越多地货币化，这无疑又增加了市场的流动性。美国货币政策通过降低市场利率引发了全球流动性过剩，对全球金融体系造成了冲击。

二是金融脆弱性问题。金融脆弱性的表现就是微小的冲击可能对金融体系产生强大的影响，这在本轮金融危机中表现得尤为明显。次级抵押贷款市场并不是很大，约 9 000 亿美元，占美国未偿抵押贷款债务总额的 15% ~ 25%。所以，次贷危机爆发后，各方普遍持乐观态度，认为随着美国政府以及各国央行积极采取各项救市措施，危机很快会过去。但危机的发展却超出了大多数人的预想，最终以"百年一遇"的程度爆发了出来，这表明金融体系的脆弱性已经达到了极为严重的程度。首先，金融机构行为是金融脆弱性产生的根本原因。在过去的 30 年里，核心大企业越来越脱离银行寻求融资，这迫使银行积极从事消费信贷和住房信贷的扩张，金融变得相对独立于生产型企业且增长迅速，越来越具有强烈地制造金融泡沫的内在动力（Lapavitsas, 2008）。在低利率政策和竞争压力下，银行不断降低放贷标准并通过证券化获得新的利润来源，逐步形成了一个结构错综复杂而且不透明的金融体系。在这样的市场中，银行需要靠出售资产获得流动性。由于流动性的供给和需求在短期内缺乏弹性，极小的不确定性就可能触发资产价格的大幅度波动。其次，金融产品尤其是衍生金融工具合同的复杂性和不完全性成为金融脆弱性的重要隐患。衍生金融工具本身是一项复杂的合同，这些合约既有缺点也有优点。优点是这些衍生工具能够降低风险，最大的缺点就是他们可以利用极高的财务杠杆，隐藏了金融交易中的潜在风险。当投资者风险厌恶下降时，杠杆可以让投资者以十几倍或是上百倍地增加资产头寸，流动性也随之成百倍地扩大。当市场的风险偏好发生变化时，投资者在去杠杆时，流动性也会以几十倍、上百倍的速度减少。特别当投资者流动性偏好大幅增加时，流动性枯竭的速度就更加惊人。此外，衍生金融产品冻结、滞后了利率的调整，导致货币政策传导失效（刘光溪、苏鹏，2008）。2004 年美联储加息后，市场上的长期利率反而下降。美联储并未意识到货币政策传导失效，而是认为加息力度不够。由于联邦基金利率不断上调，导致市场最终无法承受。最后，监管缺失是脆弱性的总根源。以美联储为代表的美国金融业监管机构没有对金融创新产品进行风险评估，对可能的潜在风险没有进行合理地预期，继而进行有效地监管，相反地，采取了放任自流的态度，促使泡沫的生成。由于对货币政策效果的误判，又一味加息，直接刺破了泡沫，导致危机的爆发。

三是传染问题。总的来说，金融危机的国际传染渠道包括贸易渠道、金融渠道以及信心渠道。本轮金融危机经发生国很快传递到周边并向全球辐射，美国的危机迅速演变成全球性的金融危机，形成了金融传染，金融渠道和信心渠道扮演了重要角色。传染的根源为信息，但更重要的是市场不完全。由于不同区域的金融机构之间存在复杂的债权债务关系，当一个地区的金融机构陷入危机，拥有这些金融机构债权的其他地区金融机构就会蒙受损失。当这种外溢效应足够强大时，就可能引发其他地区的危机。在极端的情况下，危机由一个地区依次传导，最终对全球造成冲击。在一个完全市场当中，由银行间通过相互持有债权债务构成的网络应该是均匀的而且每个区域与所有其他区域产生联系，这样银行持有的债权债务分散到众多的金融机构，初始的冲击只会对其他金融机构产生微小的影响。市场不完全情况下则完全不同，可能引发危机的传染。在一个不完全的市场中，一个地区仅与少数的几个地区产生联系。当市场上流动性充足时，金融体系可以正常运转。一旦关键地区货币政策出现逆转，导致了流动性的超额需求，这种交叉持有的债权债务关系就可能成为一场灾难，原因在于交叉持有不能产生新的流动性。当客户对流动性的需求超过了金融机构持有的短期资产，而金融机构又无法通过将长期资产流动化获得资金时就可能破产。其他地区金融机构由于过于集中地持有这些破产机构的债权，就会面临损失并同样陷入困境。因为美国发达的金融市场和高收益、低风险特征，其他地区金融机构过于集中地持有美国资产，造成了市场不完全，因而引发了金融危机的迅速传染。在金融危机的传染中，金融机构本身的问题又加剧了这种传染。一是"搭便车"问题。金融机构间的交叉持有并不能创造新的流动性，但可以再分配流动性，因而金融机构间有动力相互持有。但当经济体系中出现超额流动性需求时，每个银行又都会试图降低其在其他银行的存款，形成银行间的相互推卸责任，这就导致银行间存款的迅速消失，金融机构无法再获取多余的流动性。二是银行出于盈利性压力，尽量压缩短期资产，即保留有限的流动性缓冲器。一旦这一缓冲器无法满足需求，整个金融机构就会崩溃。由于危机地区的银行只在少数地区拥有直接债权债务，所以其他地区的银行往往意识不到流动性短缺，等到它们自救时就已经太晚了。

图 7 - 1 显示的是联邦基金利率调整与世界范围内几次货币危机的联系。20 世纪 80 年代中后期，日本泡沫经济的形成，就与美国低利率政策导致日元大幅升值、日本货币政策被迫维持一个相当低的利率有关。1989 年开始的联邦基金利率上调，引起了西方主要国家进入一个加息期，则直接引发了日本泡沫经济的破灭。20 世纪 90 年代初期美国的低利率，导致大量资本从美国流向东南亚等新兴经济体市场。由于资金充裕，放松外汇管制、实行灵活的汇率制度一度在这些国家风行，但 1995 年开始的联邦基金利率上调和美元走强结束了这一进程，这些国家转而出现了货币的贬值预期和资本外逃，相继引发了墨

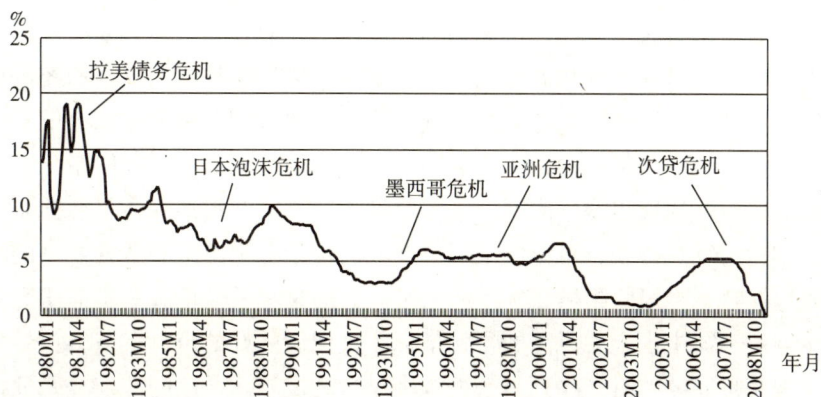

图 7 - 1　联邦基金利率调整与危机

西哥危机、东南亚金融危机和俄罗斯金融危机。从 2001 年开始，美国开始了新一轮的低利率政策，在中国等经济体则出现了大量的贸易顺差、外汇流入和汇率升值预期。从 2004 年开始，美国联邦基金利率转而上升，全球性的调整再次出现。2007 年爆发次贷危机，随后演变为全球经济危机，并进一步引发欧债危机。

第二节　美国货币政策与中国金融风险的关联分析

美国货币政策确实是全球金融风险的重要引致因素。同样的，在中国经济、金融逐步开放的过程中，美国货币政策也与中国金融风险的关联度逐步上升。进一步地，通过构建中国金融风险指数，可以分析美国货币政策与中国金融风险间的关联。

一、中国金融风险综合指数的构建

金融危机是外生冲击和金融体系脆弱性共同作用的结果。一般认为，金融危机爆发前都存在明显的金融风险的积累，而这种风险的积累能通过经济、金融指标的异常波动表现出来，因而这些指标可以作为现有金融体系健康和稳定性分析的基础。尽管识别和衡量金融风险预警指标的研究近年来取得了实质进展，但人们在这一领域的知识仍然显得有限，尚未形成普遍可接受的指标体系。特别在国与国之间，并没有能同时为几个国家所接受的系列指标。即使在一国范围内，不同的研究、不同的机构也没有采取完全一样的指标体系，这是因为不同的国家具有不同的经济结构和金融体系，而且一个国家的经济形势和金融体系也在随时间的变化而变化。对于中国而言，这种结构变迁和经济形势的变化更加明显，这使得指标体系的选择不可能照搬别国研究或完全依赖已有研究的结论，而应该根据金融风险的动态表征选择有效的单个和综合系列指标，以增强指标的覆盖率、周期性、实效性和公共可获得性。为了能够获得中国金融风险的客观概貌，可以尝试用可观察的包括宏观经济和金融变量的时间序列构造综合金融风险指数，并以此为基础，通过相关性检验等实证研究工具选择能有效表征中国金融风险的预警指标。这样做的好处至少有三个：

一是获得连续的时间序列来表征金融风险的概貌。一般的涉及金融危机的文献常常以简单的二元变量表示，没有包括极端值之间的各种风险状态，也就无法刻画金融风险的严重程度。而且，由于中国并没有爆发过显性的金融危机，这使得通过这种方法选取指标存在较大的困难。而综合金融风险指数能提供一个描述金融市场总体风险的连续集，其极端值成为金融危机，这样就覆盖了各种风险状态，将之用于描述金融风险更加全面，在用于指标选取时也能提高实效性和可获得性。

二是获得包括各个子市场的综合风险评估。随着国内金融市场的不断完善和金融改革的不断深化，中国已建立起了以银行部门为核心，包括债券市场、股票市场、外汇市场等在内的较为完备的金融体系。金融风险来源变得多样化，不仅仅局限于银行部门和外汇市场，而且银行部门以外的其他子市场对金融风险的影响也越来越大。伍志文（2003）就曾指出，1996年后，国内金融市场子系统的脆弱性明显上升，其对整体金融脆弱性的影响明显增大。一般的研究在预警指标的选取时往往只考虑单个市场如银行部门或货币市场，并以单个市场危机爆发来判别指标的有效性，不能系统性地评估整个金融体系风险，指标选取也往往存在覆盖率不高的缺陷。

三是形成连续的时间序列能够体现中国金融风险的变动趋势。随着我国金融业市场化水平和对外开放程度的提高，金融机构间竞争加剧，影响金融风险的因素不断增加，各种因素的影响力及其相互影响也在不断变化，外部因素也成为国内金融风险的一个重要来源。利用综合风险指数不仅能获得金融风险的全貌也能提供金融风险的变动趋势，在选取指标方面就具备一定的实效性和前瞻性。

（一）综合金融风险指数的构建方法

构造一个连续的指数来测度金融风险的总体状况，是近年来许多研究的重点。如国际货币基金组织的很多专家从1999年来一直致力于金融稳健性综合指数的开发，但至今尚未取得可广泛接受的结果。文献中主要涉及了三类综合指数的构建方法：一是连续的金融困境指数（FSI），包括以银行信贷分析（BCA）产生的一个美国月度FSI，Bordo等（2000）构造的金融不稳定指数。在这些研究基础上，Illing和Liu（2006）为加拿大金融体系构建了一个金融困境指数，指出以金融困境指数描述的精确困境特征是预测金融危机的先决条件。他们结合银行部门、外汇市场、债务市场、股票市场，对一般性地衡量发达国家金融体系困境作出了初步尝试。二是用综合单个指标形成综合指数评分的方法来衡量金融体系脆弱性。Hawkins和Klau（2000）用这种方法尝试性地构造金融市场压力指数、外部脆弱性和银行系统脆弱性指数，对24个新兴市场国家的金融风险进行了衡量。这是一种相对简单的指数构造方法，选择的指标和运用的方法有一定的预测力。三是综合所有的指标和变量，构造预警指标的综合信息。Kaminsky（1999）提出了四种方法组合信息，考虑同一时间的所有信息和变量间的不同贡献，以此综合判断危机爆发概率。虽然这不同于上述的综合指数构造方法，其实质也是综合单个指标的判别信息，对总体金融脆弱性进行判断。

国内构造综合风险指数的尝试主要集中在银行体系。如伍志文（2008）构造了一个银行脆弱性指数（BSF3）来测度银行整体风险状况。万晓莉（2008）利用动态因子分析的方法，构建了我国银行的季度金融脆弱性指数。马辉（2009）改进了货币危机压力指数的合成方法，并基于构建货币危机压力指数的方法，分别合成了银行危机压力指数和资产泡沫危机压力指数刻画我国的金融风险情况，这是合成金融风险综合指数的一种简便易行的方法。

构造综合金融风险指数时有两个重要的要素：选择变量和权重。本文在上述文献的基础上分别构造银行脆弱性指数、外汇市场压力指数、资产价格波动性指数、传染脆弱性指数，随后合成综合风险指数。

1. 银行脆弱性指数。衡量银行脆弱性的变量有很多，传统的衡量集中于银行的资产负债表信息，如不良贷款比率、收入和盈利能力，流动性和资本充足率等。然而，给定资产负债表信息只能获得相对低频的数据，而且往往伴随显著的滞后。越来越多的研究试图从金融市场上获得信息来衡量银行体系稳健性。如 Illing 和 Liu（2006）采用的是衡量相对股票回报波动的银行部门的 β 作为测度银行特定部门困境的向量，其计算公式为

$$\beta = \frac{\text{cov}(r, m)}{\text{Var}(m)}$$

其中，r 和 m 分别是银行部门指数和总市场指数的年度总回报率。当 β 大于 1 时，银行股的总回报率波动在过去的年份中比总市场回报波动大，这样，银行部门的相对风险更大。Huang、Zhou 和 Zhu（2009）利用信用违约掉期（CDS）利差和单个银行股票价格等市场信息构造系统性风险的衡量。市场基础的衡量有两个主要的优点，不仅能获得更即时的最新数据，而且通常是前视的，因为资产价格变化反映了市场对重点企业未来绩效变化的预期。然而，中国的股票市场历史较短，一些银行特别是国有商业银行缺乏足够长的时间序列数据，这给以市场基础信息构造银行脆弱性指数带来困难。鉴于此，我们参考 Hawkins 和 Klau（2000）、马辉（2009）及伍志文（2008）的研究，选取相关变量构造银行脆弱性指数。众所周知的是，这是一个难以获得可靠数据的部分。原则上，需要用到的指标包括监管体系质量、银行不良贷款水平、资本金比率、部门信贷集中度及银行对外汇和利率风险的暴露等。然而，这些数据要

么难以获取要么系统性地扭曲。因此，在变量选取时既要考虑变量的适用性又要考虑到数据可得性。这里选取三个变量：存贷利差变动率（Δr）、银行真实信贷总额变动率（$\Delta cred$）、银行贷存比变动率（Δrld）。由于我国银行风险主要来自利润变动和过度放贷，同时居民储蓄倾向高，因而不考虑存款变动率。对于存贷利差而言，利差扩大意味银行脆弱性下降。但利差过大也并不一定是好事，这意味企业还款能力下降，违约风险上升，而银行吸收存款困难。由此可得银行脆弱性指数：

$$BFI = \omega_r \cdot \Delta r + \omega_{cred} \cdot \Delta cred + \omega_{rld} \cdot \Delta rld$$

其中，权重 ω_r、ω_{cred}、ω_{rld} 是通过每个变量的标准差的倒数来确定的。以 σ 表示变量在整个样本期间的标准差，权重的计算公式为

$$\omega_i = \frac{1}{\sigma_i}\left(\frac{1}{\sigma_r} + \frac{1}{\sigma_{cred}} + \frac{1}{\sigma_{rld}}\right)$$

2. 外汇市场压力指数。在存在外汇管制的情况下，一般外汇困境通过三个变量显示，这三个变量包括真实汇率、外汇储备和利率。考虑到中国的利率市场化改革还没有基本完成，利率对人民币汇率的传导途径可能并不顺畅，甚至并不存在，本文只考虑真实汇率变动率（Δs）和外汇储备变动率（Δres）这两个变量来构造外汇市场压力指数：

$$EMP_{RMB} = \omega_s \cdot \Delta s - \omega_{res} \cdot \Delta res$$

权重的计算方法同上。

3. 资产价格波动指数。根据现有的文献，最早构建总资产价格指数的是 Callen（1991），他的研究是以财富估计为基础引入资产价格指数。随后的研究有 Borio（1994）和 Arthur（2000）。他们通过考察股票、家庭财富和商业财富三种不同的资产序列，按估计的私人部门财富的份额分别给三个成分赋权，以此为基础构建综合资产价格指数，从 1993 年开始，BIS 在其年度报告中公布了主要国家的资产价格指数，这为相关研究提供了重要的数据来源。构造综合资产价格指数的好处至少有两点，一是可以提供私人财富变化向量，二是可以粗略地衡量一国总体资产价格的波动。与单个的资产价格序列相比，总资产价格指数能够揭示被单个资产价格序列掩盖的一般模式和内在联系，同时也能弥合单个资产指数的异质性（Borio 和 Lowe，2002）。受数据可得性的限制，同时由于本研究的目的是分析资产价格的波动性，因而采用 Gerdesmeier、Reimers 和 Roffia（2009）的简化方法，结合股票价格指数和房屋价格指数构建资产价格波动指标 ΔC：

$$\Delta C = \omega_{sp} \cdot \Delta sp + \omega_{hp} \cdot \Delta hp$$

其中，Δsp 表示股票市场价格波动率。因为缺乏房屋价格的月度数据，本文以国内公布的商品房销售额除以商品房销售面积得到商品房销售价格 HP，Δhp $=(HP_t - HP_{t-1})/HP_{t-1}$ 表示房屋价格波动率，权重计算同上。

4. 传染脆弱性指数。传染是通过国与国之间的贸易联系和金融联系产生的。Kaminsky 和 Reinhart（2000）考虑了四个冲击跨境传染的渠道：两个金融市场渠道，包括通过国外银行借出和全球分散化资产组合；两个贸易渠道，包括商品和服务贸易，以此为基础构造了反映传染的指标，并认为国家间的日股票回报相关性为 35 个百分点或更高时存在传染。Forbes 和 Rigobon（2002）采用了一个更严格的传染解释，将传染解释为危机事件后国际资产（他们的论文中指金融股票）间的相关性显著增加。这一定义引入了传染和相互依赖的严格区分，即高水平的跨市场相关性。由于存在资本管制，目前中国金融风险受到外部冲击的影响主要表现在心理层面，更多地以股票市场的协动表现出来，因而我们采用严格的定义来衡量传染。这里选择几个典型的股票市场来综合构造传染脆弱性指数。市场选择包括美国股票市场和亚洲市场中有代表性的日本和中国香港市场，并计算以其和中国股票市场的相关性来衡量传染脆弱性。

$$Con = \omega_{US}Cor_{USC} + \omega_{JAP}Cor_{JC} + \omega_{HK}Cor_{HC}$$

其中，Cor 分别表示国内股票市场与美国股市和日本、中国香港股市的回报相关性。相关性越高，表明传染脆弱性越大。权重 ω 采用三等分的方法，将三个市场的影响力视为均等。

5. 综合金融风险指数。将上述变量结合就可以得到综合金融风险指数，其关键是选择权重。这里考虑两种赋权方法，包括因素分析和相同权重。其中因素分析通过主成分法提取公共因子，得到各变量的权重；相同权重方法产生的指数给予每一个变量相同的重要性，这是文献中最常用的赋权方法。这种方法的好处是简便易行，但同时可能忽略了重要市场脆弱性对整个金融体系造成的冲击。为了弥补这一缺陷，我们对其进行一定的修正，即当一个风险因素的风险级别达到非常严重的情况下，将其权重加倍。

在综合指数的计算中，对所有指数进行标准化处理，这样可以消除不同变量之间量级和量纲之间的影响，使各个指标具有可比性。变量标准化的方法是将所有变量取绝对值，然后映射到 0 到 100 的区间中。计算方法为

$$X' = (X_{mn} - X_{\min}) \times 100/S_m$$

其中，X' 表示标准化后的变量数值，X_{mn} 表示第 m 个时期第 n 个变量的数值，$X_{\min}$ 为这些指标的最小值，S_m 为最大值与最小值的差。

（二）综合金融风险指数的构建及其描述

自 2001 年加入世贸组织以来，中国的改革开放进入了新的阶段，因而选择 2001 年以来的月度数据构建各市场风险指数，数据长度为 2001 年 7 月至 2010 年 7 月。数据分别来源于中国人民银行网站、国家外汇管理局网站、国泰安数据库及国家统计局网站等。所有数据除利率和汇率外，全部经季节调整。根据上述计算方法，分别计算出银行脆弱性指数、外汇市场压力指数、资产价格波动指数，并绘制脆弱性指数图。图中分别标出了正负 1.5 倍及 2 倍标准差。当各压力指数波动超出这两个范围的时候，表明该市场出现了较为明显的风险。各市场脆弱性指数如图 7 - 2。图中可见，中国的银行业在所选时段内的大部分时间是基本稳定的，只有少数月份出现了明显的脆弱性，2003 年 6 月出现了银行体系脆弱性急剧上升的现象。这期间我国银行体系的信贷风险和流动性风险比较高，人民银行及时出台了一系列措施控制了信贷风险，并制定了流动性风险监管指标，控制银行体系流动性风险。随后，银行体系脆弱性明显下降。2005 年末至 2006 年初，我国银行体系脆弱性呈现上升态势，这期间我国经济高速发展阶段积累的信贷风险以及汇率风险开始显现出来。2007 年美国次贷危机爆发后，我国银行体系的流动性风险也上升，银行体系脆弱性具有明显的上升趋势。从 2007 年末到 2009 年，银行风险表现极为明显，这与 2007 年次贷危机和随后的金融危机爆发是密切相关的。外汇市场在 2002 年末、2003 年末和 2004 年末出现了显著的风险。2005 年汇改后，从 2006 年到 2008 年出现了频繁的压力指数超过 2 倍标准差的现象，这与汇改后至 2008 年危机爆发期间人民币加速升值有关。2005 年以后，资产价格波动的幅度明显加大，个别月份的波动率超过了两倍标准差，表明资产市场风险在汇改以后加大。为了表现传染脆弱性的动态变化，这里选取标普 500、日经 225、恒生指数及上证指数从 2001 年 7 月至 2010 年 7 月的日数据并计算各市场的日回报率，分别得到中美、中日及中港股票市场各月的日回报率相关性。图中相关性均为百分比数据，同时图中标出了 35% 的位置，表示股票市场的日回报相关性超过 35% 则视为存在传染脆弱性。显然，2006 年以前，只在少数月份出现了传染，2006 年至 2009 年间出现了明显的传染性，2008 年 10 月传染脆弱性到达高峰。

在得到银行脆弱性指数、外汇市场压力指数、资产价格波动指数和传染脆弱性指数后，将这些指数合成为综合风险指数，得到因子分析法[①]和相同权重

---

① 按方差贡献率给因子赋权。

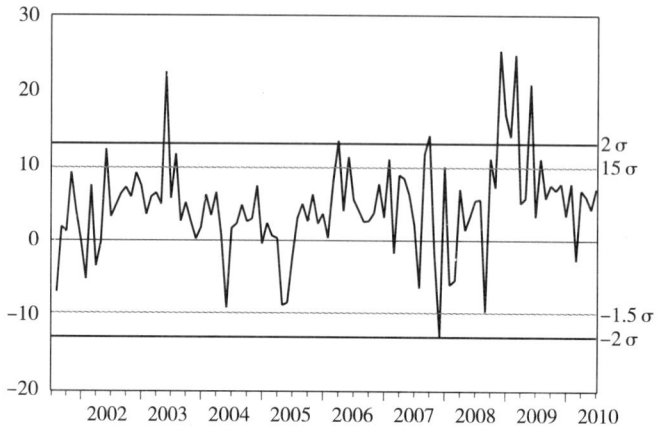

图 7 - 2a 银行脆弱性指数（BFI）

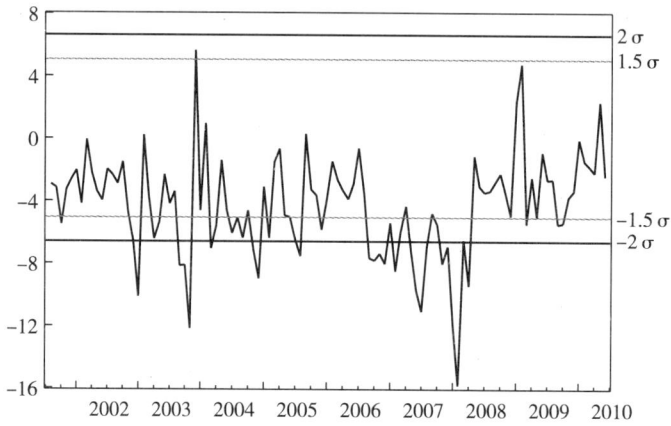

图 7 - 2b 外汇市场压力指数（EMP）

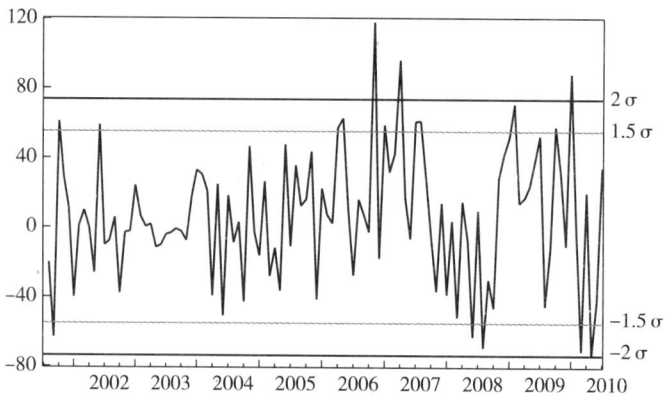

图 7 - 2c 资产价格波动指数（ΔC）

图 7 - 2 各脆弱性指数

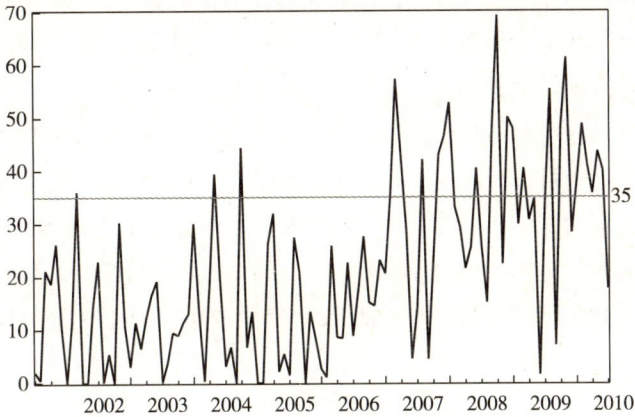

图 7 - 2d　传染脆弱性指数（con）

图 7 - 2　各脆弱性指数图（续）

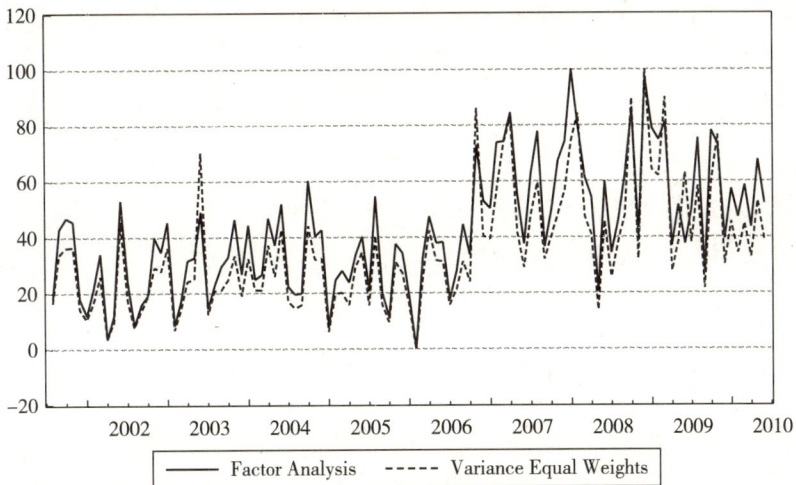

图 7 - 3　综合金融风险指数（FRI）

赋权的综合风险指数（见图 7 - 3）。虽然赋权方法不同，但两种指数对总体风险的判断基本一致。以因素分析法得到的指数为主，综合考虑两种指数对均值的偏离，超过 1.5 倍标准差的视为较大风险，超过两倍标准差的视为极度风险，可以大致将风险评分 0 到 100 划分为四个频段，分别为正常、有风险、较大风险及极度风险四个等级。其中，0 至 40 表示正常，40 至 60 表示有风险（Level2），60 至 80 表示较大风险（Level3），80 至 100 则表示金融体系存在极度风险（Level4）。虽然这种划分比较主观，但能帮助我们直观地判断金融体系的风险状况。从综合风险指数来看，从 2001 年至 2005 年，国内金融体系较为稳定，没有出现较大的风险，只在 2004 年 10 月表现出了一定风险。从 2006 年末到 2009 年初金融体系表现出了明显的不稳定。其中，2007 年 4 月和 2008 年 1 月、2 月、10 月、11 月、12 月及 2009 年 3 月金融体系还出现了极度的风险，这与万晓莉（2008）、陈守东等（2009）的结论基本一致。而 2007 年至 2009 年的极度风险也与全球金融危机爆发的事实相符，2009 年中有的月份表现出了风险，但在国内积极的财政政策和货币政策应对下，金融风险明显呈下降趋势。

二、计量分析

与第四章采用类似方法，选取 5 个货币政策指标及 2 个流动性指标，分析各货币政策指标与中国金融风险间的关联。金融风险指数以因素分析赋权的指数为主。以 FFR 为例，计量模型为

$$CFRI_t = c + \alpha FFR_t + \beta IPGR_t^* + \varepsilon_t \qquad (7.1)$$

表 7 – 1 列出了所有变量间的相关性结果。显然美国经济增长与中国金融风险指数间存在显著的关联，同时 $USMBGR$ 也与 $CFRI$ 间存在显著的相关性，而 $IPGR^*$ 与各货币政策指标间存在相关性。因而，选择与 $CFRI$ 存在显著关联而与 $IPGR^*$ 相关性低的三个货币政策指标进入计量模型，这三个指标包括 $FFRB$、$DFFR$ 和 $USMBGR$。

表 7 – 1　　　　　　　　　　所有变量间的相关性分析

	CFRI	FFR	FFRB	DFFR	FFSPRD	DSC	USMBGR	IPGR*
CFRI	1							
FFR	0.016	1						
FFRB	− 0.315 **	0.216 *	1					
DFFR	− 0.364 **	0.092	0.594 **	1				
FFSPRD	0.321 **	0.679 **	0.127	0.079	1			
DSC	− 0.079	0.521 **	0.591 **	0.534 **	0.554 **	1		
USMBGR	0.213 *	− 0.213 *	− 0.270 **	− 0.431 **	− 0.148	− 0.180	1	
USMBGAP	− 0.115	− 0.192 *	0.228 **	0.401 **	− 0.072	0.256 **	0.103	
IPGR*	0.261 **	0.778 **	0.157	0.037	0.740 **	0.551 **	− 0.046	1

注：* 表示在 5% 的水平上显著，** 表示在 1% 的水平上显著（双尾）。

　　计量分析结果见表 7 - 2。显然在所有回归中，美国货币政策指标都与中国金融风险指数存在显著的关联。这表明美国货币政策确实与中国金融风险存在关联，美国货币政策是中国金融风险的一个影响因素。

表 7 - 2　　　　　　　　　　　　回归分析结果

	回归 1			回归 2			回归 3		
	系数	t 统计量	Prob.	系数	t 统计量	Prob.	系数	t 统计量	Prob.
常数项	- 107. 011	- 13. 0197	0. 0000	- 80. 5434	- 12. 2527	0. 0000	- 87. 6618	- 46. 9988	0. 0000
FFRB	- 16. 8099	- 21. 001	0. 0000						
DFFR				- 37. 0993	- 14. 3689	0. 0000			
USMBGR		.					1. 2569	6. 5993	0. 0000
IPGR*	1. 3614	18. 5507	0. 0000	1. 0416	17. 7872	0. 0000	1. 1057	66. 7810	0. 0000
AD. R^2		0. 9970			0. 9928			0. 9996	
Prob.		0. 0000			0. 0000			0. 0000	
D. W.		1. 6020			1. 3857			1. 5287	

　　进一步地，与第四章一样将整个样本期划分为货币政策扩张和收缩两个时期，分析美国货币政策扩张和收缩时期美国货币政策与中国金融风险间的关系。表 7 - 3、表 7 - 4 分别显示的是美国货币政策扩张和收缩时期的回归分析结果。与全样本回归相比较，美国货币政策扩张时期 *CFRI* 对美国货币政策的敏感度下降，而收缩时期这种敏感度则出现了上升。特别地，*USMRBGR* 与 *CFRI* 间的相关性出现了显著的上升。这表明，在宽松的货币政策环境下，美国货币政策对中国金融风险的影响相对较小。

表 7 - 3　　　　　　　美国货币政策扩张时期的回归分析结果

	回归 1			回归 2			回归 3		
	系数	t 统计量	Prob.	系数	t 统计量	Prob.	系数	t 统计量	Prob.
常数项	- 120. 670	- 10. 7349	0. 0000	- 138. 304	- 16. 0737	0. 0000	- 178. 021	- 15. 6743	0. 0000
FFRB	- 14. 5864	- 6. 7270	0. 0000						
DFFR				- 24. 0880	- 25. 2825	0. 0000			
USMBGR							1. 1270	4. 1853	0. 0001
IPGR*	1. 4795	15. 0822	0. 0000	1. 5728	20. 6494	0. 0000	1. 9292	19. 1897	0. 0000
AD. R^2		0. 9921			0. 9999			0. 9893	
Prob.		0. 0000			0. 0000			0. 0000	
D. W.		1. 6699			1. 6499			1. 9537	

比较货币政策扩张和收缩时期，CFRI 对美国货币政策的敏感性在收缩时期要高得多，同时，以常数项表示的其他影响因素的显著性也出现了下降。这表明，在宽松的货币政策环境下，美国货币政策对中国金融风险的影响较小；而在紧缩的情况下，美国货币政策的影响则上升了。如前所述，这种情况不仅出现在中国，其他新兴市场国家也存在类似情形。这是因为，新兴市场国家的经济发展严重依赖于外资，美国货币政策紧缩导致全球流动性收缩，资本撤离新兴市场国家，可能对这些国家的经济和金融产生巨大的冲击。与此同时，"逃往质量"现象也削弱了这些国家金融体系的基础，如果流动性收缩足够大，就可能导致这些国家爆发金融危机。因此，在美国货币政策出现紧缩时，我们应该更加注意美国货币政策的动向。

表 7 - 4　　　　　　　　美国货币政策收缩时期的回归结果

	回归 1			回归 2			回归 3		
	系数	t 统计量	Prob.	系数	t 统计量	Prob.	系数	t 统计量	Prob.
常数项	− 21.7554	− 0.6871	0.4960	− 4.4248	− 0.2915	0.7722	− 319.573	− 7.2630	0.0000
FFRB	− 15.0873	− 11.0631	0.0000						
DFFR				− 120.916	− 35.3224	0.0000			
USMBGR							− 254.75	− 12.1949	0.0000
IPGR*	0.6264	2.3631	0.0231	0.4709	3.7078	0.0006	0.9333	3.8503	0.0004
AD. R^2		0.9999			0.9961			0.9949	
Prob.		0.0000			0.0000			0.0000	
D. W.		1.6684			1.8514			1.6166	

第三节　国际货币体系改革与中国金融风险防范

既然美国货币政策与国内金融危机风险存在关联，而美国货币政策引发危机的根源是美元本位制，因而隔绝美国货币政策冲击，维护国内金融安全的根本措施就是国际货币体系改革，防止单边货币政策的制定与实施给国内金融稳定带来过大的冲击。

一、国际货币体系改革的方向与重点

美国次贷危机引发的全球金融危机，对金融市场造成巨大冲击，充分暴露了以美元为主导的国际货币体系的弊端，凸显出改革现行国际货币体系的必要性和紧迫性。危机后各国普遍表达了重建全球货币体系的愿望，相关研究也层出不穷。这些研究主要集中在以下几个方面。

（一）国际货币体系改革的方向

对于国际货币体系的改革方向存在许多不同的观点，概括起来主要包括以下几种：

1. 维持以美元为主导的现行国际货币体系。一些学者认为尽管现行国际货币体系存在许多不足，但也很难快速进行改革或取代它，原因在于各国提出的改革方案不令人满意并且存在很多政治上的分歧。任何对现行货币体系的改革和完善，包括多元化货币体系、特别提款权（SDR）改革等都需要很长的一段时间。在此期间，确保旧体系的持续性非常关键。因而，最好的国际货币体系改革方案应该是所有政府共同合作促使现有体系尽可能平稳运转，各国政府应该进行更多磋商，努力确保对国际收支失衡及其他失衡的调整措施的溢出效应最小。也有学者认为，欧元、日元、人民币甚至 SDR 都很难成为全球储备货币或计价货币，国际货币体系改革的方向应该是加强以美元为关键货币的现行体系的稳定性。用欧元、英镑、日元和人民币作为国际货币仍存在各种问题，短期内很难有现成的货币可以取代美元。美元的国际地位在今后十年，甚至十多年内都不会有本质变化。

2. 构建包括人民币在内的多元化国际货币体系。人民币向国际化货币发展有两个主要动因：一是现有美元与欧元两条腿支撑的国际货币体系并不稳定，亟须一种非主权货币（SDR 或亚元）或一种在经济实力上至少与美国匹配的主权货币来保持稳定；二是随着中国日益全球化，中国必须利用人民币升值的现实和预期推动人民币国际化的进程。除此以外，各国应该探讨建立一个以经过改良的金本位制为核心的全球货币新体系，该体系需要包括美元、欧元、日元、英镑以及走向国际化、继而开放资本账户的人民币，新的货币体系必须具备协作性。在即将来临的数十年中，包含美元、欧元、人民币的三极货币体系很有可能取代美元本位。多极化实体经济和以美元为主导的国际货币体系之间的失衡造成了国际货币体系的诸多问题。在未来的十年内，美元的霸权地位将逐渐消失，其他几种货币将竞争主要储备货币的地位，未来国际货币体系改革的方向应该是包括美元、欧元、人民币等在内的多极储备货币体系。从全球流动性的角度出发，国际货币体系改革的方案，应能促进国际储备货币多元化，鼓励其他币种和形式的资产替代美国国债成为主要储备资产等方案。这些观点中，人民币被寄予厚望。如 Bergsten（2011）指出的，一旦人民币实现完全可兑换、中国政府取消保护性的资本管控措施，人民币也将有资格成为全球性货币。国际货币体系已经在朝着美元、欧元两极化转变，并有可能很快实现三极化。

3. 扩展现行的 SDR 体系。采取多重措施扩大 SDR 的使用范围也是一个可行的方向，包括：扩大 SDR 发行；鼓励在国际贸易、大宗商品定价、投资和企业记账中使用 SDR 计价；鼓励私人部门在更多的场合以 SDR 作为合同和交易的定值单位；尽快推出替代账户；由国际货币基金组织（IMF）按照"SDR 货币局规则"直接发行真实 SDR 货币，充当国际储备货币，用商品篮子取代货币篮子组成 SDR。发行真实 SDR 货币将会缓解美元作为储备货币的压力，消除国际贸易中的汇率风险，全球流动性也会"逆周期"地自动趋于稳定。Helleiner（2010）认为，SDR 承担国际储备货币的职能必须进行以下几个方面改革：要定期增加供给 SDR；使 SDR 成为一种有吸引力的储备资产；扩大 SDR 的使用范围，在 SDR 与其他货币之间建立结算系统，促进 SDR 在国际贸易、商品定价、投资及公司记账中的使用。最令人满意和最可行的国际储备体系改革方案是完全实现以 SDR 为基础的 IMF 反周期运作：进行 SDR 的反周期分配和 IMF 融资的反周期操作，对某些面临国际收支危机的国家进行无条件和有条件的借款；在考虑发展中国家和工业化国家对储备的不同需求后，制定 SDR 的分配标准；允许 IMF 会员用以 SDR 计价的资产代替外汇；创立一个 IMF 所有成员国都参与的、有助于摆脱对美元储备依赖的替代账户。有估算认为，每年发行 4570 亿 SDR 就能显著提高 SDR 在国际储备中的份额。同时，如果对 SDR 进行更广泛的分配，日后它能够成为更重要的储备资产。另外，储备货币发行国向 IMF 发行以 SDR 计值的债券，供 IMF 替代账户资金获得稳定的收益也是可行的方案。Stiglitz（2011）则认为，对于改进国际货币体系的对策而言，最需要的是显著扩充 SDR 的规模与功能，应鼓励 IMF 在未来三年发行大量的新 SDR，每年至少要达到 3 900 亿美元。利用这些 SDR，向那些因国际收支方面的限制而需要短期融资的国家提供贷款。

4. 构建超主权储备货币体系。解决目前国际货币体系弊端的办法也可以是引入超主权储备货币，其好处在于不仅能够在全球范围内管理流动性，还可以根据国际贸易平衡状况来把握对汇率波动的管理。Mundell（2011）认为，由于统一货币缺乏各国政府的一致支持，所以应该在强国之间首先共同建立一种货币。他提出建立一种类似欧元的新国际货币体系——"美欧元"（Dollar-euro）。该体系以美国和欧洲货币为基础，美元与欧元保持固定汇率不变，其他货币与"美欧元"挂钩。待其他经济发达国家汇率逐步稳定，也可以申请将其货币加入"美欧元"体系。另外，解决周期性资本流动和系统性危机问题的激进方法，可以采用超主权全球储备货币，并进行国际货币体系改革。也有学者提出创建以黄金作为全球货币基本参照点的"超主权储备货币体系"应该成为世界货币体系结构改革的中心目标。

（二）国际货币体系改革的重点

1. 对IMF进行改革。对IMF进行改革，必须修改IMF章程中的相关内容，让IMF成为全球"最后贷款人"，强化其对成员国的援助和监管职能：（1）IMF对其成员国的贷款应该采用全面的资格预审方法。（2）赋予IMF在遭遇系统性危机时临时分配SDR的权力。（3）通过建立全球稳定机制，使IMF在某些条件下能够主动支援其成员国。（4）建立与IMF相连的全球央行货币互换网络，为遭遇系统性的流动性危机的私人金融机构提供帮助。（5）IMF可以私下向国际资本市场借款以扩充其资金来源。（6）在IMF和区域性组织之间建立合作框架，共同支持金融和监管活动。另外，IMF应在全球货币体系中发挥更重要的作用，其作为最终贷款机构的角色必须得到认可。为提高全球金融系统的稳定性应从以下五方面对IMF进行监管改革：基金的规模、份额的分配、投票权的分配、董事会程序与IMF透明度提升、IMF监管改革实施的前景等。除此以外，还可以赋予IMF对藐视国际规则的成员国实施制裁的权力。另外也有一些观点认为，IMF应该不仅要对成员国的经常账户，还要对成员国的资本账户给予监督，并设立相应的规则。同时，需要在全球范围内扩大IMF的融资渠道，运用新的或更灵活的贷款工具，在稳定金融及监管资本账户等两方面给予IMF新的职责。

2. 发挥G20（The Group of 20）作用。采用有效和及时的汇率调整机制来灵活应对冲击是国际货币体系改革的一个新方向，而这需要G20的领导通过启动"强劲、可持续、平衡增长框架"，对政策行动的整体一致性进行共同评估，指导会员国的政策改革，为IMF、BIS（Bank for International Settlements）、FSB（Federation of Small Businesses）的改革提供明确的方向和助其提高运行效率。同时，国际货币体系改革的方向是建立一个全新的由G20设计的国际货币体系，其主要支柱正在建设过程中，包括宏观经济政策的稳定锚、开放的多边贸易体系、更有弹性的风险规避监管体系、多种资产基础的储备体系等。

3. 对外汇储备供需结构进行改革。国际货币体系改革的其他重点包括：一是从储备货币需求方进行改革，降低新兴市场国家因自保动机和出口导向型战略带来的外汇储备增加，可以通过国际合作建立能够对面临暂时性资金危机的国家迅速提供资金的"全球金融安全网"；二是对储备货币供给方进行改革，重点在于如何使国际储备货币的供给多元化，包括建立多极货币体系、增加 SDR 的分配与更广泛使用以及对 IMF 进行改革。未来十年内全球的外汇储备将会继续以较快的速度累积，全球储备系统的改革意味着对储蓄分配和外汇储备调剂中搜索对手方的机制进行改进，主攻方向在于如何使新兴市场经济体中过多的储蓄进行合理流动。这样可以针对目前国际货币体系存在的重大缺陷进行修正，最大限度地解决全球经济失衡问题。

二、中国如何防范金融风险

显然，国际货币体系改革的决策机制正在发生变化。在这样的背景下，中国应该积极参与国际货币体系改革，提高对外部冲击的弹性，纠正内外经济失衡，保证经济的持续稳定增长。具体的措施包括：

1. 积极参与国际货币体系改革。目前的国际金融规则是几十年前由发达国家制定的，长期以来一直被发达国家所主导，发展中国家只能被动地适应。这次金融危机后虽然无法对原有体系进行根本性改革，但是对现行很多规则进行修改和完善是完全可能的。中国应当积极参与到国际金融事务的对话、磋商中去，联合更多的新兴市场国家和发展中国家，参与新规则的制定，提高在国际金融领域的参与度、话语权和知情权，推进国际货币体系改革。这不仅是中国的政治经济利益诉求，也代表了广大发展中国家的心声。

2. 积极推进 IMF 的改革，争取在该组织中拥有更多的投票权和话语权。在未来国际货币体系改革中，IMF 将发挥越来越重要的作用，加强对它的支持和参与无疑符合未来中国的利益。在国际货币体系改革的过程中，IMF 作为核心多边机构的功能和作用也将进一步增强。从目前来看，IMF 投票权和份额的分配很不合理，作为投票权分配基础的基金份额已不能反映当前国际经济格局的发展变化，因此应重新分配基金份额，扩大基础投票权，增加发展中国家的投票权比重。在此过程中，中国应根据自身的实力和能力，积极争取在 IMF 中拥有更多的基金份额和投票权，同时以多种形式为 IMF 增资作出自己的贡献，争取在国际货币体系运作机制的改进上、在规则制定和机构改革中有更多的发言权。

3. 加快人民币区域化和国际化进程。目前，人民币已被广泛用于中国与周边国家之间的跨境贸易结算，人民币在国际上的接受程度也在稳步提高，人民币的境外市场正在逐步形成。今后，应当继续扩大人民币在周边地区的使用范围，鼓励贸易伙伴采用人民币进行双边交易，并将人民币作为储备货币，在对外援助和对外贷款时优先使用人民币。为了在国际货币体系中争取中国金融与货币政策的主导权，提高人民币在世界的地位，中国应当利用东盟区域经济发展的优势，加强多边、双边和区域经济合作，积极推进人民币经济区的形成，扩大货币互换的范围，推动人民币成为亚洲区域的主导货币，并成为一极重要的世界货币。加快推进人民币国际化进程，既是构建多元国际货币体系新格局的需要，也是推动国际货币体系改革、促进国际经济平衡发展的必然选择。

4. 短期内仍需维护现行美元本位的国际货币体系的运转。这主要是基于以下几方面的考虑：（1）中国目前是拥有美元资产最多的国家，是美国的主要债权国，如果美元本位崩溃，势必导致美元大幅贬值，其损失对中国是难以控制和估量的。（2）中国改革开放以来已经形成了对外依存度很高的经济增长模式，而将外向型经济发展模式调整为以内需为主的发展模式需要一定的时间。美国等国家和地区的进口和消费是拉动中国经济增长的重要驱动力，而美国消费经济模式又是以美元本位以及美国强大的金融市场为前提的。一旦美元本位体系迅速崩溃，美国居民的消费模式势必发生根本性变化，这意味着中国外向型经济发展模式的突然中断，会导致中国经济转型过程出现"硬着陆"，对中国经济产生负面影响。（3）中国已经是世界上最大的投资国之一，并且，高达50%的国民储蓄率以及日益扩大的经济规模决定了中国在未来相当长时期都将是世界上最大的投资国，超过30 000亿美元的外汇储备体现了中国对外投资的巨大规模。显而易见，现行美元本位的国际货币体系的正常运转对中国的发展十分重要，不仅关系到中国自身金融体系的稳定，更直接关系到中国对外投资的保值、增值。（4）由于目前人民币尚未实现资本项目可兑换，成为真正的世界货币的道路还很漫长。如果现在就从根本上改变美元本位的国际货币体系，人民币可能得不到任何实际的好处。当然，在继续维护美元本位的国际货币体系运转的同时，中国应加快经济增长方式的转变，努力推进人民币国际化步伐，逐步实现人民币资本项目下的可自由兑换，逐步使人民币成为国际货币体系中的重要货币。在此过程中中国应与国际社会一道，努力完善现行国际货币体系下的若干具体制度安排，而后再实施新的改革措施。这样做既有利于稳定国际金融秩序，也符合中国的国家利益。

主要参考文献

中文文献

[1] 陈守东、韩广哲、荆伟：《主要股票市场指数与我国股票市场指数间的协整分析》，载《数量经济技术研究》，2003（5）。

[2] 陈守东、田艳芬、邵志高、杨东亮：《国际金融危机对我国银行体系脆弱性的冲击效应》，载《重庆工商大学学报（西部论坛）》，2009（7）。

[3] 陈守东、杨莹、马辉：《中国金融风险预警研究》，载《数量经济技术经济研究》，2006（7）。

[4] 韩非、肖辉：《中美股市间的联动性分析》，载《金融研究》，2005（1）。

[5] 丁剑平、赵亚英、杨振建：《亚洲股市与汇市联动：MGARCH模型对多元波动的测试》，载《世界经济》，2009（5）。

[6] 侯克强、陈万华：《开放小国经济的货币政策传导机制》，载《世界经济》，2009（8）。

[7] 李健：《金融全球化进程中的风险防范》，载《国际金融研究》，2000（2）。

[8] 李婧：《后危机时代美国货币政策的走势——兼论资产价格与货币政策操作规则》，载《世界经济研究》，2010（6）。

[9] 李晓广、张岩贵：《我国股票市场与国际市场的联动性研究》，载《国际金融研究》，2008（11）。

[10] 李悦、程希骏：《上证指数和恒生指数的copula尾部相关性分析》，载《系统工程》，2006（5）。

[11] 骆振心：《金融开放、股权分置改革与股票市场联动——基于上证指数与世界主要股指关系的实证研究》，载《当代财经》，2008（4）。

[12] 孙烽、贺晟：《货币冲击下的股市运行和汇率动态》，载《上海经济研究》，2000（8）。

[13] 孔群喜：《汇率、贸易开放度与经济增长：短期波动与长期均衡——基于自回归分布滞后模型的经验研究》，载《国际商务——对外经济贸易大学学报》，2011（2）。

[14] 魏下海：《贸易开放、人力资本与中国全要素生产率——基于分位数回归方法的经验研究》，载《数量经济技术经济研究》，2009（9）。

[15] 韦艳华、张世英：《金融市场动态相关结构的研究》，载《系统工程学报》，2006（6）。

[16] 吴吉林、张二华：《次贷危机、市场风险与股市间相依性》，载《世界经济》，

2010（3）。

[17] 吴世农、潘越：《香港红筹股、H 股与内地股市的协整关系及引导关系研究》，载《管理学报》，2005（3）。

[18] 伍志文：《金融脆弱性：理论及基于中国的经验分析》，载《经济评论》，2003（2）。

[19] 伍志文：《金融一体化和金融脆弱性：跨国比较研究》，载《经济科学》，2008（6）。

[20] 西村友作：《中美两国股票市场联动性研究——基于 CCF 检验法的新证据》，载《经济评论》，2009（2）。

[21] 肖娱：《美国货币政策冲击的国际传导研究——针对亚洲经济体的实证分析》，载《国际金融研究》，2011（9）。

[22] 阎大颖：《实证分析中国股票市场内部及与世界市场之间价格长期走势的因果关系》，载《南开经济研究》，2003（3）。

[23] 杨雪莱、方洁：《人民币汇率锚、汇率弹性与通货膨胀的关联研究》，载《中南财经政法大学学报》，2012（3）。

[24] 游家兴、郑挺国：《中国与世界金融市场从分割走向整合》，载《数量经济技术经济研究》，2009（12）。

[25] 袁靖：《由泰勒规则货币政策对我国股票市场货币政策传导效力的实证研究》，载《统计研究》，2007（8）。

[26] 俞世典、陈守东、黄立华：《主要股票指数的联动分析》，载《统计研究》，2001（6）。

[27] 张兵、范致镇、李心丹：《中美股票市场的联动性研究》，载《经济研究》，2010（11）。

[28] 张福、赵华、赵媛媛：《中美股市协整关系的实证分析》，载《统计与决策》，2004（2）。

[29] 张屹山、张代强：《前瞻性货币政策反应函数在我国货币政策中的检验》，载《经济研究》，2007（3）。

[30] 郑媚、苗佳：《应用协整检验对中国股市及美、英股市联动关系的分析》，载《山东社会科学》，2004（12）。

[31] 中国经济增长与宏观稳定课题组：《全球失衡、金融危机与中国经济的复苏》，载《经济研究》，2009（5）。

[32] 周裙：《我国大陆股票市场与周边主要股票市场的联动分析》，载《企业经济》2007（1）。

[33] 周茂荣、张子杰：《对外开放度测度研究述评》，载《国际贸易问题》，2009（8）。

[34] 朱孟楠、刘林：《资产价格、汇率与最优货币政策》，载《厦门大学学报（哲学

社会科学版)》，2011（2）。

英文文献

［1］Adalid, R. and Detken, C. , 2007, "Liquidity Shocks and Asset Price Boom/bust Cycles", ECB Working Paper, No. 732.

［2］Aloui. R. , Aïssa M. S. , Nguyen D. K. , 2011, "Global Financial Crisis, Extreme Interdependences, and Contagion Effects: The Role of Economic Structure?", Journal of Banking & Finance , 35, pp. 130 – 141.

［3］Andersen, T. , Bollerslev, T. , Diebold, F. and C. Vega, 2005, "Real – Time Price Discovery in Stock, Bond and Foreign Exchange Markets", NBER Working Paper, No. 11312.

［4］Aslanidis N. , Denise R. Osborn and Marianne Sensier, 2008, "Co – movements between US and UK Stock Prices: The Roles of Macroeconomic Information and Timevarying Conditional Correlations", Economics Discussion Paper Series EDP – 0805, February.

［5］Becker, K. G. , Finnerty, J. E. and Friedman, J. , 1995, "Economic News and Equity Market Linkages between the U. S. and U. K. ", Journal of Banking and Finance, 19, pp. 1191 – 1210.

［6］Bekaert, G. , Campbell R. Harvey, 1995, "Time – Varying World Market Integration", Journal of Finance 50, pp. 403 – 444.

［7］Bekaert G. , M. Ehrmann, M. Fratzscher and A. Mehl, 2011, "Global Crises and Equity Market Contagion", ECB Working Paper, No 1381 / Septembfr.

［8］Bems, R. , Dedola L. and Smets F. , 2007, "US imbalances—the Role of technology and policy", Journal of International Money and Finance, 26, （4）, pp. 523 – 545.

［9］Bernanke, B. , Ken Kuttner, 2005, "What Explains the Stock Market's Reaction to Federal Reserve Policy", Journal of Finance 60, pp. 1221 – 1257.

［10］Bollerslev T. , 1990, "Modeling the Coherence in Short – run Nominal Exchange—Rates – A Multivariate Generalized ARCH Model", Review of Economic and Statistics, 72, pp. 498 – 505.

［11］Bomfim, Antulio N. , 2001, "Pre – Announcement Effects, News Effects, and Volatility: Monetary Policy and the Stock Market", Journal of Banking and Finance 27 （1）, pp 133 – 151.

［12］Boschen John F. and Leonard O. Mills, 1995, "The Relation Between Narrative and Money Market Indicators of Money Policy", Economic Inquiry; Jan. 33, 1.

［13］Borio C. , Disyatat P. , 2011, "Global Imbalances and the Financial Crisis: Link or No Link?", BIS Working Papers No. 346, May.

［14］Boyer, BH. , T. Kumagai, and K. Yuan, 2006, "How Do Crises Spread? Evidence from Accessible and Inaccessible Stock Indices", Journal of Finance, 61 （2）, pp. 957 – 1003.

［15］Bracke, T. and Fidora, M. , 2008 , "Global Liquidity or Global Savings Glut", ECB Working Paper, No. 911.

［16］Bracke T. and Martin Schmitz, 2010, "Channels of International Risk – Sharing: Capital Gains Versus Income Flows", Int Econ Econ Policy DOI 10. 1007/s10368 – 010 – 0176 – 6, Springer – Verlag.

［17］Brandt M. W. , John H. Cochrane, Pedro Santa – Clara, 2006, "International Risk Sharing is Better than You Think, or Exchange Rates are too Smooth", Journal of Monetary Economics 53, pp. 671 – 698.

［18］Caballero R. J. , Farhi E. , Gourinchas Pierre – Olivie, 2008, "Financial Crash, Commodity Prices and Global Imbalances", NBER Working Paper, No. 14521.

［19］Canova, F. 2005, "The Transmission of US Shocks toLatin America", Journal of Applied Econometrics, 20, 229 – 251.

［20］Choudri, E. and Cohen L. , 1980, "The Exchange Rate and the International Transmission of Business Cycle Disturbances: Some Evidence from the Great Depression", Journal of Money, Credit and Banking, 12 (4), pp. 565 – 574.

［21］Christiano, L. , Ilut, C. , Motto, R. and Rostagno, M. , 2008, "Monetary Policy and Stock Market Boom – Bust Cycles", ECB Working Paper, No. 955, October.

［22］Chudik A. and Fratzscher M. , 2011, "Identifying the Global Transmission of the 2007 – 09 Financial Crisis in a Gvar Model", ECB Working Paper, No. 1285, January.

［23］Connolly, R. and Wang, A. F. 2003, "International Equity Market Comovements: Economic Fundamentals or Contagion?", Pacific – Basin Finance Journal, 11, pp. 23 – 43.

［24］Conover, C. , Jensen, G. , & Johnson, R. , 1999, "Monetary Environments and International Stock Returns", Journal of Banking and Finance, 23, pp. 1357 – 1381.

［25］David O. , Cushman, Tao Zha, 1997, "Identifying Monetary Policy in a Small Open Economy under Flexible Exchange Rates", Journal of Monetary Economics 39, pp. 433 – 448.

［26］Dées, S. and Vansteenkiste, I. , 2007, "The Transmission of US Cyclical Developments to the Rest of the World", ECB Working Paper, No. 798.

［27］Ehrmann, M. and Marcel Fratzscher, 2004, "Taking Stock: Monetary Policy Transmission to Equity Markets", Journal of Money, Credit and Banking 36 (4), pp. 719 – 737.

［28］Ehrmann, M. and Fratzscher, M. , 2006, "Global Financial Transmission of Monetary Shocks", ECB Working Paper, No. 616.

［29］Engle, R. , 2002, "Dynamic Conditional Correlation: A New Simple Class of Multivariate GARCH Models", Journal of Business Economics Statistics, 20, pp. 339 – 350.

［30］Fazio G. , 2007, "Extreme Interdependence and Extreme Contagion between Emerging Markets", Journal of International Money and Finance 26, pp. 1261 – 1291.

［31］Ferrero G. and Nobili A. , 2008, "Futures Contract Rates as Monetary Polioy Forecasts", ECB Working Paper No. 979 / December.

［32］Forbes, K. J. and M. Chinn, 2004, "A Decomposition of Global Linkages in Financial Markets Over Time", Review of Economics and Statistics, 86 (3): pp. 705 – 722.

［33］Forbes, K. , Rigobon, R. , 2002. , "No Contagion, Only Interdependence: Measuring Stock Market Co – movements", Journal of Finance, 57, pp. 2223 – 2261.

［34］Frankel, Jeffrey, Sergio Schmukler, and Luis Serven, 2004, "Global Transmission of Interest Rates: Monetary Independence and Currency Regimes", Journal of International Money and Finance 23 (5): pp. 701 – 733.

［35］Gali, J. , Monacelli, T. , 2005, "Monetary Policy and Exchange Rate Volatility in a Small Open Economy", Review of Economic Studies 72, pp. 707 – 734.

［36］Glick, Reuven, and Andrew Rose, 1999, "Contagion and Trade: Why are Currency Crises Regional?", Journal of International Money and Finance 18, pp. 603 – 617.

［37］Griffin, J. M. and G. Andrew Karolyi , 1998, "Another Look at the Role of the Industrial Structure of Markets for International Diversification Strategies", Journal of Financial Economics 50, pp. 351 – 373.

［38］Gürkaynak, R. S. , Sack B. and E. Swanson, 2006, "Market – Based Measures of Monetary Policy Expectations", Federal Reserve Bank of San Francisco, Working Paper Series, No. 2006 – 04.

［39］Hu, J. , 2008, "Dependence Structures in Chinese and US Financial Markets: A Time-varying Conditional Copula Approach", Working Paper, Southern Methodist university.

［40］Ito H. , 2009, "U. S. Current Account Debate with Japan then, With China Now", Journal of Asian Economics 20, pp. 294 – 313.

［41］Jondeau, E. , Rockinger, M. , 2006, "The Copula – GARCH Model of Conditional Dependencies: An International Stock Market Application", Journal of International Money and Finance 25, pp. 827 – 853.

［42］Justiniano, A. , Preston, B. , 2010, "Can Structural Small Open – Economy Models Account for the Influence of Foreign Disturbances?", Journal of International Economics 81, pp. 61 – 74.

［43］Kenourgios D. , Samitas A. , Paltalidis N. , 2011, "Financial Crises and Stock Market Contagion in a Multivariate Time – Varying Asymmetric Framework", Int. Fin. Markets, Inst. and Money, 21, pp. 92 – 106.

［44］Kim, S, 2001, "International Transmission of U. S. Monetary Policy Shocks: Evidence from VAR's", Journal of Monetary Economics, 48, pp. 339 – 372.

［45］King, M. , Sentana, E. , Wadhwani, S. , 1994, "Volatility and Links Between National Stock Markets. Econometrica 62, pp. 901 – 934.

［46］King, M. A. and Wadhwani, S. , 1990, "Transmission of Volatility between Stock

Markets", Review of Financial Studies 3, pp. 5 – 33.

[47] Kodres, L. E. and Pritsker, M. , 2002, "A Rational Expectations Model of Financial Contagion", Journal of Finance, 57 (2), pp. 769 – 799.

[48] Kollmann, R. , 2005: "Macroeconomic Effects of Nominal Exchange Rate Regimes: New Insights Into the Role of Price Dynamics", Journal of International Money and Finance 24, pp. 275 – 292.

[49] Kuttner, Kenneth N. , 2001, "Monetary Policy Surprises and Interest Rates: Evidence from the Fed Funds Futures Market", Journal of Monetary Economics 47, pp. 523 – 544.

[50] Lori L. and Bill Francis, 2002, "Equity Market Return Volatility: Dynamics and Transmission Among the G – 7 Countries", Global Finance Journal, 7, pp. 27 – 52.

[51] Lubik, T. , and Schorfheide, F. , 2003: "Do Central Banks Respond to Exchange Rate Fluctuation—A Structural Investigation", Manuscript, Department of Economics, University of Pennsylvania.

[52] Luo W. , Brooks R. D. , Silvapulle P. , 2011, "Effects of the Open Policy on the Dependence between the Chinese 'A' Stock Market and Other Equity Markets: An Industry Sector Perspective", Journal of International Financial Markets, Institutions & Money, 21, pp. 49 – 74.

[53] Mackowiak, B. , 2007, "External shocks, U. S. Monetary Policy and Macroeconomic Fluctuation in Emerging Markets", Journal of Monetary Economics, 54, pp. 2512 – 2520.

[54] Manna T. , Robert J. Atra, Richard Dowe, 2004, "U. S. Monetary Policy Indicators and International Stock Returns: 1970 – 2001", International Review of Financial Analysis , 13, pp. 543 – 558.

[55] McGuire, P and G von Peter, 2009, "The US Dollar Shortage in Global Banking and the International Policy Response," BIS Working Paper, no. 291, October.

[56] Mussa, M. , 1986, "Nominal Exchange Rate Regimes and the Behavior of Real Exchange Rate", Carnegie – Rochester Conference Series on Public Policy 25, pp. 117 – 214.

[57] Obstfeld, M. , Rogof, K. , "Exchange Rate Dynamics Redux", The Journal of Political Economics, 1995, 103 (3), pp. 624 – 660.

[58] Peersman, G. , 2002, "What Caused the Early Millennium Slowdown? Evidence Based on Vector Autoregressions", available from http: /www. eabcn. org/workshops/madrid _2003/ documents/ peersman. pdf.

[59] Reinhart, Carmen and Kenneth Rogoff, 2004, "The Modern History of Exchange Rate Arrangements: A Reinterpretation", Quarterly Journal of Economics 64 (1): pp. 1 – 48.

[60] Rigobon, Roberto and Brian Sack , 2004, "The Impact of Monetary Policy on Asset Prices", Journal of Monetary Economics, 51 (8), pp. 1553 – 1575.

[61] Rüffer, R. and Stracca, L. , 2006, "What is Global Excess Liquidity, and Does it Matter?", ECB Working Paper, No. 696.

［62］Sack B. , 2002, "Extracting the Expected Path of Monetary Policy from Futures Rates", Division of Monetary Affairs Board of Governors of the Federal Reserve System Washington, DC 20551, September 17.

［63］Scholl A. , Uhlig H. , 2008, "New Evidence on the Puzzles: Results from Agnostic Identificationon Monetary Policy and Exchange Rates", Journal of International Economics 76, pp. 1 – 13.

［64］Shambaugh, Jay, 2004, "The Effect of Fixed Exchange Rates on Monetary Policy", Quarterly Journal of Economics 119 (1), pp. 301 – 352.

［65］Thorbecke, Willem, 1997, "On Stock Market Returns and Monetary policy", Journal of Finance 52, pp. 635 – 654.

［66］Wongswan, J. 2003, "Transmission of Information Across International Equity Markets", Board of Governors of the Federal Reserve System International Finance Discussion Papers No. 759.

［67］Wongswan, J. , 2009 , "The Response of Global Equity Indexes to U. S. Monetary Policy Announcements", Journal of International Money and Finance, 28, pp. 344 – 365.

附录 I
数据来源

变量名	符号	数据来源	备注
工业增加值		国家统计局网站	季节调整后以消费物价指数作为平减指数调整为实际值
国内生产总值	GDP		季节调整后以消费物价指数作为平减指数调整为实际值
进口	IMP	商务部网站	
出口	EXP		
名义汇率	FE	中国人民银行网站	除利率、汇率外，所有数据均经季节调整
金融机构短期贷款基准利率			
金融机构短期存款基准利率			
股票指数日交易数据		雅虎财经	http：//finance.yahoo.com
同业拆借市场利率		国泰安数据库	
上证指数月收盘	SZZS		
消费物价指数	CPI	李子耐：《高等计量经济学》，第72页，国家统计局网站	以定基指数结合国家统计局公布的同比指数计算得到
美国 GDP	USGDP	美国总统经济报告、FRB	http：//www.gpoaccess.gov/eop/download.html 其中美国物价指数为 1982－1984＝100，经调整为 1992－04＝100
美国工业产值	USIP		
联邦基金利率	FFR		
美国物价指数			
美国基础货币	USMB		
国际石油价格水平	WOP	IMF 网站	http：//www.imf.org/external/np/res/commod/index.asp
道琼斯欧洲指数		欧洲央行网站	

附录 II
项目研究所取得的阶段性成果

自 2009 年项目立项以来，课题组已公开发表了 5 篇与项目研究相关的学术论文，有 1 项研究成果入选高层学术会议并被 EI 收录。

公开发表的论文：

1.《金融危机、宏观经济因素与中美股市联动》载《世界经济研究》，2012（8）；

2.《人民币汇率锚、汇率弹性与通货膨胀的关联研究》，载《中南财经政法大学学报》，2012（3）；

3.《中国金融风险预警指标的最优阈值及预测绩效分析》，载《广东金融学院学报》，2012（2）；

4.《美国货币冲击与中国资产价格波动》，载《中南财经政法大学学报》，2010（3）；

5.《通货膨胀与中国金融风险预警》，载《武汉金融》，2011（2）。

会议论文：

"The Response of China's Economy to US Shocks" / International Symposiun, ISAEBD 2011, Dalian China, August 2011, EI 检索（Springer）.

后　记

从申报教育部青年基金项目《美国货币政策冲击与中美股票市场协动性研究》课题至今，已经过去三年时间了。在这三年时间里，从资料收集、模型建立到数据的采集和处理，从计量分析到模型求解，我付出了很多的努力，同时也学到了很多东西。在挑战未知领域的过程中，我不但保持了不断探索的激情和勇气，也秉承了一贯的认真、踏实的作风。值得欣慰的是，经过三年的努力，我终于能将自己的研究撰写成书。尽管错漏难免，但毕竟这是汗水的结晶，也是不懈努力的成果。

回顾三年的研究过程，其中的酸甜苦辣非语言所能表达。在碰到困难的时候，也曾退缩，也曾灰心丧气，但坚持下去的决心还是促使我尽最大努力克服困难，完成研究。在这一过程中，坚持不懈成了我完成本书的唯一法宝。"任何经历都是一笔财富"，课题研究的经历给了我许多收获，让我明白困难也许并非想象中的那么大，直面各种困难，一直走过去，也许会看到更为绚丽的风景。

作为课题的成果，这本书既是前面研究的总结，更是未来研究的开端，借助本书研究所得，相信后面的研究会更有深度和高度。

感谢我的同事张宏志老师，从课题申报立项到整个研究过程，他给了我最大的支持。他不但在繁忙的工作中抽出时间，帮助我编程，解决模型模拟及参数估计问题，而且也在我感到研究难以为继的情况下给我鼓励。没有他的帮助和支持，我是无法完成这一研究的。张老师不计个人得失，乐于助人，令我深受感动，而且他严谨治学、刻苦钻研的精神也值得我学习和效仿。

感谢我的家人，没有他们的鼎力支持，我也难以有大量的时间用于研究。我的儿子聪明活泼，学习成绩优秀，在学习和生活上没有让我操心；我的母亲耐心细致，帮助我料理家务，让我可以不为家务事劳心；我的丈夫虽然不是同行，但在我感觉压力的时候给我精神上的支持，让我可以自信地面对各种困难和烦忧。

感谢我的导师高玉芳教授为本书作序，高老师对本研究的评价令我深感惭愧，但高老师的鼓励会激励我一直努力前行。

至于书中的疏漏、偏颇和错误，期望各位老师、同仁不吝赐教。

杨雪莱

2012 年 8 月